CYMBYWG

Bydoedd

Bydoedd

COFIANT CYFNOD

Ned Thomas

I'r Mercatoriaid ymhob man

Mae fy niolch yn fawr i Huw Lawrence a
Ceridwen Lloyd-Morgan am eu cyngor da
a'u cymorth wrth baratoi'r gyfrol hon.

Argraffiad cyntaf: 2010
Ail argraffiad: 2011

Dymuna'r cyhoeddwyr gydnabod cymorth ariannol
Cyngor Llyfrau Cymru

Llun y clawr: Marian Delyth
Cynllun y clawr: Robat Gruffudd

Rhif Llyfr Rhyngwladol: 978 1 84771 281 3

Cyhoeddwyd, rhwymwyd ac argraffwyd yng Nghymru
gan Y Lolfa Cyf., Talybont, Ceredigion SY24 5HE
gwefan www.ylolfa.com
e-bost ylolfa@ylolfa.com
ffôn 01970 832 304
ffacs 832 782

Cofiant Cyfnod

NID UNIGOLION SYDD YN diflannu dros orwel amser ond bydoedd cyfan. Math o lyfr taith yw hwn i fydoedd nad ydynt bellach yn bod. Mae'r waliau ambell waith yn sefyll, ond bywyd arall sydd yn pasio trwyddynt heddiw. Fel mewn llyfr taith, swyddogaeth yr awdur yw sylwi ar y byd allanol ac ymateb iddo; ceisio ei ddeall er mwyn ei ddehongli. Er bod yr arddull yn hunangofiannol, mae'r llyfr yn llai ac yn fwy na hunangofiant. Llai am fod cyfnodau ac agweddau cyfan o fywyd yr unigolyn ar goll; mwy am ei fod yn anelu at oleuo natur bywyd gwleidyddol a chymdeithasol, a hynny o fewn cyd-destun cymharol. Gawn ni ei alw'n gofiant cyfnod?

Ned Thomas
Hydref 2010

Marianne ac Edward

Recklinghausen y plentyn 1947–48

RWY'N CHWILIO AM FERCH fach tua deg oed. Marianne, ie, dyna oedd ei henw. Draw ym mhen pellaf twnnel y cof mae stryd heulog lydan, a minnau ar gefn fy meic newydd. Rwy'n pwyso'r pedalau am yn ôl ac mae'r beic yn brecio'n sydyn. Y funud nesaf dacw hi, ei gwallt brown yn blethen denau yn troi o gwmpas ei phen yn gylchoedd, fel coron. Wrth imi ailgychwyn mae hi'n rhedeg ar fy ôl, yn rhedeg ac yn gwthio'r beic yn gyflymach nag y medraf fi bedlo, ac yna'n neidio ar y cefn ac mae'r ddau ohonom yn chwerthin. Tynnwch ein llun, wnewch chi: Marianne ac Edward yn ddeg oed, ac yn cael hwyl; Elperweg, Recklinghausen, Ruhrgebiet, Nordrhein-Westfalen, Britische Zone, 1947.

Bob bore yn Recklinghausen byddai car yn casglu 'nhad i fynd i'w waith fel barnwr, ond byd arall oedd y llysoedd, y gwersyll a'r barics Prydeinig ar gyrion y dref na fûm i erioed ynddynt. Yn fuan wedyn byddai Ellie yn cyrraedd i helpu fy mam yn y tŷ, ac yna am naw yn brydlon, pan fyddai plant y stryd eisoes wedi treulio awr yn yr ysgol, byddai'r cyntaf o'm tiwtoriaid wrth y drws yn barod i ddysgu Mathemateg imi. Yn rhyfedd iawn, yr un athro oedd yn dysgu Lladin, a byddai eraill yn dilyn nes ei bod hi'n amser cinio. Dau ohonynt sydd yn aros yn y cof.

Helene oedd yn dysgu Almaeneg i mi ac mae'n rhaid ei bod hi'n athrawes ragorol gan imi ddysgu'r pynciau eraill drwy'r Almaeneg heb unrhyw broblem heblaw am orfod ailddysgu trefn y cyflyrau yn Lladin. *Nominativus, Genitivus, Dativus, Accusativus* yw'r dilyniant yn yr Almaen, yn wahanol i'r hyn a ddysgais yn ysgolion Prydain. Roedd Helene yn un o ffrindiau fy rhieni ac yn dod i de ambell waith gyda'i chwaer Margerethe. Gwallt du oedd gan y ddwy, a Margerethe gyda'i gwisgoedd blodeuog a'i cherddediad gosgeiddig oedd fy mreuddwyd i o ddynes hardd. Ond llwyd oedd lliw Dr Wenner, yr athro oedd yn dysgu Lladin a Mathemateg imi. Roedd yn ddyn tal, tenau, canol oed â gwallt llwyd, siwt lwyd ag ôl gwisgo arni a chroen ei wyneb hirfain bron â bod yr un lliw. Roedd yn dawel ac amyneddgar, ac yn gwenu dim ond pan gyrhaeddai paned a brechdan. Roedd hi'n bleser ei weld bryd hynny. Roedd pawb o'r tiwtoriaid yn cael rhywbeth i'w fwyta cyn mynd o'r tŷ.

Amser cinio roedd y gegin yn llawn. Fy mam a finnau ac Ellie, a rhywun o deulu Ellie gan amlaf. Gwisgai ei brawd Gunther faneg ledr ddu ar ei law dde, ond nid llaw go iawn oedd dani. Y Rwsiaid dorrodd ei law ymaith fel na fyddai byth eto yn tanio gwn, ac yna cafodd ei ollwng. 'Bûm yn lwcus,' meddai Gunther. Awyrgylch nid annhebyg i'r awyrgylch yn nhŷ Nain a Taid oedd yn y gegin. Torri bara menyn, arllwys te, estynnwch at y bwyd! Ond llaeth tun bob amser, Carnation Evaporated neu Nestlé Condensed o siop y NAAFI – roedd hynny'n wahanol iawn i Goetre lle yr oedd Taid yn godro ac yn gwerthu llefrith ar hyd Penrhos.

Bu tŷ Nain a Taid yn angor sefydlog mewn plentyndod symudol iawn. Cyfreithiwr oedd fy nhad adeg y rhyfel, yn gweithio i lywodraeth leol ac yn cael ei symud i ailgodi gwasanaethau ar ôl y bomio. Buom yn dilyn y *blitz* o Lundain i West Hartlepool, i Lundain eto, ac yna i Swindon. Newid ysgol o leiaf bedair gwaith, newid tŷ, ac yn y bylchau treulio wythnosau ac ambell waith fisoedd yn Goetre yng nghanol teulu estynedig fy mam. Ar ddiwedd y rhyfel buom hefyd yn byw am gyfnodau byrion mewn dau le yn Sir Fôn. A dyma fi nawr yn Recklinghausen mewn oedran pan oedd plentyn yn dechrau ymddiddori yn y byd ehangach.

Prin iawn oedd Almaeneg fy mam, a phrin iawn oedd Saesneg neb arall yn y gegin yn Elperweg, ond rhywsut roedden nhw'n dod i ben â deall ei gilydd, rhwng gwenu a chwerthin, dangos a phwyntio. Gydag amser roeddwn i'n medru cyfieithu pan oedd gwir angen. Yn y car gyda'r gyrwyr y defnyddiai fy nhad ei ychydig Almaeneg yn bennaf. Hyd ddiwedd ei oes roedd yn cofio ac yn mwynhau ynganu'r ymadroddion *links fahren, rechts fahren* a *gerade aus* – troi i'r chwith, troi i'r dde a syth ymlaen.

Roedd gan swyddfa fy nhad nifer o geir at ei wasanaeth, ac un ohonynt fyddai'n mynd â'r teulu i ble bynnag oedd angen. Roedd gyrrwr i bob car yn ystod yr wythnos ond ar y penwythnos fy nhad ei hun oedd yn gyrru. Yn eithaf aml yr oedd un o'r gyrwyr hefyd yn cael tamaid yn y gegin. Erich oedd y mwyaf siaradus, ond roeddwn i'n arbennig o hoff o Bruno – cawr tawel oedd yn hanu o Hamburg. Roedd ganddo wallt coch a barf hefyd, fel oedd yn gweddu i un fu ar y llongau tanfor, a mawr oedd ei ofal amdanaf pan fyddem yn mynd yn y car ar ryw neges ar ôl cinio. Roedd trydydd gyrrwr hefyd (nad wyf yn cofio ei enw) oedd yn gyrru'n wyllt. Bu bron iddo ladd y ddau ohonom un prynhawn wrth basio lori drom a thorri mewn o flaen lori arall oedd yn dod i'n cwrdd. Cael a chael oedd hi, ac mi glywais y glec wrth i gefn y car braidd gyffwrdd un o'r lorïau.

Ond gan amlaf, chwarae yn y stryd y byddwn yn y prynhawniau. Roedd rhyw bedwar neu bump ohonom tua'r un oed, bechgyn yn bennaf, ond Marianne oedd fwyaf mentrus o bawb. Ambell waith byddai'n cael ei siarsio gan y lleill i ganu cloch ein tŷ ni a gofyn a oedd *der Tommy* yn dod i chwarae. Un tro, pan roddodd fy mam siocled i fi rannu, sylwais fod pawb yn lapio'r darnau'n ofalus i fynd adref, a fi yn unig yn ei fwyta. Wedi meddwl dros nos am y peth roedd yr esboniad yn glir. Yr un fath â choffi a sigarennau, roedd siocled yn rhywbeth y gallech chi ei ffeirio am fenyn neu wyau.

Er bod y cymdogion yn ein cyfarch ar y stryd yn ddigon cwrtais, nid wy'n cofio mynd i'r un o'r tai ar ein stryd ni. Roedd cyfeillion Almaenig fy rhieni yn byw ymhellach i ffwrdd – Dr Helene Kuhlmann a'i chwaer, y soniais amdanynt yn barod, a Dr Steiner, oedd â dau fab, sef Hans-Friedrich oedd tua'r un oed â fi, ac Erhard ei frawd iau. Roedd gan fy nhad barch mawr at Dr Steiner ac yr oedd pawb am i Hans-Friedrich a finnau fod yn ffrindiau, ond anaml yr oeddem yn cwrdd. Mae ffotograff gen i o'r ddau fachgen yn eistedd ar soffa, eu llygaid mawr yn edrych yn syn a braidd yn drist i gyfeiriad y camera, a Hans-Friedrich â'i fraich o gwmpas ei frawd bach. Ar gefn y llun mae cyflwyniad i mi yn Almaeneg: 'Yr annwyl Eduard, adeg gŵyl y Nadolig oddi wrth ei ffrindiau Almaenig', a'r dyddiad: 24.12.47. Dyna, mae'n rhaid, oedd noson y parti Nadolig yn eu tŷ.

Roedd hi'n noson oer a thywyll, heb oleuadau stryd, wrth inni yrru yno. Roedd y tŷ braidd yn oer hefyd, a phrin oedd y bwyd ar y bwrdd wedi inni gyrraedd. Roedd hi'n dywyll heblaw am fflamau byw'r canhwyllau ar y *Tannenbaum* – y goeden Nadolig anferth oedd yn llenwi'r lle ag arogl y goedwig. Doeddwn i erioed wedi gweld dim byd tebyg ac mae'r profiad yn aros yn fyw iawn yn y cof – 'O *Tannenbaum!*' medd geiriau'r garol Nadolig, '*Wie grün sind deine Blätter*', mor wyrdd yw dy ddail – hyd heddiw.

* * * * *

Ddeng mis yn gynharach ym mis Chwefror 1947 y cychwynnodd fy mam a finnau ar y daith i'r Almaen ble roedd fy nhad eisoes yn ein disgwyl. Roedd yr eira yn dal mor drwchus o amgylch Tŷ'n Mynydd uwchben Traeth Coch ym Môn nes i ni deimlo ei bod hi'n ddoeth i gychwyn mewn da bryd a threulio noson gyda Nain a Taid ger Bangor er mwyn bod yn sicr o gyrraedd y trên. Roeddwn yn holliach ar y daith i Borthladd Llundain yn Tilbury, ond wedi inni setlo yn ein caban ar y llong dyna ddechrau teimlo'n wironeddol sâl, a'm tymheredd yn codi yn ystod y fordaith i lefel a ystyriwyd yn beryglus.

Brechiad y cowpog oedd ar fai. Roeddwn wedi cael y brechiad mewn da bryd, ond fe fethodd, ac felly hefyd yr ail frechiad. Y trydydd tro fe weithiodd o ddifrif, ac erbyn hynny roeddwn i ar y llong. Eto i gyd, pan gyrhaeddom ni borthladd Cuxhaven yng ngogledd yr Almaen yn y bore bach roeddwn i'n ddigon da i godi ar fy eistedd ac edrych trwy'r portwll crwn. Yn sefyll yn yr eira ar y cei yr oedd lori sgwâr gaeëdig lliw *khaki*, a chroes goch enfawr mewn cylch gwyn ar ei hochr. Aros amdanaf fi yr oedd yr ambiwlans, i'm cludo i ysbyty milwrol Prydeinig lle cefais fy nifetha'n llwyr am tuag wythnos gan nyrsys oedd wrth eu boddau yn cael plentyn i ofalu amdano.

Daeth fy nhad i'n casglu i fynd i Recklinghausen – mewn Mercedes. Nid un o'r rhai crand to agored eiconaidd y gwelwch chi hen luniau o Hitler yn sefyll ynddynt i gyfarch y dorf, ond Mercedes bach 170. Eto i gyd, i fachgen deg oed a fu gyda'i gefnder Bryn yn nodi gwneuthuriad a model pob car a welent ar strydoedd Caernarfon mewn llyfryn bach, roedd Mercedes o unrhyw fath yn gar arbennig iawn.

Roeddem yn treulio llawer o amser yn y gwahanol geir – Volkswagen fel arfer o gwmpas y dref, y math gwreiddiol â ffenest y cefn wedi ei rhannu'n ddwy, a Mercedes ar gyfer teithiau hirach. Bob wythnos roeddem yn gyrru i'r siop NAAFI agosaf, tua hanner can milltir i ffwrdd, oedd â chyfoeth o fwydydd tun – llawer ohono'n dod o America – ond yn brin o fwydydd ffres. Yno roeddem yn talu gydag arian papur arbennig a phres plastig brown, hyll, chwe ochrog. At ddefnydd y Prydeinwyr yn unig yr oedd yr arian hwn.

Un tro yn yr haf aeth fy mam a finnau gydag Ellie i weld perthnasau iddi oedd yn byw ar fferm yn Münsterland, y gwastadeddau gwledig sy'n ymestyn rhwng ardal ddiwydiannol y Ruhr a ffin yr Iseldiroedd. Un adeilad hir oedd y fferm, y bobl yn byw yn un pen a'r anifeiliaid yn y pen arall, i gyd dan yr un to serth. Byddai'n lle digon braf oni bai am y pla o bryfed mawr oedd yn setlo yn gwbl ddi-ofn ar eich breichiau a'ch wyneb. Mae gen i syniad bod coffi neu sigarennau wedi newid dwylo a'n bod ni wedi cyrraedd adref gyda stôr o wyau a menyn. Roedd y cwbl yn debyg iawn i'r llyn oedd yn digwydd trwy gydol y rhyfel pan oeddem yn dychwelyd o Goetre i Loegr.

O bryd i'w gilydd byddai fy mam a finnau yn cael mynd i Herford, Bad Oeynhausen neu Bad Salzuflen yn sgil rhyw gyfarfod oedd gan fy nhad. Lifrai glas tywyll gyda'r llythrennau CCG (Control Commission Germany) ar yr ysgwydd yr oedd fy nhad yn ei wisgo wrth ei waith, ond swyddogion y fyddin yn gwisgo *khaki* oedd llawer o'i gydweithwyr. Un tro cefais fynd gyda 'nhad a grŵp cymysg o Brydeinwyr ac Almaenwyr i gaban helwyr ar lethrau coediog mynyddoedd yr Harz. Bûm yn edrych ymlaen at brofiad cyffrous, gan mai'r bwriad oedd saethu arth, ond y fath siom – bu rhaid imi aros a chwarae yng nghyffiniau'r caban! Fel mae'n digwydd, siom gafodd yr helwyr hefyd gan iddynt ddychwelyd heb hyd yn oed weld arth. Tebyg bod hynny'n rhyddhad i'm tad, nad oedd erioed wedi dal gwn.

Ambell waith ar y penwythnos byddem yn croesi i drefi megis Wiesbaden a Marburg yn rhanbarth yr Americanwyr lle'r oedd mynediad gennym i rai o'r gwestai mawr a feddiannwyd yn ganolfannau gwyliau. Yno roedd pob math o ddanteithion i gael na welodd fy rhieni ers cyn y rhyfel ac na welais i erioed. Mae gen i gof o gael te fwy nag unwaith mewn ystafell wydr enfawr – *Wintergarten* rhyw sba – lle byddai pedwarawd llinynnol Almaenig mewn gwisg ffurfiol yn chwarae melodïau melys-hiraethus rhwng y coed palmwydd. O bryd i'w gilydd byddai'r arweinydd blinedig ei olwg yn troi at y gynulleidfa ac yn plygu'n fecanyddol i gydnabod y gymeradwyaeth.

Peth cyffredin iawn wrth yrru oedd gorfod troi oddi ar y ffordd fawr. Yr oedd y prif bontydd i gyd yn adfeilion, ag un pen i'r trawstiau metel enfawr yn gorwedd yn yr afon. Byddai dargyfeiriad yn arwain at *Bailey bridge* – pont gul, un ffrwd, cefn crwm wedi ei gosod gan beirianwyr y Fyddin Brydeinig, y ffrâm yn edrych fel gwaith Meccano rhyw gawr. Rwy'n gallu clywed yr estyll yn gwneud sŵn clecian dan yr olwynion wrth i ni yrru drostynt fel tanc ar gyflymdra o bum milltir yr awr.

Roedd dargyfeiriadau ar yr *autobahn* hefyd, ond eto i gyd gallech yrru arni am filltiroedd lawer yn ddirwystr. Roeddwn yn mwynhau sylwi ar y ceir amrywiol, o'r DKW bychan i'r ceir gwirioneddol olygus – Horch neu Wanderer neu Mercedes. Roedd ambell i *staff car* Prydeinig, Humber neu Austin 16 hp, hefyd yn mynd heibio ac yn siglo'n ormodol gan fod y *springs* yn rhy feddal ar gyfer y ffyrdd. Yna, un tro, gwelsom olygfa ddramatig: gorymdaith rwysgfawr un o gadfridogion Ffrainc yn pasio yn y lôn gyflym mewn Maybach du ysblennydd, dau ystlyswr ar fotor-beics o'i flaen a dau y tu ôl, a baner fawr drilliw Ffrainc ar flaen y boned yn llifo yn yr awel fel pe bai'n gweiddi 'Buddugoliaeth!' Oherwydd bod petrol yn brin, nwy oedd yn gyrru llawer o geir yr Almaenwyr. Gallech eu nabod wrth y ddau silindr hir ar y to, a'r ffaith eu bod yn gyrru yn arafach, ond nid hanner mor araf â'r ceir oedd yn llosgi coed. I losgi coed yr oedd angen torri twll yng nghist y car a gosod boeler haearn bwrw tal i sefyll ar lawr y gist. Roedd mwg du yn codi o simnai fach, ac yr oedd fflamau melyngoch i'w gweld trwy dyllau yn y drws bach ar ochr y boeler. Ager oedd yn gyrru'r modur, ond yn ei yrru'n araf iawn, iawn, a chefn y car bron â chyffwrdd y ffordd dan bwysau'r boeler. Dyna beth oedd *Ersatz* – cael hyd i rywbeth fyddai'n cymryd lle rhywbeth arall oedd yn brin. Roeddwn yn clywed y gair yn aml gan ei fod yn rhan o fywyd beunyddiol Almaenwyr y cyfnod. Cefais goffi *Ersatz* unwaith (wedi ei wneud o fes mae'n debyg) a phenderfynu na fyddwn byth yn ei yfed eto. Gair arall oedd ar wefusau pawb oedd *kaputt* pan oedd angen cyfeirio at rywbeth oedd wedi torri a ddim yn gweithio, ac *alles kaputt* wrth gyfeirio at y llanastr cyffredinol.

Roedd fy rhieni'n hoff o fynd i Düsseldorf i siopa ar ddydd Sadwrn. Ychydig iawn o nwyddau newydd oedd ar gael ac ansawdd rheiny yn wael, ond yr oedd recordiau 78 y Deutsche Grammophon-Gesellschaft yn eithriad, ac am flynyddoedd wedyn bu fy rhieni yn cario pwysau trwm y recordiau hyn o gwmpas y byd. Roedd aria gan Verdi neu Donizetti yn ffitio'n dwt ar un ochr ond yr oedd angen deg ochr neu fwy i symffoni Mozart neu Beethoven ac yr oedd chwarae'r rheiny'n lladdfa.

Ar stryd ffasiynol y Königsallee yn Düsseldorf yr oedd rhai siopau yn gwerthu pethau cain ail-law i feddianwyr newydd y wlad. Porslen oedd yn mynd â bryd fy mam – platiau Dresden, cwpanau te a choffi, a ffigurau Meissen (rhyw fugeiles yn derbyn swp o rawnwin gan ŵr bonheddig yng ngwisg y ddeunawfed ganrif). Gwrthrychau tipyn mwy cywrain na'r ffigurau Staffordshire oedd ar silff ben tân ystafell wely orau Goetre. Roedd fy nhad yn prynu stampiau, nid am ei fod yn cymryd cymaint â hynny o ddiddordeb ynddynt, ond roedd yn ffordd o wario ei arian ar rywbeth gwerth ei gael. Doedd dim pwrpas cynnig talu am bethau gwerthfawr gyda'r hen arian Almaenig, y *Reichsmark*, gan nad oedd neb am ei dderbyn. Felly, wedi edmygu'r nwyddau yn ystafell flaen y siop, byddem ambell waith yn mynd i'r ystafell gefn a thrafod y gwir bris mewn sigarennau neu goffi.

Fi yn hytrach na 'nhad oedd â'r amser i edrych ar y stampiau ar ôl dod adref. Roeddwn yn hoffi'r syniad o fod yn gasglwr, o lenwi bylchau mewn set, astudio'r catalogau, dal stampiau mewn gefel fach yn erbyn y golau a sylwi ar y dyfrnodau, neu graffu ar fanylion drwy chwyddwydr. Roeddwn yn ddeddfol yn gosod y dyblygon mewn amlenni bach handi a gefais gan fy mam a sgrifennu 'swaps' arnynt. Roedd yr amlenni yn ddwy fodfedd sgwâr ac yn dwyn y geiriau printiedig '1947 Y Graig ger Bangor' – amlenni casgliad mewn mwy nag un ystyr! Ond i fod yn gasglwr bach go iawn yr oedd angen plant eraill y gallech gymharu a chystadlu â nhw. Doedd gen i neb i ffeirio'r *swaps* â nhw, ond yn yr oriau ar fy mhen fy hun gyda'r stampiau fe ddysgais dipyn am yr Almaen a'r gwledydd i'r dwyrain ohoni. Dyna ble oedd cryfder y casgliadau a brynodd fy nhad.

Pan ddechreuwyd defnyddio stampiau ym Mhrydain roedd y wladwriaeth eisoes yn hen, ond bryd hynny doedd yr Almaen fel gwladwriaeth ddim eto'n bodoli – dim ond Bayern a Baden, Hamburg a Hannover a, rhyfedd o beth, Helgoland â'i stampiau dwyieithog, yn dweud *pence* yn ogystal â *pfennig* ac yn dangos llun y Frenhines Victoria, gan i'r ynys fod yn perthyn i Brydain am 76 mlynedd. Unwaith bod y geiriau *Reichspost* a *Deutsches Reich* yn ymddangos, roeddech yn gwybod mai am yr Almaen fodern yr oeddem yn sôn. Roedd stampiau'r Kaiser yn rhif y gwlith ac yn eithaf anniddorol. Stampiau bach hen ffasiwn yr olwg oedd gan y brenhinoedd ymhob man tra oedd unbeniaid yn hoffi stampiau mwy o faint, mwy arwrol a mwy modern yr olwg, yn dangos awyrennau a milwyr. Yr oedd stampiau olaf y Natsïaid yn yr Almaen yn arwrol iawn hefyd, yn galw pawb i sefyll ysgwydd wrth ysgwydd i amddiffyn y genedl.

Rhwng y Kaiser a'r Natsïaid daeth y Canghellor Hindenburg a'r chwyddiant mawr. Mae'n rhaid bod rhywun wedi bod wrthi bob dydd yn argraffu pris newydd dros y stampiau gwreiddiol mewn inc du, fel bod degau'n troi'n gannoedd a channoedd yn filoedd, y miloedd yn *millionen* ac wedyn yn *milliarden*. Doeddwn i ddim yn deall nac yn medru dychmygu *milliarden* fel pris stamp.

Roedd yr arfer o argraffu dros y stamp gwreiddiol yn gyffredin iawn wrth symud i ddwyrain Ewrop. Yn Lithwania, roedd rhywun wedi cymryd y stampiau brodorol ac argraffu'r dyddiad 21 Gorffennaf 1940 drostynt ynghyd â'r llythrennau LTSR (Gweriniaeth Sosialaidd Lithwania), ac yr oedd hynny'n golygu bod ein ffrindiau'r Rwsiaid wedi cyrraedd. Prin oedd y weriniaeth newydd wedi creu ei stampiau ei hun (yn cynnwys y llythrennau SSSR y tro hwn – sef yr Undeb Sofietaidd) a dyna rywun yn argraffu'r dyddiad 23 Mehefin 1941 a'r geiriau 'Lithwania Annibynnol' dros y stampiau hynny. Ystyr hyn oedd bod yr Almaenwyr wedi cyrraedd.

Faint oeddwn i yn ei ddeall? Yr oedd y catalogau yn nodi'r dyddiadau a'r datblygiadau gwleidyddol yn gryno, ac roeddwn yn gallu gofyn cwestiynau, ond doeddwn i ddim yn deall y dioddefaint na'r erchyllterau tu ôl i'r ffeithiau moel. Rhywsut ac mewn ffordd niwlog, fodd bynnag, roeddwn wedi deall bod cysylltiad rhwng byd cymhleth y stampiau a'r byd cymhleth o'm cwmpas. Roedd hanes unigolion a chenhedloedd yn astrus iawn, ac yn bell o fod yn ddu a gwyn.

Yn ogystal â'r gwersyll lle roedd Almaenwyr dan glo yn aros i ddod o flaen llys fy nhad, yr oedd gwersyll arall ddim yn bell i ffwrdd ar gyfer DPs – y *displaced persons*. Pobl o bob cwr o Ewrop oedd y rhain, yn rhydd i fynd a dod yn yr ardal wrth aros am ryw ddogfennau neu'i gilydd. Roedd llawer o sôn amdanynt fel problem ond yr oedd y rhai a ddaeth i'n tŷ ni yn ddigon clên, fel yr Iseldirwr oedd yn dod i dorri fy ngwallt. Wn i ddim beth oedd yn ei rwystro rhag mynd adref, ac yntau o fewn can milltir i'w famwlad.

Roedd fy rhieni, yn ddigon naturiol rwy'n credu, am i

fachgen a gyrhaeddodd yr Almaen yn ddeg oed gael plentyndod mor normal ag oedd yn bosibl dan yr amgylchiadau. Er bod cyfrolau printiedig trafodion achosion Nuremberg yn llenwi silff gyfan yn y tŷ a 'nhad yn pori'n gyson ynddynt, nid oedd yn trafod y cynnwys gyda'r teulu mwy na'r hanesion yr oedd yn eu clywed wrth ei waith. Serch hynny, mi glywais ef unwaith yn sôn wrth fy mam am ryw ddigwyddiad yng nghyfnod y Natsïaid pan oedd dyn wedi neidio i'w farwolaeth o ffenestr uchel yn swyddfa'r Gestapo yn Recklinghausen. Fe wnaeth hynny argraff arbennig arnaf am fod y peth wedi digwydd i lawr y ffordd – yn ein tref ni.

Am yr un rheswm, mae'n siŵr, nid oeddem fel teulu ychwaith yn trafod y cyni na'r dinistr o'n cwmpas. Mae gen i lun ohonof mewn siwt nofio yn sefyll o flaen pabell fach ar dir tywodlyd a choed yn y cefndir. Ar gefn y ffotograff mae fy mam wedi nodi'r lleoliad – 'Ar lan y Möhne See', sef un o'r llynnoedd mawr sy'n cronni dŵr ar gyfer poblogaeth a diwydiant y Ruhr. Dim ond flynyddoedd yn ddiweddarach y sylweddolais mai'r argae ar un pen i'r llyn hwn oedd prif darged y Dambusters. Gollyngwyd y bomiau neidio ym mis Mai 1943 gan chwalu'r argae a lladd 1,200 o bobl, hanner ohonynt yn weithwyr caeth a gludwyd yno o ddwyrain Ewrop. Rhuodd y dŵr i mewn i'r afon Ruhr gan achosi llifogydd a gariodd gyrff dynion a gwartheg hyd brif strydoedd Essen.

Roedd ein stryd ni a'r strydoedd o'i chwmpas wedi osgoi'r bomiau, ac er i un ardal yng ngogledd y dref gael ei dinistrio'n llwyr, nid oedd y llanastr yn Recklinghausen yn ddim o'i gymharu â Dortmund ac Essen, Wuppertal a Gelsenkirchen, oedd i gyd o fewn ychydig filltiroedd. Dortmund oedd waethaf, ond anodd oedd gyrru i unrhyw le heb groesi anialwch yr adfeilion, ac yr oedd hynny ynddo ei hun yn rheswm dros fynd mewn car i bobman.

Roedd prif strydoedd y trefi wedi eu clirio'n ddigon i ddau gar basio, ond llwybrau troed yn arwain trwy rwbel oedd y strydoedd llai i'r naill ochr a'r llall. Ambell waith byddech yn gweld rhywun yn llusgo hen bram yn cario coed trwy'r adfeilion ac yn diflannu i dwll yn y ddaear. Gallech yrru am filltiroedd ar filltiroedd a gweld dim yn sefyll ond waliau duon, fel petasech yn gyrru o Fangor i Gaernarfon a gweld dim ond adfeilion. Roedd y llwch yn broblem yn yr haf, ac arogl melys rhyfedd yn llenwi'r car, a 'nhad yn gofyn imi gau'r ffenestr yn syth. Roedd sôn bod yr Americanwyr yn chwistrellu DDT o'r awyr i ddiheintio'r adfeilion a'r hyn oedd oddi tanynt, ond welais i mo hynny'n digwydd.

Yn gynnar yn 1948 cafodd fy nhad ddyrchafiad i swydd newydd o fewn yr un gyfundrefn yn Köln. Roedd popeth ar fin newid a byddwn i yn mynd i ysgol breswyl yn y Swistir. Yn fuan ar ôl inni symud tŷ dyma fy mam yn derbyn llythyr gan fam Marianne. Tebyg bod y llythyr yn gofyn am ryw gymorth neu gymwynas. Gyda'r llythyr o Recklinghausen daeth llun yr oedd Marianne wedi'i dynnu yn dwt ac yn ofalus, gan ddefnyddio papur trasio. Yn y llun yr oedd beic, rwy'n cofio, ac oddi tano'r cwpled:

Auch in der Ferne	Agos at fy nghalon
Hab' ich dich gerne	Er dy fod yn bell

Mae'r pellter heddiw yn bellter oes, a'r unig lun sydd gen i bellach yw llun yn fy mhen, Marianne, ohonot ti a fi a'r beic. Ac rwy'n hoff iawn o'r darlun, er fy mod yn gweld y cefndir yn dywyllach na'r stryd heulog oedd yno pan oeddem yn blant. Yn y cefndir roedd yr adfeilion yn ymestyn o Abertawe a Coventry draw i Dortmund, Hamburg a Dresden, a heibio'r gwersylloedd mud yn fforestydd Gwlad Pwyl, i Warszawa a Stalingrad. Ond roedd ein cefnau ni at hynny i gyd, Marianne. Am ymlaen mae'n llygaid yn edrych, rydym yn gwthio'r beic, yn dechrau ar y daith, ac yn chwerthin.

Chwilio'r Adfeilion

Kew a Recklinghausen 2009

AETH DROS DRIGAIN MLYNEDD heibio a dyma fi, fy ngwallt yn wyn, eto yn Recklinghausen yn craffu ar hen ffeiliau, ffotograffau a phapurau newydd yn archifdy bach y dref. Mae'r staff, wedi deall fy anghenion, yn tynnu ar eu gwybodaeth bersonol yn ogystal â'r catalogau i gynnig deunydd perthnasol i mi. Bûm hefyd wrth y tŷ yn Elperweg a dychmygu cwrdd â Marianne a finnau'n troi'r gornel ar y beic.

Fis yn ôl roeddwn yn ystafell ddarllen eang a modern yr Archifau Cenedlaethol Prydeinig yn Kew ger Llundain, lle mae'r archebu yn digwydd ar gyfrifiadur a'r dogfennau yn cyrraedd ar drac symudol. Yno mae archifau'r Control Commission Germany (British Element), y corff oedd yn llywodraethu rhanbarth Prydeinig yr Almaen wedi'r Ail Ryfel Byd. Er mwyn llenwi rhai o'r bylchau yn fy atgofion am Recklinghausen yr wyf yn turio yn yr archifau Prydeinig ac Almaenig; nid fel hanesydd yn pwyso a mesur y manylion er mwyn dod i gasgliadau cyffredinol, mwy yn ysbryd nofelydd sydd am gael gwell syniad o gyfnod a lle penodol. Mae'r *Geiriadur Almaeneg-Cymraeg/Cymraeg-Almaeneg* wrth fy mhenelin ymhob man y dyddiau hyn. Mae'n gyfrol ragorol ac mae'n bleser ei defnyddio gan ei bod yn dod â'r ddwy iaith wyneb yn wyneb â'i gilydd yn union fel yn fy mhrofiad cynnar.

Mae angen dwy oes, un i gael y profiadau a'r llall i geisio eu deall. Ond mae'r ymgais i ddeall hefyd yn brofiad. Mae'n waith ditectif cyffrous, a'r darganfyddiad cyntaf yw bod bylchau mawr hefyd yn y cofnodion ysgrifenedig y seilir hanes arnynt. Pan ddaethpwyd â'r Control Commission Germany i ben yr oedd tair miliwn o ffeiliau swyddogol yn nwylo'r awdurdodau

Prydeinig. Chwynnwyd y rheiny gan y Comisiwn ei hun yn yr Almaen ac wedyn yn Llundain nes bod dim ond 29,709 ohonynt ar ôl, bron i gyd bellach ar gael i'r cyhoedd ac wedi eu mynegeio yn ofalus gan Sefydliad Hanes yr Almaen yn Llundain. Nid oes yn eu plith unrhyw ffeiliau personél ar gyfer staff y CCG fel fy nhad.

Gweithio i'r Adran Gyfreithiol oedd fy nhad, ac ymhell cyn dirwyn y Comisiwn i ben yr oedd llu o gofnodion eraill wedi eu trosglwyddo i'r awdurdodau Almaenig ac wedi mynd ar goll, gan gynnwys llawer yn ymwneud â dadnatsieiddio (*Entnazifizierung*).

Y ddogfen wreiddiol y seiliwyd y broses honno arni oedd y *Fragebogen,* sef holiadur yn cynnwys 131 o gwestiynau. Rhaid oedd rhestru'r mudiadau y buoch yn aelod ohonynt a'r swyddi yr oeddech wedi bod ynddynt, ac er bod cosb am gelu'r gwirionedd, yr oedd y demtasiwn i wneud hynny yn fawr. Gallai'r atebion effeithio ar eich hawl i ymgymryd â phroffesiwn megis dysgu, neu dderbyn pensiwn galwedigaethol. O ystyried bod gan y Blaid Natsïaidd wyth miliwn o aelodau pan ddaeth y rhyfel i ben, mae'n anodd credu mai, hyd yma, un holiadur yn unig wedi ei gwblhau a ddaeth i'r golwg, a hwnnw'n perthyn i Kurt Schumacher, arweinydd plaid sosialaidd yr SPD yn y cyfnod wedi'r rhyfel!

Gan feddwl y byddai'n rhaid i'r fyddin a'r weinyddiaeth Brydeinig aros yn yr Almaen am flynyddoedd maith, fe benderfynodd yr awdurdodau yn gynnar yn 1946 bod rhaid darparu ar gyfer teuluoedd Prydeinig, ac fe drefnwyd i'r rhai cyntaf symud i'r Almaen tua diwedd Awst 1946. Byddent yn hwylio o Tilbury i Cuxhaven, fel y gwnaeth fy mam a finnau yn gynnar yn 1947, ac yno byddai trenau arbennig yn aros i'w cludo ymhellach.

Roedd yn rhaid trefnu addysg ar gyfer y plant fyddai'n cyrraedd o Brydain, ac mae cofnodion wedi goroesi o gyfarfod ar 10 Ebrill 1946 i drafod hynny. Yn y drafodaeth fe gymerwyd yn ganiataol mai plant yr *other ranks* oedd bennaf dan sylw, gan y byddai plant swyddogion yn naturiol yn aros ym Mhrydain mewn ysgolion preswyl. Bwriadwyd sefydlu ysgolion Prydeinig arbennig yn y canolfannau pwysicaf, ond beth ddylid ei wneud â'r plant ynysig oedd yn bell o'r canolfannau hynny? Byddai'n groes i bolisi iddynt gael mynychu ysgolion Almaenig mor fuan wedi'r rhyfel. Penderfynwyd yn yr un cyfarfod mai'r peth gorau fyddai iddynt aros yn ystod yr wythnos gyda theuluoedd Prydeinig eraill mewn trefi lle roedd ysgol y fyddin i gael. Ni fyddai modd gorfodi hynny, ond mi fyddai modd pwyso'n drwm ar y teuluoedd i dderbyn y drefn honno. Nid oedd sôn yn y cyfarfod hwn am sefydlu ysgolion preswyl Prydeinig yn yr Almaen, ond dyna wnaethpwyd yn nes ymlaen, dwy ohonynt.

Buasai disgwyl i fy nhad, fel Uwchgapten yn y CCG, fod wedi anfon ei fab i ysgol breswyl ym Mhrydain. Yn wir, fe anfonwyd fi yn saith oed i ysgol breswyl yn Rhydychen am flwyddyn, ond yno yr oedd modd ymweld â fi yn gyson, rhywbeth na fyddai'n bosibl o'r Almaen. Ond wedi mynd â fi i'r Almaen, nid oedd ysgolion newydd y fyddin yno yn apelio at fy rhieni ychwaith. Efallai fod elfen o snobyddiaeth yn hynny, ond snobyddiaeth Gymreig oedd yn amheus o'u safon addysgol a hefyd o'r ethos milwrol. Roedd fy rhieni, wedi'r cwbl, o gefndir anghydffurfiol Cymraeg. Roedd safon addysg yn bwysig iddynt, ac yn arbennig i'm tad, oedd ei hun wedi codi yn y byd o gefndir digon tlawd drwy'r system addysg.

Felly, yng nghyfnod Recklinghausen, yn groes i'r polisi swyddogol, fe drefnwyd i mi gael tiwtoriaid Almaeneg yn dod i'r tŷ. Yn nes ymlaen, pan symudodd y teulu i Köln, penderfynwyd fy ngyrru i ysgol breswyl Almaeneg ei hiaith yn y Swistir. Rwy'n gweld patrwm anarferol fy addysg yn y cyfnod yn adlewyrchiad diddorol o agweddau Cymreig fy rhieni. Sgil-effaith eu penderfyniadau oedd bod fy mhrofiad yn y blynyddoedd hyn gymaint yn fwy Almaenig na phrofiad y rhelyw o blant o Brydain.

Rhaid oedd darparu tai ar gyfer y teuluoedd Prydeinig, ac fe wnaethpwyd hynny drwy feddiannu tai Almaenwyr. Erbyn diwedd 1946 yr oedd gan y CCG Prydeinig staff o 26,000, llawer iawn ohonynt am ddod â'u teuluoedd i'r Almaen, a hynny heb gyfrif y lluoedd arfog. Erbyn Awst 1948 yr oedd 40,000 o dai wedi eu meddiannu yn y rhanbarth Prydeinig cyfan ac yr oedd hyn yn rhoi pwysau ar stoc dai oedd eisoes yn gwegian, yn arbennig felly yn yr ardaloedd diwydiannol.

Yn nhalaith Nordrhein-Westfalen (sy'n cynnwys y Ruhr) yr oedd y bomio wedi haneru nifer y tai oedd yno yn 1939, ac yr oedd yn agos i filiwn o ffoaduriaid yn cynyddu'r pwysau ar y tai oedd ar ôl. At hynny, yr oedd disgwyl y byddai hyd at 400,000 o garcharorion rhyfel yn dychwelyd i'r ardal. Yn 1947, amcangyfrifwyd bod 150,000 o bobl heb do uwch eu pennau yn NRW, rhyw 5,000 ohonynt yn ardal Recklinghausen. Er bod yr awdurdodau'n cynnig llety o ryw fath i'r rhai a symudwyd o'u tai i wneud lle i'r Prydeinwyr, ystyr hyn gan amlaf oedd gorfod rhannu a byw mewn amgylchiadau anodd. Roedd eich dodrefn yn aros yn y tŷ a feddiannwyd. Yn ôl y llenor Stephen Spender, a fu ar daith trwy'r rhanbarth Prydeinig yn 1945, pedair awr o rybudd i adael eu tai oedd y teuluoedd Almaenig yn ei gael yn Bonn bryd hynny.

Mewn egwyddor, Natsïaid oedd i fod ar frig y rhestr i golli eu tai, ond pwy oedd y Natsïaid? Roedd y broses dadnatsieiddio i fod i setlo hynny, ond fe gymerai flynyddoedd, ac yr oedd angen y tai yn syth. Pwy tybed fu'n byw yn ein tŷ ni yn Recklinghausen, ac yn nes ymlaen yn Junkersdorf ger Köln? Nid oes cofnod o hynny yn ffeiliau'r CCG, ond mae digon o lythyrau yno yn cwyno am annhegwch mewn achosion eraill yn Nordrhein-Westfalen.

Mae llawer o'r llythyrwyr yn pledio eu bod wedi gwrthwynebu Natsïaeth, ac un yn awgrymu meddiannu tŷ'r dyn drws nesaf gan iddo fod yn fwy o Natsi na'r llythyrwr. Mae un llythyr yn gofyn sut y medrir cyfiawnhau symud tri theulu Almaenig – 11 o bobl i gyd, gan gynnwys dau dros eu 70, a dau o blant bach – i wneud lle i un teulu Prydeinig. Mae rheolwr Prydeinig y rheilffyrdd yn Recklinghausen yn cwyno am feddiannu tai rhai o'i bobl oedd yn gwneud wythnos waith o 48 awr i sicrhau bod glo yn cyrraedd y pwerdai. Mae Gweinidog yn llywodraeth Almaenig Nordrhein-Westfalen yn ymbil dros un o'i berthnasau, tra bod llythyrwr o Brydain yn pledio achos cyfaill Almaenig o'r amser cyn y rhyfel, ac yn tystio i'w gymeriad da. Yr ateb y mae'n ei gael yw hyn:

> You will appreciate that the wives and families of British soldiers have been separated from their husbands, in many cases for a period of years, and there can be little argument but that their claim for accommodation must come before that of any German.

Mae'r cyfeiriad at 'unrhyw Almaenwr' yn adlewyrchu agwedd y cyfnod yn syth wedi'r rhyfel. Bryd hynny gwaharddwyd i Brydeinwyr hyd yn oed ysgwyd llaw ag Almaenwyr, er mwyn eu hatgoffa eu bod i gyd yn euog. Roedd gwaharddiad hefyd ar siarad â phlant, ac mae Lucia Lawson o'r ATS mewn llythyr yn y cylchgrawn *British Zone Review* yn datgan ei bod yn methu peidio â theimlo trueni dros y plant newynog er y dylai hi efallai ymddiheuro am deimlo felly.

Wrth i amser fynd heibio yr oedd yn rhaid cydnabod nid yn unig bod rhai Almaenwyr wedi dioddef dan Natsïaeth, ond bod graddfeydd o euogrwydd ymhlith y mwyafrif oedd wedi derbyn y drefn, a'i bod hi'n anodd gwahaniaethu ambell waith. Mwy na dim, yr oedd rhaid cadw'r economi a'r weinyddiaeth Almaenig i fynd hyd yn oed os oedd hynny'n golygu ailgyflogi cyn-Natsïaid. Fe brofodd yn gynyddol amhosibl hefyd i wahardd priodasau rhwng milwyr Prydeinig ac Almaenesau. Erbyn Awst 1947 yr oedd 2,000 o ferched Almaenig wedi cael caniatâd i symud i Brydain i briodi a 4,000 arall wedi gwneud cais am fisa. Diddymwyd y polisi *non-fraternization*, ac erbyn 1947 yr oedd Prydeinwyr yn cael eu hannog i gymdeithasu ag Almaenwyr – fel y gwnaeth fy rhieni – er mwyn, fe ddywedwyd, eu harwain tuag at ddemocratiaeth.

Cyrhaeddodd fy mam a finnau'r Almaen ar ddiwedd gaeaf oeraf yr ugeinfed ganrif yng ngogledd Ewrop, gaeaf 1946–47. Roedd afon Tafwys wedi rhewi yn Windsor, ac afon Rhein am 100 cilomedr o fewn yr Almaen. Yr oedd tlodion Paris yn heidio i'r Metro i gadw'n gynnes, a'r hen a'r anghenus yn rhewi i farwolaeth yn ninasoedd yr Almaen – 55 ym Merlin a 65 yn

Hamburg ym mis Ionawr yn unig. Yr un mis yn Essen yn y Ruhr fe rewodd plentyn saith oed i farwolaeth wrth aros i siop fara agor am bump o'r gloch y bore.

Yn 1945, yn syth wedi'r rhyfel, roedd y gyfundrefn ddogni swyddogol yn y rhanbarth Prydeinig yn caniatáu 1,500 o galorïau'r pen bob dydd (ystyrir heddiw bod angen o leiaf 2,000 i gadw'n iach). Erbyn gwanwyn 1946 yr oedd y dogn wedi gostwng i 1,015, ac i 900 erbyn y gaeaf. Yn ôl ffigurau Prydeinig yr oedd 987 o galorïau'r dydd ar gael i drigolion Recklinghausen ym mis Ebrill 1947 ond honnwyd ym mhapur y Blaid Gomiwnyddol mai dim ond 768 calori'r pen oedd ar gael yn y Ruhr yn wythnos olaf mis Mawrth 1947. Roedd rhew wedi cau'r porthladdoedd oedd yn mewnforio bwyd, yr oedd streic yn nociau'r Unol Daleithiau, yr oedd rhan sylweddol o gynnyrch ardaloedd gwledig yr Almaen yn diflannu i'r farchnad ddu ac yr oedd 550 o drenau yn llawn nwyddau yn sownd yn yr eira ac yn methu symud yn y rhanbarth Prydeinig.

Roedd poblogaeth y Ruhr ar eu pengliniau o ddiffyg bwyd. Cofier bod llawer iawn o'r dynion yn gwneud gwaith trwm yn y diwydiant glo. Ym mis Chwefror yn Essen yr oedd gwragedd y glowyr yn blocio gatiau'r pyllau glo ac yn rhwystro'r dynion rhag mynd i'r gwaith nes bod bara i gael. Yr oedd streiciau a phrotestiadau drwy'r Ruhr, ac yn Recklinghausen yr oedd 1,700 o ddynion wedi rhoi'r gorau i weithio yng ngweithdai'r rheilffyrdd. Gwnaethpwyd apêl gan yr holl eglwysi ar i'r awdurdodau a'r holl fyd helpu pobl y Ruhr oedd heb fwyd, heb ddillad, heb wres ac yn aml heb do dros eu pennau.

Mae cofnod yn bodoli o gyfarfod a alwyd ar 24 Mawrth 1947 rhwng y Comisiynydd Rhanbarthol Prydeinig a Maer Wuppertal wedi i hwnnw gynghori gweithwyr i aros yn eu gwelyau. Mae'r Comisiynydd yn gofyn iddo dynnu'r cyngor yn ôl ar unwaith oherwydd yr effaith andwyol y byddai'n ei chael ar y diwydiant glo oedd mor allweddol i'r economi. Ateb y Maer yw nad oes nerth bellach gan bobl i gyflawni eu gwaith. Yn hytrach na bod pobl yn disgyn ar y stryd o ddiffyg maeth, gwell fyddai iddynt aros gartref yn y gwely a chadw'n gynnes nes bod y cyflenwad bwyd yn gwella.

Dyna'r byd oer a newynog oedd yn amgylchynu cegin gynnes ein tŷ ni ar Elperweg yn gynnar yn 1947. Roedd fy mam yn gallu trin pawb oedd yn dod i'r tŷ fel unigolion, tra oedd fy nhad, oherwydd natur ei swydd, yn cynrychioli'r drefn Brydeinig ym myd cyhoeddus Recklinghausen ac yn gorfod cadw pellter a dewis ei ffrindiau Almaenig yn ofalus. Ond tybed oedd e'n ei gael ei hun yn ymateb i rywbeth cyfarwydd yn ardal lofaol y Ruhr, gyda'i thraddodiad corawl, ei chyfeillgarwch parod a'i phrofiad o gyni?

Cafodd fy nhad ei eni yn 1900 a'i fagu ym mhentref Cwmaman, Aberdâr, lle roedd olwyn y pwll glo yn troi ar ben y stryd yn union fel y gallech chi weld yn yr ardaloedd o gwmpas Recklinghausen. Roedd yn gwybod yn iawn beth oedd cyni ar yr aelwyd gan iddo, yn naw oed, golli ei dad oedd yn löwr. Roedd yn ei arddegau yn ystod y Rhyfel Byd Cyntaf pan aeth glowyr y De ar streic oherwydd lefel isel y cyflog. Un o'i atgofion o'r cyfnod hwnnw oedd cerdded gyda ffrindiau i Aberdâr rhyw nos Sul i wrando ar yr enwog Thomas Rees yn pregethu, a chael bod gatiau'r capel wedi eu cloi â chadwyni. Y bore hwnnw yr oedd Thomas Rees wedi pregethu yn erbyn y rhyfel ac nid oedd y blaenoriaid am weld yr un peth yn digwydd gyda'r nos.

Mae'n anodd cael darlun cyflawn o waith fy nhad yn Recklinghausen, a hynny am ddau reswm: yn gyntaf, y prinder cofnodion y cyfeiriais ato yn barod; ac yn ail am fod y CCG a'i Adran Gyfreithiol yn barhaol yn newid polisi, yn newid strwythur ac yn gynyddol yn trosglwyddo rhannau o'r gwaith i ddwylo Almaenig. Yn syth wedi i'r rhyfel orffen yn 1945 yr oedd y llywodraeth filwrol Brydeinig yn dibynnu ar unigolion yn y rhengoedd oedd â chymwysterau arbenigol, yn eu plith nifer o gyfreithwyr. Dynion a merched yn aros i fynd adref oedd y mwyafrif helaeth ohonynt, nid milwyr proffesiynol, ac erbyn 1946 yr oedd rhaid recriwtio llu o sifiliaid i weinyddu rhanbarth Prydeinig yr Almaen, a hynny ar frys. Dyna pryd y cyflogwyd fy nhad, yn y lle cyntaf i fod yn aelod o un o'r Byrddau Arolygu Prydeinig (British Review Boards). Ef fel cyfreithiwr oedd yn cymryd y gadair ac yr oedd o leiaf ddau o swyddogion y fyddin yn bresennol i gyfrannu gwybodaeth am ymchwil y gwasanaethau cudd a materion diogelwch. Rhaid cofio bod rhywfaint o weithgarwch tanddaearol Natsïaidd wedi parhau hyd 1947.

Mae'n bwysig gwahaniaethu rhwng y Byrddau Prydeinig oedd yn rhan o'r drefn dadnatsieiddio a dau fath arall o lys Prydeinig: y Llysoedd Diannod (British Summary Courts) ar y naill law a'r Llysoedd Troseddau Rhyfel ar y llaw arall. Delio â throseddau yn erbyn eiddo'r fyddin neu'r drefn filwrol oedd y Llysoedd Diannod tra oedd y Llysoedd Troseddau Rhyfel yn ymwneud â nifer cymharol fychan o achosion difrifol. Yr olaf a hoeliodd sylw'r byd gan eu bod yn ymwneud ag erchyllterau'r gwersylloedd carchar a chyda'r dynion a'r merched oedd yn swyddogion ac yn feddygon ynddynt. Dyma'r bobl, yn aml iawn, a ddedfrydwyd i farwolaeth.

Ym mis Chwefror 1948, a ninnau yn paratoi i symud i Köln, dienyddiwyd deunaw o droseddwyr rhyfel yn Herford. Roedd pymtheg ohonynt yn Almaenwyr a thri yn *allied nationals* (o Wlad Pwyl a'r Undeb Sofietaidd, a barnu wrth yr enwau). Mr Albert Pierrepoint, crogwr proffesiynol olaf Prydain, oedd yn arfer dod draw i wneud y gwaith, ac er mwyn cyfiawnhau'r gost yr oedd y Trysorlys yn mynnu ei fod yn crogi 13 o bobl mewn diwrnod. Y tro hwn fe fethodd â dod, a chyflawnwyd y gwaith gan ddau Brydeiniwr lleol llai profiadol, gyda'r hyn a ddisgrifiwyd yn 'ganlyniad anffodus'. Wedi hynny penderfynwyd newid y drefn a saethu'r troseddwyr rhyfel, ond cafwyd problemau pellach wrth wneud hynny. Doedd y gwaith ddim wrth fodd y fyddin Brydeinig.

Rwy'n ei chael hi'n rhyfedd meddwl am Herford yng nghyddestun y dienyddio. I mi yn blentyn roedd y dref fechan hynafol yn lle braf i fynd ar daith gyda'm tad. Yn wir, trefi bychain dymunol a ddewiswyd yn aml yn brif ganolfannau'r weinyddiaeth Brydeinig am eu bod wedi osgoi'r bomio gwaethaf. Roedd fy nhad hefyd yn mynd i gyfarfodydd yn Bad Oeynhausen. Ar ôl ymweld â'r dref honno wedi'r rhyfel, ysgrifennodd Goronwy Rees (fyddai yn nes ymlaen yn brifathro

Coleg Prifysgol Aberystwyth): 'Roedd hi fel pe bai'r Almaenwyr ar ôl goresgyn Prydain wedi penderfynu llywodraethu'r wlad o Landrindod.'

Y rheswm yr oeddem ni'n byw yn Recklinghausen, yn bell o'r canolfannau Prydeinig hyn, oedd er mwyn bod wrth ymyl gwersyll oedd yn wreiddiol yn dal dros 3,000 o Almaenwyr a garcharwyd ar ddiwedd y rhyfel. Pwy oedd y bobl hyn? Pan gyrhaeddodd unedau o'r fyddin Americanaidd Recklinghausen ar 8 Mai 1945, aethant ati i arestio a charcharu pawb oedd yn gwisgo lifrai, a phenaethiaid pob sefydliad neu gwmni masnachol, ar sail eu haelodaeth dybiedig o'r mudiadau Natsïaidd. Ac yn wir, yn ôl yr hyn a gofnodwyd gan un llygad-dyst, swyddogion y Blaid Natsïaidd neu aelodau o'r SS, y Gestapo a gweision sifil pwysig oedd mwyafrif y rhai a garcharwyd yn Recklinghausen, ond nid pawb o bell ffordd.

Carcharwyd dynion y rheilffyrdd a dynion tân am eu bod hwythau yn gwisgo lifrai a'r Americanwyr heb ddeall y gwahaniaeth. Carcharwyd rhai oherwydd bod gelynion personol wedi dwyn cyhuddiadau di-sail yn eu herbyn, ac eraill am ddigwydd bod â'r un enw â rhywun oedd ar restr ddu'r awdurdodau newydd. Dyna'r math o beth sy'n digwydd mewn cyfnod o anhrefn wleidyddol, fel yr oedd Shakespeare yn gwybod yn iawn. 'I am Cinna the poet... I am not Cinna the conspirator,' medd cymeriad yn *Julius Caesar* wrth geisio amddiffyn ei hun rhag y dorf ddialgar, ond mae'r dorf am ei waed yr un fath.

Unwaith eich bod yn y gwersyll, gallech fod yno am flwyddyn neu fwy yn disgwyl cael gwrandawiad. Yr awdurdodau Prydeinig oedd bellach â gofal am y rhan hon o'r Almaen ac roeddynt wedi sefydlu trefn gyfreithiol drylwyr ond araf iawn. Dechreuodd saith o Fyrddau Adolygu Prydeinig eu gwaith ym mis Medi 1946, un ohonynt yn Recklinghausen, ac yr oedd gofyn iddynt ddelio â 36,000 o bobl mewn chwech o wersylloedd. Erbyn diwedd 1947, pan oedd y broses i raddau helaeth iawn wedi ei throsglwyddo i ddwylo Almaenig, yr oedd y Byrddau rhyngddynt ddim ond wedi delio â 3,016 o achosion ac wedi rhyddhau 2,436 o unigolion.

Tebyg bod fy nhad wedi clywed rhai cannoedd o achosion rhwng Medi 1946 a diwedd Hydref 1947 pan drosglwyddwyd ef i waith arall. Cynhaliwyd y Byrddau yn Saesneg, gyda chyfieithwyr yn bresennol oedd yn anwastad eu safon. Flynyddoedd yn ddiweddarach, a minnau yn ddarlithydd yn Aberystwyth, digwyddais siarad ag Almaenes o'r un genhedlaeth â fi wrth inni'n dau gasglu plentyn o barti penblwydd. Dysgais ganddi fod ei thad hithau wedi treulio cyfnod yn Recklinghausen wedi'r rhyfel, yn gaeth yn y gwersyll.

Roedd y broses mor araf, mor gostus ac mor agored i feirniadaeth o bob cyfeiriad fel nad oes rhyfedd fod penderfyniad wedi ei gymryd yn fuan iawn i drosglwyddo'r gwaith i ddwylo Almaenwyr. Mae cofnod Almaeneg o swyddog Prydeinig nas enwir yn cyhoeddi'r bwriad wrth gynrychiolwyr tref Recklinghausen. Pwy bynnag ydoedd (ac mae'n bosibl iawn mai fy nhad sydd yn siarad), mae'n swnio'n eithaf balch o gael gwared â gwaith diddiolch. 'Mae rhai yn ein beio am adael Natsïaid mewn swyddi allweddol,' medd y swyddog, 'ac eraill yn cwyno ein bod ni'n cadw dynion diniwed yn gaeth. Yn sicr, rydym wedi gwneud camgymeriadau, ac mi wnawn gamgymeriadau eto, ond nid cymaint ag y mae rhai yn honni. Mae'r wybodaeth sydd gennym am unigolion yn dra dibynadwy, ond yn naturiol nid yw'n berffaith, ac ni all fod nes bydd modd treiddio i ddyfnderoedd cyfrin y galon ddynol. Yn y dyfodol bydd datrys y problemau hyn yn bennaf yn eich dwylo chi, a bydd gennych syniad gwell, mae'n siŵr, o sut i fynd i'r afael â phethau. Rwy'n dymuno pob lwc i chi.' Aethpwyd ati i lunio 14 o lysoedd Almaenig yn Recklinghausen, y *Spruchkammern*, a dechreuodd rhai ohonynt ar eu gwaith ym mis Mehefin 1947. Ganol mis Hydref yr un flwyddyn cyhoeddwyd gorchymyn yn trosglwyddo cyfrifoldeb am y rhan fwyaf o'r gwaith dadnatsieiddio yn y rhanbarth Prydeinig i'r llysoedd Almaenig.

Yn dilyn achosion Nuremberg gorchmynnwyd neilltuo carcharorion i bum dosbarth. Yr oedd y rhai a neilltuwyd i Ddosbarth Un a Dau yn cael eu dedfrydu i gyfnod pellach yn y gwersyll ar y sail eu bod wedi chwarae rhan flaenllaw yn y mudiadau Natsïaidd ac yn dal yn fygythiad. Dosbarth Pump oedd y bobl nad oedd rheswm yn y byd i'w cosbi, a byddent yn cael eu rhyddhau. Gosodwyd y mwyafrif helaeth, fodd bynnag, yn Nosbarth Tri a Phedwar. Byddai'r 'troseddwyr llai' a'r 'dilynwyr' fel y'u galwyd yn cael eu rhyddhau o'r gwersyll ac yn derbyn cosb o fath gwahanol yn ôl yr amgylchiadau a doethineb y llys. Ymhlith y cosbau posibl roedd gwaharddiad ar sefyll etholiad neu ddal swydd gyhoeddus, a gwaharddiad ar ddychwelyd i weithio mewn proffesiwn arbennig neu gael dyrchafiad i swydd uwch. Gallai hefyd olygu lleihau eich pensiwn, rhewi cyfrifon banc neu dalu dirwy.

Yr oedd pob math o bwysau ar y Byrddau Prydeinig a'r *Spruchkammern* Almaenig i ystumio'r rheolau, nid yn unig gan Almaenwyr dylanwadol ond gan adrannau o'r weinyddiaeth Brydeinig hefyd. Mae memorandwm gan swyddog Prydeinig yn Adran y Gweithlu yn datgan yn blaen bod y polisi o buro'r wlad o Natsïaid yn mynd yn gwbl groes i bolisi arall o gryfhau'r economi. Dywed bod colli unigolion cymwys oherwydd eu gorffennol Natsïaidd yn tanseilio effeithlonrwydd ar draws y diwydiannau allweddol megis glo, cemegau, fforestydd ac amaethyddiaeth.

Mae enghraifft o'r dewisiadau oedd yn wynebu'r weinyddiaeth Brydeinig yn codi yn yr union gyfarfod y cyfeiriais ato rhwng Maer Wuppertal a'r Comisiynydd Prydeinig. Un o'r problemau sydd yn effeithio ar y cyflenwad bwyd, medd y Maer, yw bod peiriannau'r felin flawd wedi torri a bod gwaharddiad ar gyflogi'r rhai allai eu trwsio oherwydd eu cefndir gwleidyddol amheus (*politically tainted* yw'r ymadrodd yn y cofnod Saesneg). 'Pan ewch chi'n ôl i'ch swyddfa,' medd y Comisiynydd, 'ysgrifennwch lythyr ataf yn gofyn caniatâd i'w cyflogi, ac mi gewch ateb gyda'r troad.' Roedd y dewisiadau yn llawn mor anodd o fewn y gyfundrefn gyfreithiol ei hun wrth geisio trosglwyddo achosion i ddwylo Almaenig, gan fod 90 y cant o gyfreithwyr Nordrhein-Westfalen yn gyn-aelodau o'r blaid Natsïaidd. Os oedd hi mor anodd gweinyddu cyfiawnder tra'n cadw'r economi i fynd mewn gwlad oedd mor debyg i Brydain yn ddiwylliannol â'r

Almaen, hawdd dychmygu maint y problemau wedi i Brydain a'r Unol Daleithiau feddiannu Irac a cheisio cael gwared â holl ddilynwyr Saddam Hussein.

Wrth i'r berthynas â'r Undeb Sofietaidd waethygu, yr oedd y gwasanaethau cudd Prydeinig hefyd yn ymyrryd. Esbonnir mewn memorandwm a labelir 'Top Secret' bod angen denu gwyddonwyr Almaenig o ranbarth Sofietaidd yr Almaen er mwyn sicrhau mai ni yn hytrach na'r Rwsiaid fyddai'n manteisio ar eu gwybodaeth. Gofynnodd y gwyddonwyr am warant na fyddai gwaharddiad ar eu cyflogi petasent yn symud i'r Gorllewin. Byddai rhoi gwarant o'r fath yn amhosibl dan drefn y Rhanbarth Prydeinig a fyddai'n gorfod eu trin yn ôl y categorïau arferol. Yn y diwedd penderfynwyd pwyso ar yr awdurdodau Almaenig (oedd bellach yn gyfrifol am y categoreiddio) i ymrwymo o flaen llaw i osod y gwyddonwyr yn Nosbarth Tri, Pedwar a Phump, a sicrhau na fyddai cyfyngu ar eu hawl i weithio.

I lawer o bobl broffesiynol yn y cyfnod Natsïaidd yr oedd aelodaeth o'r blaid lywodraethol yn angenrheidiol i lwyddiant eu gyrfa. Dyma'r bobl a alwyd ambell waith yn *Müssnazis* – Natsïaid wrth raid. Dyw gwisgo'r bathodyn iawn ac arddel yr ieithwedd dderbyniol ddim o angenrheidrwydd yn golygu ymrwymiad ideolegol dwys – mae uchelgais cyffredin yn ddigon o esboniad ac yn bodoli ymhob man. Bu'n fantais ddigamsyniol ar adegau gwahanol i athro fod yn aelod o'r Blaid Lafur yn yr hen Sir Forgannwg neu o Blaid Cymru yng Ngwynedd.

Dros y blynyddoedd roeddwn wedi gofyn i mi fy hun ai athro dan waharddiad oedd ambell un o'm tiwtoriaid yn Recklinghausen? A oedd fy nhad, wrth wahardd ambell un am gyfnod rhag dychwelyd i ddysgu mewn ysgol, yn fodlon ei gyflogi i ddysgu ei fab? A oedd esboniad gwell o'r ffaith fod athrawon cymwys iawn o ran eu dysg, a heb fod dros oed ymddeol, ar gael yn ystod oriau ysgol i ddod i'r tŷ yn Elperweg?

Yn achos Dr Helene Kuhlmann a Dr Paul Wenner, y ddau athro yr oedd gen i gof clir ohonynt, mi gefais atebion – digon gwahanol a digon diddorol – ar fy ymweliad ag archifdy Recklinghausen.

* * * * *

Yr oedd Helene wedi marw yn 2001 yn 90 oed, yn llwythog dan anrhydeddau lleol a rhyngwladol. Roedd parc yng nghanol y dref yn dwyn ei henw a digon hawdd oedd casglu gwybodaeth amdani. Dyma Helene Kuhlmann, adeg derbyn medal aur tref Recklinghausen yn 1988, yn edrych yn ôl ar gyfnod diwedd y rhyfel:

> Mae'r stori'n cychwyn yn adfeilion ein mamwlad. Ar ail ddiwrnod y Pasg 1945 meddiannwyd ein haelwyd ni a bu rhaid inni symud gan fod yr ardal yn dal yn rhan o faes y gad. Y bore nesaf, cerddais i'r Rathaus at yr Uwchgapten Americanaidd oedd yno'n rheoli, a gofyn am bapur fyddai'n rhoi caniatâd i mi gyrchu rhai pethau angenrheidiol o'r tŷ, ac mi gefais ganiatâd.

> Arweiniodd yr Uwchgapten fi at y ffenestr a dangos y rhes hir o bobl oedd yn aros i gyflwyno cais fel y gwnes innau. 'Rydych yn siarad Saesneg yn dda,' meddai, 'beth am i chi ddod atom er mwyn helpu eich cydwladwyr?' Ac felly y bu. Ymhen ychydig ddyddiau roeddwn yn gweithio i awdurdodau'r dref, ac aeth dwy flynedd heibio cyn i mi ddychwelyd i'r ysgol yn athrawes ieithoedd modern.

Yn y cyfnod hwn, wedi i'r Americanwyr drosglwyddo'r awenau i Brydain, y daeth fy rhieni i'w nabod. Roedd yr awdurdodau Prydeinig wedi'r rhyfel yn chwilio am unigolion oedd â rhyw hanes o wrthod Natsïaeth i gydweithio â nhw. Gan fod y Comiwnyddion yn cael eu hystyried yn gaeth i bolisi'r Undeb Sofietaidd (oedd yn prysur droi'n elyn), y garfan yr oedd Prydain yn ei ffafrio yn Nordrhein-Westfalen oedd y Catholigion hynny oedd wedi gwrthwynebu Hitler. I'r garfan honno yr oedd Helene yn perthyn.

Mae'n bwysig sylweddoli bod Recklinghausen o fewn esgobaeth Münster, ac Esgob Münster, yr Esgob von Galen, oedd gelyn pennaf y Natsïaid o fewn yr Eglwys Gatholig. Bu'n feirniadol ohonynt a'u polisïau o'r cychwyn, ac wedi iddo draddodi tair pregeth ymosodol iawn yn 1941 awgrymwyd wrth Bormann a Goebbels y dylid ei ddienyddio yn y man a'r lle, ond yr oedd arnynt ofn yr effaith y byddai hyn yn ei chael ar forâl poblogaeth grefyddol yr esgobaeth a'r Almaen Gatholig yn gyffredinol. Fe benderfynwyd yn hytrach ei gadw yn gaeth yn ei dŷ. Fodd bynnag, fe argraffwyd y pregethau a'u dosbarthu yn eang, gan ysbrydoli, ymhlith eraill, grŵp tanddaearol y Weisse Rose ym Mhrifysgol München. Gwasgarwyd copïau o'r awyr gan yr RAF hyd yn oed. Wedi i'r rhyfel orffen galwyd von Galen i Rufain a'i wneud yn Gardinal. Dychwelodd i Münster ar 16 Mawrth 1946 a phregethu yn adfeilion ei eglwys gadeiriol i gynulleidfa o 50,000. Diolchodd iddynt am eu ffyddlondeb yn ystod y cyfnod Natsïaidd, a bu farw o fewn yr wythnos.

Yn awyrgylch Catholig esgobaeth Münster yn ystod teyrnasiad von Galen y tyfodd Helene Kuhlmann. Fel yntau, yr oedd hi'n elyn i'r Natsïaid, ond fel yntau hefyd, gwrthododd y syniad a ledaenwyd wedi'r rhyfel o euogrwydd torfol y genedl Almaenig. Ehangwyd ei gorwelion wrth iddi astudio ieithoedd modern a threulio amser yn Ffrainc. Yn 1939 enillodd ddoethuriaeth o Brifysgol Münster gyda thraethawd am yr awdur Catholig Ffrengig Léon Bloy, ac aeth yn athrawes ieithoedd modern yn yr ysgol ramadeg i ferched yn Recklinghausen.

Pan sefydlwyd canolfan wybodaeth yn y dref gan y Cyngor Prydeinig yn 1946, hi sicrhaodd ddatblygiad unigryw'r sefydliad yn Recklinghausen. Bwriad y Cyngor Prydeinig wrth godi tri deg o ganolfannau tebyg oedd addysgu'r boblogaeth am Brydain drwy ddarparu papurau newydd, cylchgronau a llyfrau Saesneg, gan gynnwys rhai llyfrau a gyfieithwyd i'r Almaeneg yn arbennig (bu Goronwy Rees yn aelod o'r pwyllgor oedd yn dethol y teitlau). Perswadiodd Helene Kuhlmann yr awdurdodau Prydeinig fod angen deunydd darllen yn ieithoedd y llu o ffoaduriaid o bob gwlad yn Ewrop a thu hwnt oedd yn bresennol yn y Ruhr, a thrwy hyn fe droes y ganolfan yn ganolfan ryngwladol. Pan beidiodd y gefnogaeth Brydeinig am resymau ariannol yn 1956, hi argyhoeddodd dref Recklinghausen i

31

gynnal yr achos. Mae sefydliad Die Brücke (Y Bont) heddiw yn darparu deunydd darllen a chyngor amlieithog o bob math i fewnfudwyr o bob man – am amodau gwaith, am lety, ac am y gwasanaethau iechyd a chymdeithasol.

Roedd Helene yn credu bod yn rhaid i'r Almaen wedi'r rhyfel ailadeiladu perthynas â gwledydd eraill y byd, a hynny heb guddio dim o'r hyn ddigwyddodd yn y cyfnod Natsïaidd. Trefnodd arddangosfa yn Recklinghausen yn cofnodi amser Hitler yn fanwl, gan nodi mai 'tŷ wedi ei adeiladu ar y tywod fyddai Die Brücke onibai ein bod yn fodlon trafod popeth a ddigwyddodd'. Iddi hi, nid mater i lywodraethau yn unig oedd sicrhau heddwch, ond dyletswydd ar unigolion, cymdeithasau gwirfoddol a chymunedau lleol. Trefnodd efeillio Recklinghausen â Preston yn Lloegr, Douai yn Ffrainc, a Dordrecht yn yr Iseldiroedd, ac mae'n bosibl iawn mai cysylltiadau Catholig Helene oedd y tu ôl i'r dewisiadau hyn.

Gydag amser aeth y cysylltiad â Preston yn fater o'r ymweliadau arferol, ond fe ddatblygodd y berthynas â Douai a Dordrecht yn bartneriaeth weithredol ar sail eu profiad cyffredin o ryfel a dinistr. Sefydlodd Recklinghausen a Douai loches ar gyfer plant y stryd yn nhre El Progreso yn Honduras, a darparwyd injan dân a cherbydau ambiwlans i'r un dref gan drigolion Dordrecht. 'Byddai ein syniad o'r hyn yw Ewrop yn colli ei ystyr,' meddai Helene, 'petasai Ewrop yn troi arni hi ei hun.'

Yr oedd un efeilldref arall sef porthladd Akko (Acre) yn Israel. Croesawodd Helene nifer o grwpiau o'r dref honno i Recklinghausen, tasg digon anodd mi dybiwn, a bu fyw'n ddigon hir i weld cymuned Iddewig fechan yn ailymsefydlu yn Recklinghausen. Pan fu farw yn 2001 gosodwyd hysbyseb yn y papur lleol gan y gymuned honno: 'Bydded lle iddi ymhlith y cyfiawn wrth droed Duw.' Erbyn hynny yr oedd eisoes wedi derbyn anrhydeddau gan lywodraeth Ffrainc, yr Eidal a Honduras, a'r OBE gan Frenhines y Deyrnas Gyfunol.

* * * * *

Ond beth am fy athro arall, Paul Wenner? Buaswn i wedi dychwelyd o Recklinghausen yn waglaw oni bai am ymyrraeth rhywbeth digon tebyg i law rhagluniaeth. Pan ddychwelais o fy awr ginio i ystafell ddarllen yr archifdy, roedd y staff wedi gosod twr o hen ffotograffau o ardal Elperweg ar fy nesg. Sylwais fod twr arall o ffotograffau a dwy gyfrol ar y ddesg drws nesaf, lle nad oedd neb yn eistedd bellach. Mi edrychais yn gyflym arnynt rhag ofn bod y rhain hefyd wedi eu bwriadu ar fy nghyfer. Ond na, roedd popeth yno ar gyfer rhywun arall ac yn ymwneud â hanes hen ysgol ramadeg i fechgyn yn y dref – y Gymnasium Petrinum. Wrth imi droi tudalennau un o'r llyfrau dyma fi'n gweld wyneb hirfain yn syllu arnaf – wyneb yr oeddwn yn ei nabod yn syth.

Roedd llun pob un o brifathrawon yr ugeinfed ganrif yn y llyfr, a bu fy nhiwtor Paul Wenner yn brifathro rhwng 1935 ac 1945. Symudwyd ei ragflaenydd o'i swydd yn ddirybudd yn 1934 ar orchymyn y llywodraeth – flwyddyn ar ôl i Hitler gymryd yr awenau. Roedd Paul Wenner felly'n dderbyniol i'r drefn Natsïaidd newydd yn 1935, a bu'n rhaid iddo adael y swydd wedi dymchwel y drefn honno yn 1945. Byddai'r Americanwyr wedi ei arestio fel pennaeth sefydliad ar y rhagdybiaeth ei fod yn aelod o'r Blaid Natsïaidd, ac mae'n debygol iawn mai dyna ydoedd. Erbyn gwanwyn 1947 roedd yn rhydd o'r gwersyll ond yn methu dychwelyd i ddysgu, o leiaf am gyfnod. Mae rhagdybiaeth gref felly iddo fynd o flaen Bwrdd Adolygu Prydeinig fy nhad a'i gael yn un o'r 'dilynwyr' yn hytrach nag yn ddyn peryglus neu flaengar yn y mudiadau Natsïaidd.

Ganwyd Paul Wenner yn 1895 yn Witten, un arall o drefi diwydiannol y Ruhr. Treuliodd flynyddoedd rhyfel 1914–18 yn y fyddin, cyn graddio mewn mathemateg, daeareg a ffiseg ym mhrifysgolion Münster a Freiburg. Bu'n athro wedyn mewn nifer o ysgolion yn ardal y Ruhr cyn mynd yn brifathro yn Recklinghausen. Rywbryd ar ôl i ni adael Recklinghausen yng ngwanwyn 1948 cafodd ailafael yn ei yrfa broffesiynol a gorffennodd ei yrfa yn bennaeth canolfan addysg i oedolion yn ne'r Almaen. Bu farw yn 1959. Er mai mathemateg a gwyddoniaeth oedd ei briod feysydd, yr oedd hefyd, yn ôl y llyfr a ddarllenais yn yr archifdy, wedi ymddiddori mewn ieithyddiaeth a'r clasuron ac wedi amddiffyn traddodiad clasurol yr ysgol pan oedd gwir angen gwneud hynny. Cododd arian i fynd â'r bechgyn hynaf ar ymweliad â safleoedd clasurol Gwlad Groeg ond daeth yr Ail Ryfel Byd i rwystro'r cynlluniau hynny. Dyna esbonio sut yr oedd yr un dyn yn medru dysgu Mathemateg a Lladin i mi!

Hanner cant a dwy oed fyddai Paul Wenner yn 1947, ac wedi gweld dinistr ei wlad ddwywaith. Yn ifanc byddai wedi dychwelyd o'r rhyfel i gyfnod o ansefydlogrwydd gwleidyddol, chwyddiant a diweithdra difrifol, pan oedd yr Almaen yn cael ei gorfodi i dalu iawndal sylweddol yn dilyn cytundeb Versailles, a Ffrainc wedi meddiannu'r Rheinland. Mae modd deall apêl Hitler yn y fath gyfnod, ond beth oedd agwedd Paul Wenner yn nes ymlaen – yn 1938, er enghraifft, pan losgwyd y synagog yn Witten, ei dre enedigol? Byddai fy nhad, mae'n debyg, wedi gweld ffeil lawn amdano ac o bosibl wedi clywed tystion. Ond cyn ei gyflogi, byddai hefyd wedi cael barn fy athrawes Almaeneg, Dr Helene Kuhlmann. Byddai hi, fel athrawes yn ysgol ramadeg y merched, yn sicr yn gwybod am Paul Wenner ac o bosibl yn ei nabod yn bersonol.

* * * * *

Erbyn Hydref 1947 roedd y gwaith dadnatsieiddio yn Recklinghausen wedi ei drosglwyddo i'r paneli Almaenig ac yn gynnar yn 1948 symudwyd fy nhad i Köln. Ond rhwng 28 Hydref 1947 a 20 Ionawr 1948 fe'i defnyddiwyd ar gyfer gwaith gwahanol nad oeddwn yn gwybod amdano, fel Llywydd y Llys Diannod Prydeinig (Cylchdaith Recklinghausen). Mae cofnodion y llys hwn ar gadw yn ffeiliau'r CCG. Profiad annisgwyl a chyffrous oedd darganfod llofnod fy nhad ar waelod pob tudalen yn rhestru'r diffynnydd, y cyhuddiad, y dyfarniad a'r gosb ymhob achos.

Troseddau cymharol ddibwys yn erbyn y drefn filwrol oedd

yn dod o'i flaen, ond maent, serch hynny, yn ddadlennol o'r hyn oedd yn digwydd o'n cwmpas. Mae dwyn oddi ar yr awdurdodau Prydeinig, neu fod ym meddiant eiddo wedi ei ddwyn, yn droseddau cyffredin, fel y mae croesi'r ffin â'r Iseldiroedd a mewnforio nwyddau ar gyfer y farchnad ddu yn anghyfreithlon. Mae Almaenwyr ac Iseldirwyr fel ei gilydd yn euog o wneud hyn. Ceir troseddau eraill sydd yn ymwneud â'r gyfundrefn ddogni a rheoli prisiau, megis 'gwerthu am bris gormodol' a hyd yn oed 'prynu am bris gormodol'. Mae peidio ag ufuddhau i orchymyn milwrol yn drosedd, ac felly hefyd absenoldeb o'r gwaith os cyfeirir y diffynnydd at y gwaith gan yr awdurdodau Prydeinig. Yn aml iawn, dirwy neu gyfnod o garchar gohiriedig yw'r ddedfryd ac y mae cyhuddiad o fod ym meddiant arfau yn ddigon i anfon yr achos i lys uwch. Pum mis o garchar yw'r ddedfryd lymaf welais i yn y cofnodion yng nghyfnod fy nhad, a hynny am wneud datganiadau ffug i'r awdurdodau ar fater o 'gonsýrn swyddogol'. Wn i ddim beth oedd y tu ôl i hynny, ond llwyddodd y diffynnydd i gael lleddfu'r gosb ar ôl cyflogi cyfreithiwr i'w amddiffyn, ac apelio ddwywaith.

Ond anghyffredin iawn oedd bod diffynnydd â chynrychiolaeth gyfreithiol yn y llys, ac yr oedd bron pawb yn pledio'n euog. Tlodi a newyn oedd yn esbonio llawer iawn o'r troseddau, a sylwais fod gan nifer o'r diffynyddion gyfenwau Pwyleg a'u bod yn nodi cyfeiriad mewn gwersyll DP (*displaced persons*). Er bod eu gwlad ar ryw olwg wedi ennill y rhyfel, mae'n debyg bod sefyllfa llawer o'r DPs yn Recklinghausen, heb gysylltiadau teuluol a chymdogol a heb feistroli iaith eu gelynion a'u gormeswyr diweddar, lawn cyn waethed os nad yn waeth na sefyllfa'r Almaenwyr lleol.

Cyn cychwyn o Sir Fôn byddai fy mam wedi derbyn pamffledyn a baratowyd yn arbennig ar gyfer teuluoedd Prydeinig oedd yn symud i'r Almaen. Roedd ynddo lawer o wybodaeth am y brechiadau angenrheidiol, y gyfundrefn ddogni i Brydeinwyr ac yn y blaen. Ond ochr yn ochr â'r manylion ymarferol ceir paratoad seicolegol am yr hyn fyddai'n disgwyl y teuluoedd. 'Hyd yn oed os byddwch yn hanu o ddinasoedd ym

Mhrydain a fomiwyd yn helaeth,' dywed y pamffledyn, 'ni fydd dim a welsoch wedi eich paratoi ar gyfer yr erwau o adfeilion yn nhrefi diwydiannol yr Almaen.'

Ar ganol y rhyfel yr oedd modd edmygu arwriaeth criwiau'r awyrennau bomio oedd yn cychwyn yn eu cannoedd am yr Almaen gyda'r nos ac yn dioddef colledion enbyd. Mae darllediad a wnaeth Wynford Vaughan Thomas o un o'r Lancasters yn cyfleu'r tyndra wrth iddynt groesi Môr y Gogledd ac anelu at Ferlin. Uwchben y ddinas mae'n disgrifio'r olygfa o'r awyr fel sioe tân gwyllt enfawr heb y sŵn. Gwahanol iawn, wedi i'r rhyfel orffen, oedd gweld canlyniadau'r *area bombing* ar y ddaear, a chyflwr pobl gyffredin yng nghanol yr adfeilion.

Mae'r llygad-dystion Prydeinig a ysgrifennodd am y cyfnod yn ddieithriad yn mynegi sioc a braw, boed nhw, fel Goronwy Rees, yn barod i gyfiawnhau'r dinistr, neu, fel Stephen Spender, yn fwy amheus. Mae'r cyhoeddwr Victor Gollancz, yr oedd ganddo fel Iddew fwy o reswm na'r rhelyw dros deimlo'n ddialgar, yn dychwelyd o'i daith i'r Almaen i ymgyrchu dros anfon mwy o gymorth o Brydain. A dyma a ysgrifennodd Noel Annan wrth edrych yn ôl yn ei gyfrol *Changing Enemies*:

> The spectacle of misery pervaded one's life. Calloused as our sensibility has become since then by the images on television and in the press, year in year out, of millions of human beings in Asia and Africa murdered or dispossessed in our brutal and violent century, the memory of Germany in defeat has never faded from my mind.

Yn ôl y nofelydd W G Sebald, prin y cafodd cyfnod y bomio a'r adfeilion fynegiant cyhoeddus yn Almaeneg, a hynny am wahanol resymau. Ymhlith y llenorion, roedd y rhai alltud heb rannu profiad y bomio, tra oedd y rhai a arhosodd yn yr Almaen yn amser Hitler yn rhy brysur yn ceisio profi eu cymwysterau gwrth-Natsïaidd. Yn y cyfnod wedi'r rhyfel gallai tynnu sylw at ddioddefaint yr Almaenwyr ymddangos fel beirniadaeth ar y drefn newydd.

Awgryma Sebald ymhellach i brofiadau'r dinasoedd a

fomiwyd yn deilchion fod mor echrydus nes i bobl gyffredin eu claddu yn yr isymwybod a chanolbwyntio ar ailadeiladu'r wlad. Os byddant yn sôn o gwbl am y cyfnod byddant yn defnyddio ystrydebau. Dyna'r union argraff a gefais wrth ailymweld â Recklinghausen a chwilio am dystiolaeth o'r cyfnod. Yn 1946 a 1947 yr oedd pobl naill ai yn rhy brysur yn goroesi neu wedi eu trawmateiddio gormod i dynnu lluniau neu gofnodi eu hargraffiadau ar bapur. Pan arweiniais y drafodaeth yn ôl at y cyfnod mewn sgwrs ag ambell berson hŷn, roeddynt yn defnyddio'r un ymadrodd, sef 'cyfnod tywyll', ac yna'n tynnu sylw at y camau mawr a gymerwyd ers hynny wrth ailadeiladu'r dref.

Mae Sebald ei hun wedi casglu rhai o'r ffeithiau am y bomio a'i ganlyniadau mewn ysgrif ddiduedd a dirdynnol a gyhoeddwyd yn Saesneg dan y teitl 'Air War and Literature: Zürich Lectures' yn ei gyfrol *On the Natural History of Destruction*. Ganwyd Sebald yn 1944 mewn pentref ar gyrion yr Alpau ac aeth i'r ysgol uwchradd yn Oberstdorf, tref y bydd sôn amdani yn y bennod nesaf. Ar un olwg yr oedd trychineb dinasoedd yr Almaen heb ei gyffwrdd, ac eto, o edrych yn ôl, meddai, roedd yn sylweddoli ei bod wedi gadael ei marc arno. Yn y bennod gyntaf soniais am y pethau oedd ar flaen fy meddwl yn blentyn yn Recklinghausen: chwarae ar y stryd, cael gwersi yn y bore, casglu stampiau, gwrando ar recordiau, teithio ar yr *autobahn* a sylwi ar geir, gwersylla neu fynd i gaban yr helwyr. Ni chofiaf brofi unrhyw syndod na braw wrth weld adfeilion yr Almaen am y tro cyntaf. Roeddwn yn eu cymryd yn ganiataol gan eu bod o'n hamgylch ymhob man. Ond gall yr hyn a gymerir yn ganiataol fod mor ddylanwadol â'r hyn sy'n hoelio'r sylw ar y pryd – os nad yn fwy, efallai. Gadawodd yr adfeilion eu marc arnaf finnau hefyd.

Dros yr Alpau i Weld y Pab

Köln, St Gallen,
Rhufain, Machynlleth 1948–49

PASG 1948. MAE'N DDIWRNOD o wanwyn, cymylau gwyn ac awyr las am yn ail, a ninnau ar ein gwyliau. Mae'r Mercedes bach wedi bod yn gyrru ar yr *autobahn* trwy'r dydd, a'i drwyn tua'r de. Rwy'n eistedd wrth ymyl fy nhad yn y sêt flaen ac yn craffu i fod y cyntaf i weld y mynyddoedd. Mae rhywbeth gwyn yn y pellter all fod yn fynyddoedd neu'n gymylau. Yna, wedi inni droi o'r *autobahn*, yn nes ac yn uwch o lawer, yn sydyn dacw nhw, yn wal dywyll o'n blaenau. Ond mae eu pennau'n disgleirio yn haul y prynhawn. Yr Alpau! Yr Alpau!

Roeddem yn aros yn Oberstdorf, y dre farchnad uchaf yn yr Almaen, yn ardal yr Allgäu. Gallech feddwl mai fel hyn y buodd hi erioed: eira ar y mynydd uchel, a delw gerfiedig o Iesu Grist dan do bach pren ar ben y lonydd a oedd yn arwain at y ffermdai. Gwelais gymaint â phedwar ych yn llusgo trol hir i fyny'r llethrau, a bechgyn ifanc iawn yn eu harwain.

Rwy'n gwybod erbyn heddiw bod yr Americanwyr wedi meddiannu mwy nag un gwesty yn Oberstdorf yn y cyfnod wedi'r rhyfel, gan ei fod yn lle braf i gerdded yn yr haf ac i sgïo yn y gaeaf. Buasem wedi cael mynd i un o'r canolfannau hynny, yn sicr, ond mewn *Pension* digon cyffredin yr oeddem yn aros. Ni oedd yr unig ymwelwyr yno ac mae cof clir iawn gen i am y cawl amser cinio bob dydd, gan i hwnnw fynd yn jôc yn y teulu, ac ailadrodd sydd yn cadw atgofion yn fyw. Roedd hi'n anodd gwybod sut fath o gawl ydoedd, a phan oeddech yn gofyn, yr ateb bob tro oedd *Tagessuppe*, sef cawl y dydd.

Rwyf wedi dysgu pethau eraill am Oberstdorf yn ddiweddar. Dyma lle ymgartrefodd Gertrud von le Fort (1876–1971),

awdures Gatholig enwog iawn yn ei dydd, o 1940 ymlaen.
Ysgrifennodd nofelau hanesyddol, rhai ohonynt yn feirniadaeth
gudd ar y Drydedd Reich, a thrwy hynny daeth yn boblogaidd
ymhlith yr Almaenwyr hynny o fewn yr Eglwys Gatholig
oedd yn gwrthwynebu'r drefn Natsïaidd. Wedi'r rhyfel fe
dderbyniodd nifer o anrhydeddau ac fe'i henwebwyd ar gyfer
Gwobr Lenyddiaeth Nobel gan Hermann Hesse. Yn 1950 fe
gyhoeddodd fy athrawes Almaeneg yn Recklinghausen, Helene
Kuhlmann, astudiaeth o'i gwaith, ac rwy'n tybio mai trwy
Helene y trefnwyd ein harhosiad yn Oberstdorf.

Mae hynodrwydd arall i Oberstdorf. Wrth i'r Ail Ryfel
Byd ddirwyn i ben yr oedd Hitler wedi gorchymyn paratoi
cadarnleoedd yn yr Alpau fyddai'n gwrthsefyll hyd yr eithaf. Yr
oedd yr SS a'r Gestapo wrthi'n cuddio arfau yn y mynyddoedd
o gwmpas Oberstdorf ac yr oedd bwriad i sefydlu canolfan ar
gyrion y dref i hyfforddi'r *Werwolf*, sef y *guerrilla* Natsïaidd a
ffurfiwyd ar ddiwedd y rhyfel. Dyna pryd y penderfynodd
aelodau'r gwarchodlu lleol (rhyw fath o Home Guard) na
fyddent yn caniatáu i'r dre fynd yn ysglyfaeth i ryw frwydr
olaf orffwyll. Mewn un noson llwyddodd deugain o ddynion
yn gwisgo lliwiau'r hen Bafaria ar eu breichiau i arestio'r
Bürgermeister a holl swyddogion lleol y Blaid Natsïaidd a'r SS.
Wedi cloi'r Natsïaid mewn lloches cyrch awyr yn y dre, aeth
rhai o'r gwarchodlu allan i'r wlad a dal rhagor ohonynt. Yn nes
ymlaen, trosglwyddwyd oddeutu cant o Natsïaid i ddwylo byddin
Ffrainc. Dyma'r unig achos o'i fath a welwyd yn yr Almaen.

Mae'n anodd gen i feddwl nad oedd rhyw gysylltiad rhwng
ein gwyliau yn Oberstdorf a'r penderfyniad i'm hanfon yn fuan
iawn wedyn i ysgol breswyl yn St Gallen, rhyw ddeugain milltir
dros y ffin yn y Swistir. Eto, nid oes cof gen i am ymweld â'r
dre na'r ysgol cyn dechrau yno. Mae'n bosibl iawn mai trwy'r
un rhwydweithiau Catholig yn yr Almaen y clywodd fy rhieni
am yr ysgol, hyd yn oed trwy gysylltiad Helene â Gertrud von le
Fort. Roedd hithau'n mynd a dod i'r Swistir ac fe dreuliodd rai
misoedd yn St Gallen yn 1947.

Doedd mynd i ysgol newydd ddim yn fy mhoeni o

gwbl, na mynd oddi cartref. Yn saith oed, ar ganol y rhyfel, roeddwn wedi treulio blwyddyn mewn ysgol breswyl yn Rhydychen ac wedi goroesi. *Prep school* Seisnig eithaf enwog a chwbl nodweddiadol oedd Summer Fields. Yno y paratowyd cenedlaethau o'r sefydliad Prydeinig ar gyfer Eton a Winchester yn bennaf, gan gynnwys dau Brif Weinidog, dau Ganghellor y Trysorlys ac un Ysgrifennydd Tramor. Diolch iddi, mae trefn brenhinoedd Lloegr drwy'r oesoedd ar gof a chadw gennyf hyd heddiw yn y rhigwm sy'n dechrau 'Willie, Willie, Harry, Ste'. Yn naturiol, roedd hi'n ysgol wladgarol, ac mi waeddais 'Hip, hip, hooray' gyda'r gorau pan ddarllenwyd brysneges gan hen ddisgybl, y Cadfridog Iarll Wavell. Roedd yn gofyn inni gael hanner diwrnod o wyliau yn sgil buddugoliaeth ei fyddin yng ngogledd Affrica.

Ond roedd bwlio yn rhemp ac yn rhan gydnabyddedig o draddodiad yr ysgol. Ceisiodd bachgen gwyn o Dde Affrica redeg i ffwrdd am yr ail dro, ac wedi iddo gael ei gosbi yn ystafell y prifathro dyna fechgyn naw a deg oed yn ei gwrso o gwmpas yr ysgol ac udo am ei waed tu allan i'r tŷ bach lle yr oedd wedi cloi ei hun. Wnes i ddim dioddef o'r bwlio mwy nag oedd yn arferol yn achos bechgyn newydd, ond doeddwn i ddim yn hoffi'r lle nac yn ffitio mewn yno ychwaith. Rwy'n credu bod fy rhieni wedi deall hynny ar ôl blwyddyn. Mae nifer o gyfrolau hunangofiannol ac ambell nofel yn sôn am yr ysgol hon, rhai yn hiraethus a rhai yn chwerw, ond mae pawb yn cytuno mai'r hyn oedd yn mesur gwerth bachgen oedd ei berfformiad ar y cae criced. Ac yn wir, rwy'n cofio gwrido o'm corun i'm sawdl ar ôl gollwng *catch* – gymaint yr oeddwn wedi mewnoli'r syniad fod hynny'n dangos gwendid moesol difrifol. Dyna'r math o ysgol oedd hi ac rwy'n falch nad arhosais yn ddigon hir i gael fy mowldio ganddi.

Mor wahanol oedd fy ysgol newydd, yr Institut auf dem Rosenberg yn St Gallen. Yn hytrach na chysgu mewn *dormitory* mawr drafftiog roeddwn yn rhannu ystafell gyda dim ond dau fachgen arall. Doedd neb yn ein curo os oeddem yn siarad wedi amser diffodd y golau, ac o ganlyniad roeddem

yn fuan iawn yn blino siarad a gwrando ar y radio ac yn mynd
i gysgu. Roedd holl bwyslais yr ysgol ar gydweithio a bod yn
garedig i'n gilydd yn hytrach na chystadlu. Yn wir, roedd yr
athro Ffrangeg braidd yn feirniadol ohonof mewn adroddiad
diwedd tymor am fod yn ddiamynedd gydag aelodau gwannaf
y dosbarth.

Fel mae'r enw yn awgrymu, roedd yr ysgol ar fryn uwchben
y dre – y Rosenberg. Roedd yno ddigon o le i chwarae yn yr
awyr agored, ac anogaeth inni wneud hynny, gan fod iechyd ac
awyr iach yn rhan o ddelwedd y Swistir. Yn y gaeaf yr oedd cyfle
bob dydd i sgïo ar y llethrau hawdd nesaf at yr ysgol, a buom
unwaith ar daith penwythnos i Arosa, lle'r oedd y llethrau serth
a chyflym yn codi braw arnaf. Gwell gen i oedd cael mynd ar
brynhawn Sadwrn ar daith sgïo draws gwlad yng nghyffiniau
St Gallen. Wrth godi i dir uchel ac yna disgyn yn raddol, roedd
eich cyflymder yn amrywio gan roi mwy o gyfle i sylwi ar y
coedwigoedd, y ffermdai a'r dolau i gyd dan eira. Does gen i
ddim cof o gwbl am chwarae gemau tîm o unrhyw fath tra yn
yr Institut.

Ysgol ryngwladol i fechgyn oedd hi bryd hynny, a'r Almaeneg
yn gyfrwng y dysgu. Roedd yr athro Saesneg yn Brydeiniwr, ac
yr oedd un Americanwr bach tew ymhlith y disgyblion, ond
Almaeneg yr oeddwn yn ei siarad gyda phawb arall. Wrth i
Nadolig 1948 agosáu, trefnwyd rhyw achlysur cymdeithasol
pan ofynnwyd ar fyr rybudd i bawb ganu cân yn ei iaith ei hun.
Roeddwn yn byw cymaint yn y byd Almaenig fel na fedrais am
funud feddwl am eiriau'r un gân Gymraeg, ond dyna yn sydyn
gofio am yr anthem genedlaethol. Mi genais y pennill cyntaf
gyda chymaint o arddeliad fel bod y gynulleidfa wedi gofyn
i gael mwy. Ond faint ohonom sy'n medru canu'r ail bennill?
Cenais 'Mae hen wlad fy nhadau' yr ail dro, a doedd neb ddim
callach.

Roeddwn yn rhannu ystafell gyda dau fachgen o Hwngari, ac
er mai Almaeneg yr oeddem yn siarad â'n gilydd, mae'r geiriau
Hwngareg am 'nos da', *jó éjszakát*, wedi aros yn fy nghof hyd
heddiw gan i ni eu harfer yn waraidd iawn bob nos cyn mynd

i gysgu. Roedd y tri ohonom yn cyd-dynnu'n iawn, ond daeth un o'r bechgyn, Istvan Kovačs, yn gyfaill arbennig. *Kvatchkopf* yr oeddem yn ei alw yn bryfoclyd ambell waith, gan chwarae ar ei gyfenw a'r Almaeneg werinol am dwpsyn. Roeddem ni'n dau'n clebran ddydd a nos am bawb a phopeth, ac un tro, pan oeddwn wedi dal annwyd trwm a chael fy symud i'r sanatoriwm, fe drefnodd Kovačs drannoeth i gael annwyd trwm hefyd er mwyn symud ataf. Daeth bachgen o'r Swistir yno i ymuno â ni oedd yn poeni bod ganddo *Zwergfieber*, 'twymyn y corrach', afiechyd (cwbl ddychmygol!) allai rwystro iddo dyfu. Roeddem yn gweld hynny'n ddoniol dros ben gan fod y bachgen eisoes yn dalach na ni o'r hanner.

Ar ddiwedd y rhyfel ac yn y blynyddoedd yn dilyn, yr oedd gan bobl o bob lliw gwleidyddol resymau da dros symud eu pres a'u plant i ddiogelwch y Swistir. Y bachgen enwocaf yn yr ysgol, mewn dosbarth uwch na fi, oedd nai'r von Stauffenberg a geisiodd yn aflwyddiannus i ladd Hitler yn 1944. Ond tebyg iawn bod yn yr ysgol hefyd blant o deuluoedd yn nwyrain Ewrop oedd â rheswm da dros ffoi rhag y Fyddin Goch. Annhebyg bod yr ysgol yn holi yn rhy fanwl am gefndir yr un ohonom os oedd ein rhieni'n medru talu. Ond wedi dweud hynny, mae'n deg nodi caredigrwydd arbennig yr ysgol a thrigolion St Gallen yn y cyfnod.

Yn 1948, nid pawb oedd yn ei chael hi'n hawdd, am wahanol resymau, i fynd adref yn y gwyliau na chael eu rhieni i ymweld. Er nad oedd hyn yn effeithio arnaf fi, eto i gyd yr oedd pâr priod canol oed lleol yn fy nghasglu o'r ysgol bob yn ail brynhawn dydd Sul ac yn mynd â fi i gael te yn y dref. Roedd cael te yn golygu rhoi mwy ar fy mhlât nag y gallwn ei fwyta ac yna rhoi danteithion o ryw fath yn fy mhoced i fynd yn ôl i'r ysgol.

Mae'n rhyfedd meddwl am fywyd y Swistir yn yr ugeinfed ganrif. Wrth i stormydd dinistriol dau ryfel byd chwyrlïo o'i chwmpas mae hi'n dal i gynhyrchu clociau a siocled; i dderbyn arian pawb i'w banciau; i gynnig dihangfa i bob math o bobl; i gyfaddawdu gyda'r pwerau mawr fel mae'n rhaid i wledydd bychain niwtral ei wneud; ac i fwyta'n dda yng nghanol newyn.

Yr oedd y wlad wedi croesawu 100,000 o blant o bob cwr o Ewrop ar 'wyliau gwella' yn y blynyddoedd wedi'r rhyfel, rhai cannoedd ohonynt o Recklinghausen. Yn ôl papur newydd y dre honno, daeth y plant adref wedi rhoi pwysau ymlaen o rhwng pymtheg ac ugain pwys. Ond rhyfedd yw gweld y papur yn disgrifio'r plant yn mynd i'r Swistir fel *Kindertransport*, a ninnau ym Mhrydain wedi arfer â'r gair yn cyfeirio at blant Iddewig yn cael eu hachub o'r gwledydd Natsïaidd. Gwlad lwcus? Wel ie, ond mae pris i'w dalu am y fath lwc. Unwaith, pan ddaeth fy mam i'm hebrwng ar ddechrau tymor yr ysgol, buom yn cael cinio yn yr awyr agored ar lannau'r Bodensee. Rwy'n credu mai dydd Sul oedd hi a'i bod yn ŵyl o ryw fath. Daeth y gweinydd â hambwrdd anferthol o gigoedd oer a'i osod o'n blaenau. Hwn oedd y cwrs cyntaf. Doedden *ni* ddim yn brin o fwyd yn yr Almaen, ond mi welais y cwbl am funud gyda llygaid yr Almaen newynog a'i gael yn afreal.

Ystyr 'mynd adref' ar ddiwedd y tymor oedd mynd i Junkersdorf, un o faestrefi Köln lle'r oedd fy nhad bellach yn gweithio. Am Frankenhain oedd enw'r stryd ac yno yr oedd nifer o deuluoedd Prydeinig fel ni'n byw mewn tai cymharol fodern o'r 1930au gyda gerddi o'u cwmpas. I'r naill ochr doedd fawr ond adfeilion rhyngom a thyrau pigfain uchel y Kölner Dom – yr eglwys gadeiriol. Fe amcangyfrifir mai dim ond tri chant o holl dai Köln oedd yn gyfan wedi'r bomio, ond yr oedd yr eglwys gadeiriol yn dal i sefyll yn y canol, drwy hap neu ragluniaeth fawr y nef. O'r ochr arall yr oedd tir coediog cyhoeddus yn ymestyn am filltiroedd. Bûm innau a'r bachgen drws nesaf yn beicio yn bell ar hyd y llwybrau ac yn codi *den* yn y coed nes i blant Almaenig daflu cerrig atom un diwrnod. O hynny ymlaen cawsom ein rhybuddio i aros yn agos at y tŷ. Mor wahanol oedd hyn i Recklinghausen!

Yn Junkersdorf hefyd y cefais wersi marchogaeth a deall bod mwy nag un ffordd o drotian – y ffordd a elwir yn ddull Seisnig, gan godi yn y gwarthol, a'r dull Almaenig, sef aros yn eistedd ar y cyfrwy a mynd adref â'ch pen-ôl yn dendr iawn. Rhywbeth a drefnwyd i blant Prydeinig oedd y gwersi hyn. Heddiw, wedi imi ddarllen pob un rhifyn o'r *British Zone Review*, rwy'n sylweddoli bod yn y canolfannau mawr fyd Prydeinig cwbl ar wahân i'r byd Almaenig – byd o chwaraeon, *hobbies fairs* a chymdeithasu mewn clybiau caeëdig fel oedd yr arfer yn y Raj. A ddylai Almaenwyr gael mynediad i'r clybiau Prydeinig drwy wahoddiad? Roedd llawer o ddadlau am hynny, ac yn ôl rhai, y gwragedd Prydeinig oedd yn gwrthwynebu fwyaf, gan fod cymaint o ferched sengl a gweddwon ifainc yn y boblogaeth Almaenig wedi colledion y rhyfel. Dim ond braidd gyffwrdd â'r byd hwn wnes i yn Junkersdorf gan fy mod i ffwrdd yn ystod tymor yr ysgol a'n bod yn aml yn defnyddio'r gwyliau i fynd ar daith.

Yn ystod haf 1948 buom ar wyliau yn yr Eidal. Fel pawb arall cawsom fwydo'r colomennod yn y Piazza San Marco yn Fenis ac ymweld â'r Colosëwm a'r catacwmau yn Rhufain. Mi ddysgais nofio o'r diwedd, yn nyfroedd budron a chynnes bae Napoli. Ond digwyddodd un peth anarferol iawn: cawsom dderbyniad preifat gan y Pab. Fy nhad gafodd y cyfweliad, a fy mam a finnau yn cael mynd yn ei sgil.

Yn ôl fy nhad, roedd yn anodd bryd hynny i Almaenwyr gael caniatâd i deithio ac yr oedd y Pab yn awyddus i gael adroddiad am gyflwr yr Almaen. Y Pab ar y pryd oedd Pius XII a fu yn y 1920au yn llysgennad y Fatican yn yr Almaen. Hawdd credu, felly, bod ganddo ddiddordeb arbennig yng nghyflwr truenus y wlad honno wedi'r rhyfel. Ym mis Mawrth 1947 yr oedd wedi anfon deuddeg o wagenni nwyddau i'w dosbarthu yn esgobaeth Köln.

Yn ddiweddarach cafodd ei gyhuddo o beidio â chondemnio'r Natsïaid yn ddigon llym yn ystod y rhyfel, yn arbennig mewn perthynas â hil-laddiad yr Iddewon. Mae'r ddadl honno'n parhau, a'i amddiffynwyr yn honni iddo achub cannoedd o filoedd o Iddewon yn nwyrain Ewrop drwy ymdrechion cudd, ac yntau yn garcharor i bob pwrpas yn y Fatican.

Trefnwyd ein bod yn aros yn Rhufain mewn llety a gadwyd gan leianod Almaenig. Roedd angen inni gael cadarnhad o amser y cyfweliad, ac un diwrnod pan oeddem yn dal wrth ein brecwast daeth negesydd y Pab gyda'r llythyr disgwyliedig. Roedd y lleianod mewn perlewyg, ac yn ailadrodd 'Der Heilige Vater, Der Heilige Vater' gan siglo eu dwylo plethedig i fyny ac i lawr.

Roedd hi'n ganol haf, y tymor pan fydd y Pab yn gadael y ddinas am awelon y bryniau uwchben y Lago di Albano, rhyw ugain milltir o Rufain. Cerddais yn yr haul crasboeth rhwng fy mam a 'nhad i fyny'r grisiau hir at byrth Castel Gandolfo a heibio dau gawr o'r gwarchodlu. Gwnaethant argraff arbennig arnaf yn eu helmedau canoloesol a'u gwisg streipiog amryliw, ac yn wir fe deimlais fymryn bach o falchder perchnogol eu bod yn dod o'r Swistir. Wedyn, dyma ni'n dangos y llythyr ac yn cael ein trosglwyddo o ystafell i ystafell ac o swyddog i swyddog uwch, nes inni gyrraedd rhywun pwysig iawn yr olwg, cardinal mewn gwisg ysgarlad. Hwn a'n harweiniodd ni i'r ystafell hir lle byddai'r cyfweliad yn digwydd, a'n gadael yno.

Roeddwn i'n disgwyl gweld y Pab yn dod i mewn trwy'r un drws â ninnau, gan nad oedd mynediad arall i'w weld. Ond yn sydyn, dyna ddrws bach yr un lliw â'r papur wal yn agor yn y gornel gyferbyn, a dyn mewn gwisg wen syml yn cerdded tuag atom. Wn i ddim beth fyddai Catholigion da yn ei wneud yn yr un amgylchiadau, ond ysgwyd llaw wnaeth fy rhieni. Ar ôl cael gair am hyn a'r llall gyda nhw, dyma'r Pab yn gosod ei law ar fy mhen a gofyn a oeddwn yn fachgen da. Dim ond un ateb *sydd* i gwestiwn o'r fath! A dyna fy nghyfweliad personol â'r Pab drosodd. Bûm wedyn gyda fy mam yn edrych o gwmpas yr ystafell tra bu fy nhad, mae'n debyg, yn trafod cyflwr yr Almaen.

Mae'n dal yn ddirgelwch i mi hyd heddiw paham y cawsom y cyfweliad. Nid wyf yn amau am funud bod esboniad fy nhad yn gywir, gymaint a gafwyd. Ond y mwyaf rwy'n dysgu am y cyd-destun hanesyddol, y mwyaf rhyfedd y mae'n ymddangos mai swyddog ar lefel ganolig yn y weinyddiaeth Brydeinig oedd yn cael gwahoddiad i adrodd am gyflwr yr Almaen wrth y Pab. Mae'n wir fod Almaenwyr cyffredin yn ei chael hi'n anodd

45

gadael y wlad yn 1948, ond yr oedd nifer o esgobion yr Almaen wedi ymweld â'r Pab rhyw bedwar mis ynghynt.

Posibilrwydd arall yw bod y Pab yn chwilio am gyfle i ddylanwadu ar y weinyddiaeth Brydeinig. Ond, os felly, yr oedd Adran Materion Crefyddol yn bodoli yn y Control Commission yn arbennig i feithrin perthynas â'r eglwysi, ac aelod o'r Adran Gyfreithiol oedd fy nhad. Mwy na hynny, byddai gan y Pab gysylltiadau Prydeinig ar y lefel uchaf un. Yr Arglwydd Pakenham, dyn a droes at Eglwys Rufain ychydig flynyddoedd ynghynt, oedd yr is-Weinidog â chyfrifoldeb am ranbarth Prydeinig yr Almaen yn llywodraeth Lafur y cyfnod. Roedd ei bresenoldeb yn nathliadau 700 mlynedd eglwys gadeiriol Köln ym mis Medi 1948 yn dangos ei gefnogaeth bersonol i'r Eglwys Gatholig yn yr Almaen.

Methais yn llwyr â chael hyd i gofnod o'n hymweliad â'r Pab yn yr archifau Prydeinig nac yn archif Archesgobaeth Köln. Fel yr esboniais eisoes, fe ddinistriwyd y rhan fwyaf o ffeiliau'r CCG, a doedd dim trefn ar archifdy'r Archesgobaeth yn 1948. Fodd bynnag, bydd pob llythyr a dogfen yn ymwneud â'r ymweliad wedi eu cadw'n drefnus yn archifau'r Fatican, neu felly mae'r rhai sy'n gyfarwydd â'r sefydliad hwnnw yn fy sicrhau. Gwaetha'r modd, mae rheol 70 mlynedd gan y Fatican, a fydd ffeiliau 1948 ddim ar gael i'r cyhoedd tan 2018.

Yn y cyfamser, dyma'r ffordd yr wyf yn adrodd yr hanes wrthyf fi fy hun. Yr oedd fy rhieni o'r cychwyn yn Recklinghausen wedi dod i adnabod carfan arbennig o Gatholigion lleyg o fewn esgobaeth Münster. Hawdd credu y byddent, adeg symud i Köln, wedi cael cyflwyniad i bobl o'r un anian yn y ddinas honno. Köln, wrth gwrs, oedd cadarnle Konrad Adenauer, a oedd wrthi yn y cyfnod yn trefnu plaid y Democratiaid Cristnogol (CDU). Gwleidydd pragmatig, traed ar y ddaear oedd Adenauer, ac eto, dywed yn ei atgofion am y blynyddoedd 1945–53: 'Fydd neb a fu fyw drwy'r adeg honno yn anghofio'r ffordd yr oedd pobl yn troi at bethau ysbrydol, a hynny mewn ffordd hael a gweladwy.'

Doedd gan fy rhieni ddim diddordeb arbennig mewn

Catholigiaeth. Yng nghyd-destun Cymru, yr oedd eu hagweddau tuag at Eglwys Rufain yn ddigon nodweddiadol o anghydffurfiaeth hanner cyntaf yr ugeinfed ganrif. Yr oedd y naill a'r llall wedi eu magu yn y capel, a'r capel oedd wedi galluogi fy nhad i fynd i Goleg Prifysgol Bangor, lle graddiodd cyn cael ei hyfforddi yn weinidog. Bu yng ngofal capeli yn Johnstown ger Wrecsam a Little Lever yn Sir Gaerhirfryn, ble'm ganwyd innau. Rhyw fath o dalu'n ôl am y cymorth a gafodd oedd y blynyddoedd yn weinidog, gan nad oedd wedi teimlo galwad wirioneddol i'r weinidogaeth. Erbyn i mi fod yn dair oed yr oedd wedi pasio arholiadau i fynd yn gyfreithiwr, a dyna fu ei yrfa o hynny ymlaen.

Wn i ddim a fyddai'n iawn i alw fy rhieni'n bobl grefyddol heblaw mewn ystyr digon llac, ond yr oedd delfrydiaeth ddyneiddiol wedi ei gwisgo yn ieithwedd grefyddol yr 'efengyl gymdeithasol' yn gryf ynddynt. Hawdd gen i gredu bod yr awyrgylch y cyfeiria Adenauer ato, a chwmni pobl oedd yn cymryd y bywyd ysbrydol o ddifrif, yn apelio'n fwy atynt na byd gweithgareddau hamdden y British Army of the Rhine a'r Control Commission.

Mae'n bosibl, felly, mai trwy gysylltiad fy rhieni â chylchoedd Catholig lleyg dylanwadol yn Recklinghausen a Köln y trefnwyd ein gwyliau yn Oberstdorf, fy ysgol yn St Gallen, a hefyd ein hymweliad â'r Pab yn ystod haf 1948. Mae'r amseru hefyd yn ddiddorol. Tybed a oedd fy nhad yn cario neges y naill ffordd neu'r llall ar drothwy dathlu 700 mlynedd y Kölner Dom ym mis Medi 1948?

Flwyddyn yn ddiweddarach yr oedd y penderfyniad wedi ei wneud i ddod â'r Control Commission i ben. Sefydlwyd Gweriniaeth Ffederal Gorllewin yr Almaen, ac etholwyd Konrad Adenauer yn Ganghellor. Llywodraeth Almaenig fyddai'n gweinyddu'r wlad o hynny ymlaen ac ychydig iawn o staff cyfreithiol fyddai ei angen ar yr Allied High Commission, y corff fyddai'n cynrychioli'r Cynghreiriaid o hyn ymlaen. Gan fod cytundebau hir gan lawer o swyddogion y Control Commission, yr oedd yn rhaid eu digolledu wrth ddirwyn y

47

cytundebau gwaith i ben yn gynnar. Y swm a dderbyniodd fy nhad wrth adael a alluogodd y cam nesaf yn ein bywydau.

* * * * *

Mae hi'n ganol haf eto, flwyddyn ar ôl ein hymweliad â'r Pab. Rwyf bellach yn dair ar ddeg oed, newydd adael y Swistir a'r Almaen, ac yn cyrraedd gyda fy mam yng ngorsaf reilffordd Machynlleth. Fydd fy nhad ddim yn gorffen ei waith gyda'r CCG tan fis Tachwedd ond mae fy rhieni eisoes wedi prynu fferm fynydd ar ochr Sir Feirionnydd i Ddyffryn Dyfi a byddaf yn dechrau yn yr ysgol newydd ym mis Medi. Mae hi'n boeth iawn ac mae lledr sêt gefn y tacsi yn gynnes yn erbyn fy nghoesau. Wrth inni arafu er mwyn croesi Pont ar Ddyfi, rwy'n sylwi ar y gwartheg duon yn sefyll yn gwbl lonydd yn y tes, a'u traed yn y dŵr. Rwyf yn ymlacio i ganol llonyddwch mwy hyd yn oed na llonyddwch y Swistir.

Drwy ryw gysylltiad personol â'r prifathro, mae fy rhieni wedi trefnu imi gael mynd i'r ysgol agosaf er bod honno tu allan i'r sir, a phan ddaw mis Medi byddaf yn cychwyn am y Machynlleth County School. Yn y tywydd braf rwyf am fynd ar fy meic newydd sbon sydd â'r breciau, y tro hwn, i gyd ar y llyw. Bydd tri chant o ddefaid gennym fydd yn mynd i'r mynydd uchel yn yr haf ac yn aros ar ffridd Cefn Coch a'r caeau o gwmpas y tŷ yn y gaeaf. Gwilym Huws, y bugail, fydd yn gofalu amdanynt ac mae ef yn gefnder i Mr Dai Hughes, a werthodd Cefnllecoediog i ni.

Cafodd fy nhad waith fel cyfreithiwr i'r Bwrdd Ysbytai Rhanbarthol yn Sheffield, ac y mae hynny yn bell i ffwrdd. Bydd yn mynd a dod bob penwythnos mewn MG SA *tourer* o'r cyfnod cyn y rhyfel, sydd yn gar hir a nerthol. Mae rhoi sglein arno gyda chwyr yn waith di-ben-draw ond rwy'n ei wneud ag awch achos gobeithiaf gael cyfle i'w yrru ar y buarth a'r lôn fach sy'n arwain at y fferm. Bydd dwy fuwch gennym yn darparu llaeth ar gyfer y tŷ, a byddaf yn dysgu godro ar ôl dychwelyd o'r ysgol bob dydd. Bydd dau gi defaid gennym a hefyd gi bach cloff annwyl iawn, Fly, sydd yn ddigon chwim i ddod â'r gwartheg i'r buarth. Mae'n rhaid cario dŵr yfed o'r ffynnon, a dŵr ymolchi o'r pistyll – neu ymolchi wrth y pistyll, sydd yn beth digon braf yn y bore bach yn yr haf, pan fydd ysgyfarnog yn rhedeg trwy'r gwlith yng Nghae Cefn Tŷ.

Rwy'n gallu crwydro yn bell gan fod gen i ferlen, Fanny, sydd yn ufudd iawn i mi ond yn taflu plant eraill ddaw i'r tŷ a mynnu cael reid. Peth da fy mod wedi dysgu marchogaeth yn yr Almaen. Mae ffermdy Cwmffernol yn lle pellennig iawn 'yng nghesail y mynydd unig', a'r croeso yno bob amser yn gynnes. Brawd a chwaer sydd yn cadw'r lle, a nhw sydd piau'r tir sy'n ffinio â'n mynydd ni. Mae ganddyn nhw dractor *caterpillar* bach i aredig llethrau serth er mwyn cael grant. Tan yn ddiweddar bu carcharor rhyfel o'r Almaen yn aros ac yn gweithio yno, ond mi aeth adref bellach neu byddwn wedi cael ymarfer fy Almaeneg. Roeddynt wedi mynd yn hoff iawn ohono ac yn gweld ei golli. Tebyg na fydd ef byth yn anghofio Cwmffernol.

Mae'r enw Cefnllecoediog yn disgrifio ein lle ni yn berffaith, ond Cefnllygodig yw'r ynganiad lleol. Mae pob math o esboniadau ar yr enw Cwmffernol, a rhai yn dweud mai Cwm-ffordd-yn ôl yw'r ystyr, am fod dim ffordd ymlaen. Ond dydw i ddim yn credu hynny. Roedd gan yr hen bobl lwybrau yn arwain ymlaen dros y mynydd, a gweithwyr yn mynd a dod bob wythnos i weithio yn y chwarel a byw mewn barics yn Abergynolwyn. 'Y chwarel a'i ffeithiau creulon, a ddarfu ladd ei yrfa lon,' medd carreg fedd un ohonynt ym mynwent Pennal.

Yn ffinio â ni ar yr ochr arall y mae Cae Ceinach. Mae'n rhaid bod ysgyfarnog ganddyn nhw hefyd! Saesnes sydd yn byw yno, Mrs Ormond, ac mae ganddi ferch, tipyn hŷn na fi, sydd yn mynd i ffwrdd i'r ysgol. Mae ganddi hi ferlen hefyd ac ambell waith yn y gwyliau rydym yn crwydro gyda'n gilydd mor bell â Llyn Barfog a Charn March Arthur. Ond mae ganddi hi ddiddordeb mewn *gymkhanas* a phethau felly ac mae'n gwisgo het galed tra fy mod i braidd yn ddirmygus o'r byd hwnnw a ddim yn gwisgo het o unrhyw fath. Does dim byd gwell gen i na dringo heibio i Bant yr Onn i ben y mynydd a charlamu'n wyllt ar y llwybr gweddol galed a fflat a elwir yn Ffordd Rufeinig.

Teulu Penmaenbach i lawr yn y dyffryn sydd yn ffermio tir Cae Ceinach, ac mae un o'r meibion, Dic, yn gwneud enw iddo'i hun fel canwr. Ar ôl clywed ei fod wedi ennill yn yr Eisteddfod Genedlaethol, dyma fi'n mynd ar fy meic i sgwâr Pennal mewn pryd i'w weld yn cyrraedd ar dractor ac yn sefyll ar gefn y *trailer* i ganu i ni.

Tu hwnt i Benmaenbach mae fferm yr Ynys. Ar eu tir ar lannau'r afon gyferbyn â stesion Cyffordd Dyfi byddaf fi a'm cefnder Bryn, sydd yn dod i aros un mis Awst, yn casglu mwy o fadarch nag y medrwn eu cario. Ambell waith yn yr haf byddaf yn cerdded at y lôn bost a chael y bws i Aberdyfi i nofio yn y môr, er nad yw Gwilym Huws y bugail yn cymeradwyo – dywed bod hynny yn eich gwanychu. Mae ffordd galed arall yn arwain at Gwm Maethlon a throsodd i Dywyn. Yno yn y nant sy'n rhedeg wrth ymyl y ffordd byddaf yn dal brithyll gyda gwialen gollen wedi ei thorri o'r clawdd, ond mae cysgod y rhyfel wedi cyrraedd fan hyn hefyd. Wrth ymyl y ffordd saif tŷ gwag sy'n dechrau dadfeilio. Cyn i ni gyrraedd, yr oedd teulu yn byw yno a gollodd blentyn. Roedd y bachgen wedi codi rhyw hen declyn rhydlyd oedd yno o adeg y rhyfel. Fe ffrwydrodd yn ei law a'i ladd.

Mae pob ysgol newydd yn her newydd, ond rwy'n hen law ar addasu i amgylchiadau, er bod ailddysgu trefn y cyflyrau yn Lladin, unwaith eto fyth, yn boen. Mae merched ochr yn ochr â ni'r bechgyn yn yr ysgol hon. Nid dyma'r tro cyntaf imi gael y profiad gan fy mod wedi treulio cyfnod byr yn ysgol gynradd y Faenol wrth aros gyda Nain a Taid yn Goetre, ond dyma'r tro cyntaf imi ddechrau sylwi ar y merched. Gan nad oes bws ysgol yn mynd dros y bont i Sir Feirionnydd, wedi'r ysgol rwy'n gorfod aros am y gwasanaeth arferol am bump o'r gloch. Mae un o ferched y dre sydd wedi oedi ar ddiwedd y diwrnod ysgol yn fy rhybuddio bod man arbennig ar y corff y gallech, o'i gyffwrdd yn anfwriadol wrth garu, ladd eich cariad. Mae hyn yn newyddion i mi, ond mae hi'n hŷn na fi ac yn edrych fel merch sydd yn gwybod am bethau o'r fath.

Saesneg yw iaith yr ysgol, a'r iaith y mae plant fy nosbarth yn ei harfer â'i gilydd tra yn yr ysgol, er bod llawer iawn ohonynt yn medru siarad Cymraeg. O ran arholiadau Cymraeg, trefnir i mi baratoi ar gyfer papur O3, sef Cymraeg i ddysgwyr. Tebyg bod hyn yn ddewis doeth gan fy mod i bob pwrpas yn anllythrennog yn Gymraeg. Ond eto nid dysgwr mohonof gan fy mod yn siarad Cymraeg yn y tŷ ac yn arfer clywed fy mam, sydd wedi astudio'r Gymraeg yng Ngholeg Bangor, yn dyfynnu barddoniaeth Gymraeg. Ryw ddiwrnod yn yr haf pan welaf lwynog yn gwibio drwy'r rhedyn ar ben Cefn Coch, 'ganllath o gopa'r mynydd' yw'r geiriau a ddaw i fy meddwl yn syth.

Cyn bo hir dim ond yr esgidiau sgïo, y mae fy mam yn mynnu fy mod yn eu gwisgo tra'u bod nhw'n ffitio, fydd yn tystio i'r byd am y blynyddoedd yn yr Almaen a'r Swistir. Ond mae byd mewnol hefyd, a dros y misoedd nesaf mae'r un freuddwyd yn ailadrodd ei hun. Nid y Pab sydd yn ymddangos yn fy mreuddwyd ond yr hen *Kvatchkopf* annwyl o'm hysgol yn y Swistir sydd yn sydyn yn cerdded i mewn i ystafell ddosbarth Mr Price yn ysgol Machynlleth, a minnau yn ei gyflwyno i'm cyd-Gymry: Alun, Roy Bevan a Gareth.

Plaza Mayor

Dinas Salamanca 1960–64

ROEDD BYW YNO FEL byw ar lwyfan. Cyn i'r llen godi, byddai cri'r dyn llaeth yn y bore bach yn galw'r morynion o fflatiau'r dosbarth cysurus i lawr i'r stryd i lenwi eu jygiau. Yna, wrth iddo symud ymlaen, a'r piseri'n cloncian o'r naill ochr a'r llall i gyfrwy'r asyn bach, deuai ei gri eto, yn egwan y tro hwn, o'r stryd nesaf. Ac ambell waith yn hwyr y nos, pan fyddai'r llen wedi disgyn, mi glywn ymchwydd lleisiau a gitarau rubanog y *tuna* yn pasio, a'u serenâd yn atseinio yn y strydoedd gwag.

Ond agorwn y llenni ar ddiwrnod clir – clir ac oer yn y gaeaf, clir a chynnes yn y gwanwyn a'r hydref. Gwell peidio sôn am ganol haf – mae'n grasboeth yn Salamanca bryd hynny, a'r wlad o gwmpas fel croen llew. Saif y ddinas ar lwyfandir y *meseta*, 800 metr uwch lefel y môr, ac yn uwch felly na'r mwyafrif o fynyddoedd Cymru. Goleuni'r ucheldir sych yw'r goleuni, ac o bell mae'r adeiladau hynafol yn amlinell yn erbyn y wybren glir fel set mewn opera. Codwch eich llygaid wrth basio eglwys San Estéban ac efallai y gwelwch chi silwét storc hirgoes a'i nyth o frigau ar ben y to. Dewch yn nes ac mi sylwch ar gerfio manwl yn wyneb y tywodfaen, mor gywrain â gwaith arian. Oherwydd hynny fe elwir yr arddull bensaernïol yn *plateresco*. Celfyddyd y ffasâd addurnedig yw'r *plateresco*, ac mae rhywbeth theatrig yn hynny hefyd.

Roeddwn yn bedair ar hugain oed a bellach yn briod. Ar ôl blwyddyn yn brentis newyddiadurwr ar y cylchgrawn *Education* yn Llundain roeddwn wedi cael swydd darlithydd yn Adran Saesneg Prifysgol Salamanca, oedd newydd ddathlu ei saith can mlwyddiant. Ces gynnig grant ar ddiwedd fy ngradd yn Rhydychen i wneud ymchwil a'i wrthod gan fy mod wedi syrffedu braidd ar waith academaidd ar y pryd. Ond ar ôl blwyddyn roeddwn am ysgrifennu llyfr, a dyma gyfle fyddai'n cynnig amser i mi wneud hynny. Roedd y gyfadran hefyd yn cynnig gwaith i Sara fy ngwraig i ddysgu ffoneteg ac agweddau eraill ar ieitheg. Yn Salamanca y buom am bedair blynedd ac yno y ganwyd ein plant, Dani a Casi. Doeddwn i erioed wedi byw cyhyd mewn unrhyw le ac mae patrwm y strydoedd yng nghanol yr hen dre yn glir yn y cof – gallaf gerdded ar hyddynt heddiw yn fy meddwl. Pan fyddai haul yr hwyr yn trochi'r tyrau a'r waliau a'r awyr ei hun mewn goleuni euraidd, gallech feddwl mai rhyw fath o fendith oedd cael byw yn y lle.

Ar adegau arbennig o'r dydd yr oedd cannoedd o offeiriadon ifainc yn llifo trwy'r strydoedd. Galwyd Salamanca yn Roma Chica – y Rhufain Fach – ac fe ddywedyd bryd hynny bod 10,000 o glerigwyr yn y dre, tua deg y cant o'r boblogaeth gyfan. Yr oedd yr Eglwys Gatholig yn ei holl nerth a gogoniant yno, Cymdeithas yr Iesu, y Brodyr Du a Llwyd, mynych urddau'r mynachod, a rhai lleianod. Yr oedd dwy eglwys gadeiriol o wahanol gyfnodau, ac yr oedd gan bob un o'r urddau pwysicaf eglwysi oedd yn fwy nag eglwysi cadeiriol Cymru. Yr oedd strydoedd cul yr hen dre yn sydyn yn agor ar sgwariau eang oedd yn rhoi cyfle i chi edmygu'r ffasadau.

Gwisgoedd du yr offeiriadon ifainc oedd yn tra-arglwyddiaethu wrth iddynt symud rhwng y Colegios Mayores ar gyrion y dre lle roeddynt yn byw a'r brifysgol arall, prifysgol yr Eglwys Gatholig, yng nghanol yr hen dre. Dim ond yn 1940, ar ddiwedd y rhyfel cartref, y sefydlwyd yr Universidad Pontificia wedi i'r Pab Pius XII (yr un oedd wedi gofyn a oeddwn yn hogyn da) dderbyn deiseb gan esgobion Sbaen. Y bwriad oedd gwneud yn iawn am ddiddymu'r Gyfadran Ddiwinyddiaeth adeg troi prifysgol hynafol Salamanca yn brifysgol y wladwriaeth yng nghanol y bedwaredd ganrif ar bymtheg.

Wedi'r diwygiad Protestannaidd bu'r hen brifysgol yn paratoi offeiriadon Gwyddelig i wasanaethu yn Iwerddon, a doedd dim ond rhaid cerdded trwy'r Barrio Chino, ardal dawel iawn yn y dydd gan mai dyna ardal y puteindai, i gyrraedd adeilad urddasol y Colegio de los Nobles Irlandeses lle bu'r Gwyddelod yn lletya wedi i'w hadeilad gwreiddiol fynd ar dân.

Yn ein dyddiau ni, yr Universidad Pontificia oedd yn paratoi offeiriadon ar gyfer y genhadaeth dramor, ac yn bennaf ar gyfer De America. Ond prin yr oeddwn yn sylwi ar yr offeiriadon fel unigolion – dyna effaith a phwrpas lifrai o bob math. Roeddynt yn troi'n gefndir i'n bywyd mwy amryliw ni.

Y prif lwyfan i'n bywydau oedd y Plaza Mayor, yr harddaf yn Sbaen, a cholonâd di-dor yn rhedeg o'i amgylch; ond yr oedd llawer o lwyfannau eraill, strydoedd a sgwariau bach a mawr, pob un yn cynnig golygfa, a ni yn rhan ohoni. Os ni oedd yr actorion, pwy oedd y gynulleidfa? Yn y 1960au cynnar yr oedd rhai twristiaid yn pasio trwy Salamanca, ond ychydig iawn a dim ond ar adegau arbennig o'r flwyddyn. Roeddem yn bell o unrhyw faes awyr, roedd y priffyrdd yn wael, y rheilffyrdd yn araf, a dim ond rhyw ddau westy oedd yn cyrraedd safon dderbyniol i ymwelwyr o wledydd cyfoethog Ewrop.

Y trigolion oedd yr actorion a'r gynulleidfa, ac yr oedd ein bywydau i raddau helaeth iawn yn digwydd dan lygaid ein gilydd ar y strydoedd ac yn y sgwariau, yn y caffes a'r bariau, o amser coffi yn y bore tan o leiaf hanner awr wedi deg y nos pan fyddai pobl yn troi am adref i gael cinio. Ar fy ail ddiwrnod yn Salamanca cefais fy nghyflwyno i un a fyddai'n gydweithwraig yn yr Adran Saesneg. 'Roeddwn i'n gwybod eich bod wedi cyrraedd,' meddai, 'gan imi eich gweld yn cerdded yn gyflym trwy'r Plaza Mayor ddoe. Fyddai neb fan hyn yn cerdded mor gyflym.'

Un o gymeriadau'r Plaza Mayor oedd y Capten Alonso – 'El Capitano' i ni oedd yn ei nabod yn y Brifysgol. Roedd yn cael byd eithaf braf gan mai ei gyfrifoldeb oedd sicrhau diogelwch gorsaf y rheilffordd na fu dan unrhyw fygythiad ers i'r rhyfel cartref orffen dros ugain mlynedd ynghynt. Yr oedd ganddo fflat mewn barics bach oedd yn rhan o'r stesion, a nifer o filwyr ifainc ar ganol eu gwasanaeth milwrol i redeg negeseuon drosto. Erbyn hanner awr wedi deg y bore yr oedd wedi setlo unrhyw faterion milwrol ac yn ymlwybro'n hamddenol tua'r

Plaza Mayor ar ei ffordd i'r Brifysgol lle roedd yn dilyn y cyrsiau Saesneg. Efallai y byddai'n prynu copi o'r papur dyddiol lleol, *El Adelanto*, ac yn darllen hwnnw wrth gael glanhau ei sgidiau gan un o'r *limpiabotas* yn y colonâd.

Dyn bach twt, pryd tywyll, oedd y Capten, parod iawn ei wên, cwrtais iawn ei ffordd. Byddai wastad yn codi i gyfarch ac ysgwyd llaw â phawb, a chwbl amhosibl oedd ei gael i fynd trwy ddrws yn gyntaf. Wedi geni ein plant roedd ganddo reswm ychwanegol: 'Chi gyntaf, rydych chi'n dad.' Roedd yn meddwl ei hun, ond mewn ffordd ddiniwed, apelgar, fel y gwelwch chi gi ifanc sionc sydd yn falch o fod yn gi ac yn sionc. Yn y dre a'r Brifysgol byddai'r Capten yn gwisgo ei ddillad ei hun, a rheiny bob amser yn lân ac wedi eu smwddio'n ofalus. Dim ond rhyw dair neu bedair gwaith y gwelais ef mewn lifrai milwrol pan oedd yn disgwyl ymweliad gan swyddog uwch. Roedd yn ei dridegau ac yn ddi-briod. Rhan o apêl yr Adran Saesneg iddo, mae'n siŵr, oedd mai merched oedd y mwyafrif o'n myfyrwyr, merched trwsiadus â gwalltiau cwch gwenyn yn ôl y ffasiwn ar y pryd.

Roedd hefyd yn hoffi cymysgu gyda'r ychydig dramorwyr oedd yn y dre yn y dyddiau hynny. Gyda ni roedd yn barod i adrodd jôcs am Franco, ond byddai'n gorffen drwy gyfiawnhau'r drefn gan ddadlau bod rhaid cael sefydlogrwydd er mwyn gallu symud tuag at ddemocratiaeth ryw ddiwrnod. Llais y to ifanc yn y fyddin oedd yn siarad, y genhedlaeth oedd yn dechrau gweld diwedd cyfnod Franco ar y gorwel.

Tua hanner awr wedi un y prynhawn gallech ei weld unwaith eto yn y Plaza yn eistedd gydag eraill wrth un o'r byrddau tu allan i Las Torres, y caffe gorau yn y sgwâr gan ei fod yn dal yr haul ar yr adegau pwysicaf hyd yn oed ar ddiwrnodau oer. Tua hanner awr wedi dau byddai'r *tertulia* (cylch ffrindiau) yn gwasgaru a phawb yn mynd i gael cinio. Ble bynnag y byddai'r Capten yn ciniawa, byddai'n rhaid iddo fod yn ôl wrth ei ddesg yn yr orsaf erbyn pedwar o'r gloch doed a ddelo. Dyna'r adeg bob dydd yr oedd gofyn iddo anfon telegram i'w bencadlys yn datgan bod popeth dan reolaeth a gorsaf Salamanca yn dal yn ddiogel yn nwylo'r fyddin. Wedyn byddai'n rhydd ac efallai yn cael cyfle i baratoi ar gyfer fy nosbarth trannoeth; ond yn aml iawn byddai yn ôl yn y Plaza Mayor ar gyfer y *paseo* tua hanner awr wedi naw'r nos. Bryd hynny yr oedd cannoedd yn cerdded o gwmpas y sgwâr dan y colonadau. Gynt, bu'r merched yn cerdded y naill ffordd a'r dynion y ffordd arall, fel y bu'r myfyrwyr ym mhedrongl yr Hen Goleg yn Aberystwyth ers llawer dydd, ond doedd hynny ddim yn digwydd bellach.

O'r Plaza Mayor, mae'r Rua Mayor yn arwain am ryw hanner milltir at y Plaza de Anaya ac ardal yr hen brifysgol. Byddwn yn cerdded y Rua Mayor hyd at bedair gwaith y dydd, a dyna yr oedd Tom Fletcher hefyd yn ei wneud. Fe oedd yn bennaeth yr Adran Saesneg, y dyn a'm hapwyntiodd i'm swydd darlithydd. Roedd yn perthyn i ddosbarth o academyddion oedd mewn cyfnod arbennig yn dysgu iaith a llenyddiaeth Saesneg mewn llefydd a ystyriwyd ym Mhrydain bryd hynny yn egsotig ac yn od.

Roedd y gwaith yn apelio at bobl greadigol am nifer o resymau: roedd yn cynnig mwy o ryddid, llai o oriau dysgu, a phrofiadau oedd yn fwy o sbardun i greu nag ydoedd bywyd academaidd ym Mhrydain; ac os oedd y cyflog o'i droi'n bunnoedd yn ymddangos yn fach, roedd fel arfer yn cynnal safon byw digon cyffyrddus yn y gwledydd dan sylw. Roedd Gwyn Williams, Trefenter, a fu'n dysgu ym mhrifysgolion Alecsandria ac Istanbwl cyn ymddeol i'r Mynydd Bach yng Ngheredigion, yn enghraifft berffaith, felly hefyd Lawrence Durrell a'r beirdd D J Enright a James Kirkup. Fel mae'n digwydd, yr oedd Kirkup wedi dal swydd ym Mhrifysgol Salamanca cyn mynd i Siapan.

Wedi imi hen adael Salamanca dywedodd y diweddar Athro Syr Idris Foster wrthyf ei fod yn cofio Iris Murdoch a Tom Fletcher (a'i gitâr) yn cysgu ar ei lawr yng Ngholeg yr Iesu yn fuan wedi iddo symud i Gadair Geltaidd Rhydychen yn 1947. Sôn am fydoedd yn cwrdd! Roedd fy ngwraig Sara a finnau wedi cwrdd yn un o ddarlithiau Foster. Roedd Iris Murdoch yn briod â John Bayley, fy nhiwtor pan oeddwn yn fyfyriwr yn y

Coleg Newydd yn Rhydychen, a buom yn cadw mewn cysylltiad am flynyddoedd.

Erbyn i mi ei nabod yn Salamanca yr oedd Tom Fletcher yn ei bedwardegau hwyr ac wedi dysgu mewn prifysgolion yn Nenmarc a Sweden. Roedd ochr greadigol iddo yntau. Roedd wrth ei fodd yn cynhyrchu dramâu ac yn canu caneuon gwerin Seisnig – y rhai gwledig a gasglwyd gan Cecil Sharp. Roedd caneuon Bellman, wedi eu cyfieithu i'r Saesneg o Swedeg y ddeunawfed ganrif, hefyd yn rhan bwysig o'i *repertoire*. Nid llenyddiaeth oedd ei brif ddiddordeb academaidd, fodd bynnag, a fi yn bennaf oedd yn cael y fraint o ddarlithio ar destunau llenyddol o 'Beowulf' i James Joyce a T S Eliot. Methodoleg dysgu iaith oedd obsesiwn Tom, a hynny mewn cyfnod pan oedd dysgu Saesneg i dramorwyr ond yn dechrau troi'n faes arbenigol. Roedd yn ffanatig dros y dull uniongyrchol, sef defnyddio'r Saesneg yn unig wrth ddysgu'r iaith a pheidio byth â chyfieithu.

Pan apwyntiwyd fi, doedd yr un gair o Sbaeneg gen i, a synnwn i ddim bod Tom wedi gweld hynny'n gymhwyster ychwanegol. Ond roedd fy mryd ar ddysgu'r iaith ac erbyn imi adael Salamanca roeddwn yn dysgu'r gwersi iaith drwy'r Saesneg ond yn darlithio am lenyddiaeth yn Sbaeneg. Wn i ddim sut oedd modd byw yn Salamanca ar y pryd heb Sbaeneg, ond yr oedd Tom yn llwyddo heb fwy na'r ychydig eiriau angenrheidiol ar gyfer prynu bwyd.

Byddai'n cario ei gitâr nôl a 'mlaen i'r Brifysgol ac yn defnyddio caneuon yn ei wersi iaith fel modd i ddysgu goslef a phwyslais y frawddeg Saesneg. Yr oedd y myfyrwyr yn elwa o hynny yn ogystal â mwynhau. Rwy'n ei weld yn awr yn cerdded yn ôl ddiwedd y bore ar hyd y Rua Mayor. Mae cês gitâr yn y naill law a bag plastig llawn siopa yn y llall, ac mae'n siarad yn uchel â dau neu dri o'r myfyrwyr sydd yn cyd-gerdded ag ef. Wrth iddynt gyrraedd y Plaza Mayor mae llygaid pob un o gwsmeriaid Las Torres yn troi i sylwi arno.

Byddai Tom yn cael ei ystyried ychydig yn ecsentrig yn unrhyw le. Yn Salamanca roedd yn ymddangos yn ecsentrig iawn. Byddai'r athrawon Sbaeneg yn cyrraedd yr ystafell ddarlithio am ddeg munud wedi'r awr, yn gorffen ar yr awr ac yna'n diflannu am ddeuddydd. Nid oeddynt yn cynnal na seminarau na sesiynau tiwtorial a phrin y byddent yn siarad â myfyrwyr heblaw mewn sefyllfa ffurfiol megis arholiad. Roedd cadw pellter yn gyfystyr â chadw urddas ac ni fyddai neb yn breuddwydio chwarae offeryn o flaen y dosbarth. Am yr un fath o reswm ni fyddai'r un dyn dosbarth canol byth yn cario neges adref o'r farchnad neu'r siop. Yn wir, ni fyddai'r siop yn caniatáu hynny, gan fynnu anfon bachgen ifanc i gario pwys o gaws i'r tŷ hyd yn oed. Roedd yn dderbyniol i *ferched* dosbarth canol gario pecyn o gacennau neu siocledi, ond dim byd arall.

Doedd Tom ddim yn ffitio i'r byd ffurfiol hwn nac yn ei ddeall, a heb Sbaeneg yr oedd gwleidyddiaeth sefydliadol Salamanca a gwleidyddiaeth ehangach Sbaen yn ddirgelwch iddo. Roedd yn ddiniwed gyda'r holl amwyster sydd i'r gair hwnnw yn Gymraeg. Hanner ffordd trwy fy amser yn Salamanca, fe adawodd am yr Almaen, ac mi ddes i yn bennaeth adran brifysgol fechan yn 26 oed. Cystal cael uchelgais o'r fath allan o'r ffordd yn ifanc!

Aeth Tom yn gyntaf i Brifysgol Göttingen ac oddi yno i Brifysgol Regensburg lle arhosodd nes iddo ymddeol. Bu'n llawer hapusach yn Regensburg ac yn boblogaidd iawn ymhlith y staff a'r myfyrwyr. Er iddo fwriadu ar un adeg ymddeol i Brydain, fe benderfynodd yn y diwedd aros yn ne'r Almaen, a thebyg fod hynny'n benderfyniad doeth. Ar ôl hanner canrif o ddehongli gwlad ei ieuenctid i dramorwyr, buasai realiti'r Brydain gyfoes wedi bod yn ormod o sioc iddo. Ychydig flynyddoedd cyn iddo farw yn 1995 mi gwrddais ag ef eto pan dorrodd ei siwrne yng Nghaerdydd ar ei ffordd i siarad yn Adran Swedeg Coleg Llambed. Roedd yn ei saithdegau hwyr, pac ar ei gefn a'r un cês gitâr yn ei law y bu'n ei gario o gwmpas Ewrop am hanner canrif gyda'i ganeuon a'i frwdfrydedd di-ball.

Nid ar lwyfan y Plaza Mayor dan lygaid pawb, ac nid yn y Brifysgol gyda'i chwrteisi ffurfiol a'i chynllwynio dirgel, yr wyf am gofio amdano ond gyda'i gitâr yng nghanol grŵp o fyfyrwyr ar lwyfan gwelltog yn yr awyr agored ar gyrion y dref. Mae'n fis Mai. Mae'r tywydd yn gynnes ond mae'r coed poplys yn sisial yn yr awel uwch ein pennau. Ochr draw i afon Tormes mae gwastatir y *meseta* yn glasu, a dyma ni yn La Flecha, lle a anfarwolwyd mewn cerdd o'r unfed ganrif ar bymtheg. Saeth yw ystyr *flecha*, a daw'r enw Fletcher o'r Hen Ffrangeg *flechier*, saer saethau. Pan esbonnir hyn wrtho, mae Tom wrth ei fodd â'r cyd-ddigwyddiad.

Dilyn confensiwn a gysylltir â'r bardd Lladin Horas a wna cerdd Fray Luis de León, 'Vida Retirada'. Mae'n dathlu bywyd syml y wlad wedi i'r bardd gilio o rwysg ac uchelgais y ddinas, ond mae nodyn personol yn bywiocáu'r confensiwn ac yn cyfleu rhyw ffresni ar draws y canrifoedd:

Del monte en la ladera	Ar ochr y bryn mae gen i berllan
Por mi mano plantado tengo un huerto,	blennais â'm llaw fy hun.
que con la primavera	Hi yn y gwanwyn
de bella flor cubierto,	dan orchudd o flodau hardd
ya muestra en esperanza el fruto cierto.	a ddengys eisoes obaith am ffrwyth sicr.
....	....
Y mientras miserable-	A thra bod eraill yn eu gwanc truenus
mente se estan los otros abrasando	yn sychedu am awdurdod
en sed insaciable	nad yw'n para,
del no durable mando,	ar fy hyd yn y cysgod
tendido yo a la sombra esté cantando.	canu wnaf innau.
A la sombra tendido	Ar fy hyd yn y cysgod,
de yedra y lauro eterno coronado,	y llawryf bytholwyrdd
puesto el atento oido,	a'r eiddew yn goron,
al son dulce, acordado	yn gwrando'n astud ar gynghanedd felys
del plectro sabiamente meneado.	plectrwm yn symud yn y llaw fedrus.

Tu ôl i ffasâd neo-glasurol y Facultad de Filosofia y Letras mae pedrongl gyda cholonâd ar ddwy lefel, a'r stafelloedd darlithio yn agor o'r colonadau. Yr oedd porthor i bob lefel, a chan eu bod yn tynnu 'mlaen mewn oed ac am osgoi dringo mwy o risiau nag oedd rhaid byddai'r naill yn gweiddi'n uchel ar y llall: 'Jesús!' Roedd hynny'n dipyn o sioc y tro cyntaf, ond cyn bo hir yr oeddwn wedi hen arfer â dosbarth yn llawn merched gydag enwau cyntaf megis Immaculada, Concepción a Dolores; er ein bod ni, yn dilyn polisi Tom Fletcher, yn eu galw yn Miss Sanchez, Miss Aparicio a Miss Lopez. Roedd Miss Unamuno hefyd i gael, wyres i'r llenor a'r athronydd Miguel de Unamuno yr oedd ei benddelw hanner ffordd i fyny'r grisiau. Roedd ganddi'r union yr un trwyn hir Basgeg â'i thaid enwog a fu'n Ddeon ein cyfadran ac yn *Rector* Prifysgol Salamanca fwy nag unwaith.

Y tro olaf yr ymddangosodd Unamuno yn gyhoeddus oedd ar 12 Hydref 1936, dri mis ar ôl i'r rhyfel cartref gychwyn. Bu Salamanca yn nhiriogaeth Franco o'r cychwyn ac yr oedd Unamuno wedi cefnogi gwrthryfel y cadfridogion a'i alw yn 'frwydr dros warineb'. Roedd Unamuno yn 72 oed, a'r diwrnod hwnnw yr oedd yn cadeirio cyfarfod cyhoeddus yn neuadd fawr yr hen brifysgol i goffáu darganfod America a'i hawlio yn enw Sbaen. Yn bresennol ymhlith y pwysigion yr oedd Archesgob Salamanca, Carmen Polo gwraig Franco, a'r Cadfridog Millán Astray.

Nid yw'r gwahanol lygad-dystion yn cytuno ar bob manylyn o'r hyn a ddigwyddodd, ond mae adroddiad Luis Portillo (tad Michael Portillo, y gwleidydd Torïaidd gynt) a gyhoeddwyd mewn cyfieithiad Saesneg yn y cylchgrawn *Horizon* yn cyfleu drama'r achlysur ac yn werth ei ddarllen yn ei gyfanrwydd. Digon fan hyn yw dweud bod y Cadfridog a'i gefnogwyr wedi lladd ar y Catalaniaid a'r Basgiaid a'u galw'n gancr yng nghorff Sbaen. Wedi iddynt orffen drwy weiddi 'Muera la inteligencia' a 'Viva la muerte', dyma Unamuno yn troi arnynt a'u condemnio mewn araith ddeifiol a chofiadwy. Ganddoch chi mae'r grym, meddai, ac oherwydd hynny byddwch yn ennill y dydd – *Vencereis* – ond ni fyddwch yn ennill y ddadl – *pero no convencereis*.

Roedd llawer yn ofni y byddai'r Cadfridog (oedd yn cario gwn) yn saethu Unamuno yn farw yn y man a'r lle, ond gafaelodd gwraig Franco ym mraich Unamuno a'i arwain o'r llwyfan. O hynny ymlaen bu i bob pwrpas yn garcharor yn ei gartref a bu farw cyn diwedd y flwyddyn. Yn naturiol, doedd dim sôn am eiriau Unamuno yn yr adroddiad a ymddangosodd ym mhapur newydd Salamanca trannoeth. Roedd condemniad Unamuno yn brifo mwy o lawer nag ymosodiadau llenorion y chwith a chenedlaetholwyr Catalan a Basg. Wedi'r cwbl, dyma Fasgwr oedd wedi dewis mawrygu Sbaen a'r iaith Gastileg a datgan ei gefnogaeth i wrthryfel y fyddin. Dyna'r ddelwedd o Unamuno a goleddwyd yn swyddogol chwarter canrif yn ddiweddarach yn ein hamser ni yn Salamanca a dyna pam yr oedd ei benddelw hanner ffordd i fyny'r grisiau.

Mae'n bryd cyflwyno rhai o academyddion ein cyfadran. Yr hynafgwr oedd Don Manuel García Blanco a fu yn ddisgybl i Unamuno. Treuliodd ail hanner ei oes yn paratoi'r golygiad safonol o waith toreithiog y meistr. Ysgolhaig cwrtais, tawel a charedig oedd Don Manuel yn ei henaint. Goroesodd ddyfodiad llywodraeth Franco, pan gollodd llawer eu swyddi, ac mi fu'n Ysgrifennydd Cyffredinol y Brifysgol rhwng 1939 (sef diwedd y rhyfel cartref) ac 1956. Byddai hynny wedi galw am sgiliau diplomataidd rhyfeddol.

Clasurwr â thipyn o hiwmor yn perthyn iddo oedd Deon y gyfadran, Don Martín Sanchez Ruipérez, yr oedd ei deulu yn berchen ar siop lyfrau yn y dref. Ganddo ef y dysgais am fodolaeth 'yr ystafell ddirgel'. Yn Sbaen bryd hynny yr oedd rhai llyfrau'n waharddedig gan y llywodraeth, gan gynnwys llyfr Hugh Thomas, *The Spanish Civil War*, yr oeddwn yn awyddus i'w ddarllen fel rhan o fy ymchwil ar George Orwell. Roedd llyfrau eraill ar restr waharddedig yr Eglwys Gatholig, yr *Index Librorum Prohibitorum* (a ddiddymwyd yn 1966), a doedd yr un siop yn Salamanca yn fodlon gwerthu'r llyfrau hynny'n agored.

Ond yn gyfleus ddigon yr oedd yr holl lyfrau gwaharddedig o'r naill fath a'r llall wedi eu casglu ynghyd mewn ystafell dan glo yn siop y Deon. Yr oedd modd i unrhyw academydd neu fyfyriwr ymchwil gael mynediad i'r ystafell a phrynu llyfrau y byddent fel arall wedi gorfod eu harchebu trwy'r post o wlad arall. Y peth pwysig i'r drefn oedd sicrhau na fyddai llyfrau a phapurau newydd 'amheus' ar gael i bobl gyffredin.

Nid annhebyg oedd y sefyllfa yn nes ymlaen yn fy amser ym Mhrifysgol Mosco. Roedd pethau ar gael i staff a myfyrwyr na fyddai Rwsiaid cyffredin byth yn eu gweld mewn llyfrgell na siop lyfrau. Ac efallai nad oedd pethau mor wahanol â hynny yn ein cyfundrefn ni cyn dyddiau'r rhyngrwyd. Ni chofiaf weld *Anarchist Weekly* ar werth yn Smiths.

Erbyn dechrau'r 1960au roedd llywodraeth Franco wedi hen ffarwelio â rhethreg Ffasgaidd ei chyfnod cynnar ac yn prysur glosio at yr Unol Daleithiau. Â'r Rhyfel Oer yn ei anterth, cafodd yr Americanwyr hawl i gadw llongau tanfor niwclear ym mhorthladd Rota, a thrwy hynny fe enillodd llywodraeth Franco nid yn unig ddoleri ond hefyd barchusrwydd ymhlith gwledydd democrataidd y Gorllewin. Fe gafodd ein hadran ni yn Salamanca Athro cyfnewid o America dan gynllun Fulbright, ac fe anfonwyd ambell un o'n graddedigion gorau i astudio am raddau uwch yn yr Unol Daleithiau. Rhai o'r myfyrwyr hyn fyddai'n dychwelyd maes o law i arwain adrannau Saesneg prifysgolion Sbaen. Yn y cyfamser roedd cael tramorwyr ym mhrif swyddi'r adrannau ieithoedd modern nid yn unig yn gwneud synnwyr yn academaidd, gan fod safon dysgu ieithoedd modern yn ysgolion Sbaen ar y pryd mor affwysol o wael, ond hefyd i raddau yn amddiffyniad rhag ymyrraeth.

Ffrances oedd yng ngofal yr Adran Ffrangeg, a honno'n adran gymharol lewyrchus. Roedd yr Adran Almaeneg dan gwmwl braidd a dim ond yn denu ychydig o fyfyrwyr. Tebyg bod y ddau Athro Almaeneg yno'n cofio amser gwell, a bellach yn ofni bod eu swyddi dan fygythiad. Roeddem ni'r tramorwyr yn casglu ein cyflog mewn arian parod ar ddiwrnod gwaith cyntaf y mis yn yr amlenni brown diarhebol, ac ambell waith byddwn yn cwrdd ag un o'r Almaenwyr yn gadael swyddfa Trysorydd y Brifysgol ag wyneb hir. Byddai'n rhoi ei law ar fy mraich ac yn sibrwd yn bryderus: 'Dyw'r arian heb gyrraedd o Fadrid. Rhaid dychwelyd yfory.'

Dro arall byddent yn gwenu'n braf arnaf, yn arbennig ar drothwy'r Nadolig ac yn yr haf, ar adeg pen-blwydd swyddogol Franco. Bryd hynny yr oedd pawb yn y Brifysgol yn derbyn cyflog mis ychwanegol, ond yr oedd hyn yn dibynnu ar fympwy'r Cadfridog. Mewn blwyddyn dda byddech yn derbyn cyflog 14 mis, a dim ond unwaith yn fy amser i yr ataliwyd un o'r misoedd ychwanegol. Tebyg bod Franco am ddangos ei fod yn anfodlon ag ymddygiad y prifysgolion yr haf hwnnw. Dyna enghraifft gynnar o 'dalu yn ôl perfformiad'. Ond, bonws neu beidio, roeddem yn gwario rhyw ychydig o'n cyflogau ar goffi yn y Cafe Edelweiss y drws nesaf i'r gyfadran, ac Almaenwr arall oedd wedi penderfynu aros yn Salamanca oedd yn cadw'r lle hwnnw.

Apwyntiadau gwleidyddol oedd nifer o academyddion Salamanca, ac un neu ddau yn enwog am eu swyddi o fewn a thu allan i'r Brifysgol yr un pryd, ond ar y cyfan yr oedd aelodau'n cyfadran ni'n bobl yr oedd modd eu parchu yn academaidd, a dau ohonynt yn ysgolheigion o fri rhyngwladol. Ac erbyn i mi fod yn Salamanca yr oedd y llywodraeth ei hun yn awyddus i agor ffenestri ar y byd ac ymddangos yn fodern a blaengar. Yn ysbryd yr amseroedd, yr oedd y rhan fwyaf o'm cydnabod yn y Brifysgol yn cyflwyno eu hunain fel democratiaid ac yn fodlon beirniadu trefn Franco o leiaf wrth siarad â thramorwyr. Ond yr oedd hanes i bob unigolyn, ac yr oedd angen amser i ddeall hynny.

Dyn â hanes gwleidyddol arbennig iddo oedd Antonio Tovar, ac yr oedd parch mawr iddo fel ysgolhaig. Yn gynnar yn ei yrfa cyhoeddodd ym maes y clasuron ac aeth ymlaen i fod yn arbenigwr ar ieithoedd cynnar Sbaen ac yn arloeswr ym maes ieithoedd cynhenid De America. Yr oedd yn tueddu i gadw hyd braich oddi wrth eraill, ac yr oeddwn innau'n cadw pellter oddi wrtho yntau, a hynny am fy mod yn gwybod iddo gael ei benodi'n bennaeth Radio Nacional de España gan Franco yn 1937. Daeth y darllediadau cyntaf o'r union adeilad yr oeddem ni yn dysgu ynddo, er nad oeddwn yn gwybod hynny ar y pryd. Yna yn 1940 apwyntiwyd Tovar yn is-Weinidog â chyfrifoldeb am y wasg a phropaganda yn llywodraeth Franco. Roeddwn wedi edrych ar hen bapurau newydd o'r flwyddyn honno oedd yn llawn rhethreg fuddugoliaethus ac yn galw am i Sbaen ailfeddiannu gwledydd De America. Yn yr un cyfnod ymwelodd Tovar â'r Almaen lle bu'n bresennol mewn cyfarfodydd â Hitler. Roeddwn yn tybio hefyd na fyddai ganddo ef lawer i ddweud wrthyf fi gan fy mod yn aelod o'r cylch oedd yn troi o gwmpas Tierno Galván, Athro'r Gyfraith Gyfansoddiadol yn Salamanca a *guru*'r chwith lled-danddaearol, dyn a fyddai'n chwarae rôl allweddol yn hanes Sbaen wrth i gyfnod Franco ddod i ben.

Un sgwrs sylweddol a gefais ag Antonio Tovar, a hynny ar ôl rhyw ginio ffurfiol yn y Brifysgol. Fel hyn y ceisiodd gyfiawnhau ei safbwynt yn ddyn ifanc, ac mae'n werth ei gofnodi. Yn y 1930au, meddai, yr oedd cefn gwlad yn nwylo'r tirfeddianwyr mawr, a'r dinasoedd yn nwylo'r banciau. Yr oedd gwleidyddiaeth Sbaen mor llwgr fel y gallech brynu tudalen flaen y papurau dyddiol a chael pennawd a stori o'ch dewis. Yr oedd pobl ifainc yn chwilio am syniadau fyddai'n cynnig achubiaeth o'r hen drefn ac yn arwain Sbaen i'r byd modern. Os oeddech yn dod o ardal ddinesig neu ddiwydiannol, y tebygrwydd oedd y byddech yn dod ar draws syniadau comiwnyddol ac yn mynd i'r cyfeiriad hwnnw. Os oeddech wedi eich magu mewn tref fechan byddech yn fwy tebyg o ddod i gysylltiad â a chael eich denu gan syniadau'r Falange cynnar (sef plaid Ffasgaidd ar batrwm plaid Mussolini). Yr oedd hon hefyd yn addo gwladoli'r tir a'r banciau.

Fe wyddom bellach, wrth gwrs, nad trefn Ffasgaidd fel yn yr Eidal nac un Natsïaidd fel yn yr Almaen oedd trefn Franco, ond trefn eithafol o geidwadol yn dibynnu ar gefnogaeth y tirfeddianwyr, yr Eglwys Gatholig a'r fyddin. Yn gyfnewid am y gefnogaeth honno yr oedd yn gwarantu eu safle yn y gymdeithas. Yn gyfleus iawn i'r Cadfridog fe ddienyddiwyd arweinydd ifanc y Falange, José Antonio Primo de Rivera, gan yr ochr arall a'i droi yn ferthyr i achos Franco. Yn fyw, gallai fod wedi creu problemau. Fe droes Franco yn erbyn yr hen Falange yn fuan iawn gan roi eu syniadau o'r neilltu, ac yr oedd sibrydion yn Salamanca am rai ohonynt yn saethu at filwyr Franco ar strydoedd y dre ar ganol y rhyfel cartref. O leiaf gellir dweud hyn o blaid Franco: wrth ymddihatru â'r rhai a'i cynorthwyodd i gipio grym yn y dyddiau cynnar (rhywbeth digon cyffredin mewn gwleidyddiaeth) bu'n gymharol drugarog wrthynt. Ni ddienyddiodd ei gyn-gyfeillion fel y gwnaeth Stalin, ond yn hytrach eu halltudio i ynysoedd y Canarias neu eu caethiwo yn eu tai.

Â'r hen Falangistas wedi mynd o'r llwyfan cyhoeddus, cadwyd cragen y mudiad a llenwyd y rhengoedd gan bobl oedd am ddangos eu teyrngarwch i'r drefn newydd er mwyn cael swyddi da. Roedd fy myfyrwyr yn dirmygu'r Falange fel ag yr oedd yn ein hamser ni, ond eto'n dangos rhywfaint o barch i nifer o'r aelodau cynnar megis y bardd Dionisio Ridruejo. Wrth drafod nofel George Orwell, *Animal Farm*, yn y Brifysgol, synnais nad oedd neb wedi clywed mai dychan ar yr Undeb Sofietaidd a'r chwyldro comiwnyddol oedd y llyfr. 'Ydy'r moch ddim yn eich atgoffa o rywun,' gofynnais, 'yn arwain y chwyldro ac yna yn ei fradychu ac yn creu bywyd braf iddyn nhw eu hunain?' 'Y Falange,' atebodd y dosbarth ag un llais.

Rwy'n difaru heddiw na siaradais fwy ag Antonio Tovar. O ran deall y byd mae'n bwysicach siarad â phobl nad ydych yn cytuno â nhw. Fydd y rhai o'r un farn â chi ddim ond yn cadarnhau eich rhagdybiaethau. Wedi i mi adael Salamanca dysgais nifer o bethau am Tovar oedd yn bwrw goleuni newydd ar y dyn. Yn gyntaf, dim ond am bedwar mis y parhaodd yn Weinidog yn llywodraeth Franco. Roedd wedi ei ddadrithio'n gynnar iawn, ac fe ymddiswyddodd a chilio i'r bywyd academaidd. Yn ystod y blynyddoedd 1951–56, fodd bynnag, cyn imi gyrraedd Salamanca, yr oedd wedi ailymddangos ar y llwyfan cyhoeddus am gyfnod.

Doedd dim pleidiau (heblaw rhai tanddaearol) yn bodoli yn amser Franco, ond roedd carfanau yn ymgiprys am rym o fewn y drefn fel oedd yn wir yn nhrefn y Cremlin. O bryd i'w gilydd yr oedd rhywun â chysylltiadau gyda'r hen Falange yn cyrraedd y brig mewn maes arbennig, a dyna beth ddigwyddodd yn 1951 pan ddaeth Ruiz-Giménez yn Weinidog Addysg. Roedd e'n gweld bod mawr angen moderneiddio'r gyfundrefn addysg, ac un o'r pethau cyntaf a wnaeth oedd penodi Tovar yn *Rector* y Brifysgol yn Salamanca. Roeddwn yn ymwybodol bod Tovar yn gyn-*Rector* ond heb ddeall y cefndir gwleidyddol. Dim ond trwy sgwrs bersonol y byddech yn gwybod am wleidyddiaeth fewnol llywodraeth Franco gan ei bod yn dangos wyneb unedig i'r byd. Mae'n debyg i gyfnod Tovar wrth lyw'r Brifysgol fod yn oes aur o'i chymharu â'r hyn a aeth o'i blaen a'r hyn a ddaeth wedyn wrth i garfan newydd ddod yn ddylanwadol. Mudiad lleyg Catholig yr Opus Dei (sef 'Gwaith Duw') oedd y garfan honno.

Aeth blynyddoedd heibio cyn imi ddysgu am gyfraniad Tovar at ddatblygiad *Euskera*, sef yr iaith Fasgeg. Roeddwn yn gwybod ei fod wedi sgrifennu llyfr am yr iaith honno, yn wir yr oeddwn wedi ei ddarllen a'i gael yn ddiddorol o safbwynt ieitheg hanesyddol bur. Yr hyn nad oeddwn yn ei wybod oedd bod Tovar ei hun yn siarad Basgeg a hefyd Valenciano, sef Catalaneg talaith Valencia. Yr oedd wedi dysgu'r ddwy iaith yn blentyn bach wrth i'w dad (oedd yn gyfreithiwr) symud o gwmpas Sbaen. Erbyn fy nghyfnod i yn Salamanca, os oedd pobl yn cyfeirio'n gyhoeddus at y Fasgeg o gwbl, byddent yn ei thrin fel iaith farw, ac yn wir, gallech yn hawdd feddwl ei bod wedi marw o'r tir. Roeddem yn gyrru trwy Wlad y Basg ddwywaith y flwyddyn wrth fynd a dod i Gymru a doedd dim gair o'r iaith i'w weld na'i glywed ar y strydoedd.

Ond pan oedd Tovar yn *Rector* yr oedd wedi sefydlu Cadair Iaith a Llenyddiaeth Fasgeg yn Salamanca a gwahodd Koldo Mitxelena (Luis Michelena yn Sbaeneg) i'w llenwi. Canlyniad hyn yn y tymor byr oedd bod Mitxelena yn cael rhoi ambell ddarlith yn flynyddol i gynulleidfa fechan o arbenigwyr eraill ym maes ieitheg. Rwy'n credu imi fynychu un ddarlith ddigon esoterig ar ryw bwnc gramadegol mewn Basgeg, ond ni fyddai enw Mitxelena wedi golygu dim i mi bryd hynny.

Ond fe gafwyd canlyniad mwy pellgyrhaeddol. Wrth apwyntio Mitxelena fe sicrhaodd Tovar bod yr ieithegydd Basg mwyaf disglair a fu erioed yn cael yr amser i wneud y gwaith fyddai'n gosod sail i'r iaith Fasgeg fodern unedig, *Euskera Batua* – yr iaith sydd bellach yn swyddogol yn Euskadi. Wedi i gyfnod Franco ddod i ben yn 1976, ac i Tovar farw yn 1984, fe ddechreuwyd cyhoeddi geiriadur cyffredinol ac etymolegol yr iaith Fasgeg. Mae'n gywaith gan Koldo Mitxelena, Manuel Agud ac Antonio Tovar ei hun.

Mae gan Salamanca a'i phrifysgol le canolog yn niwylliant a llenyddiaeth Sbaen, a'r gred boblogaidd yw mai yno y siaredir y Gastileg orau. Ond mae ei pherthynas â datblygiad yr iaith Fasgeg yn yr ugeinfed ganrif hefyd yn ddiddorol. Roedd Unamuno, ar ôl astudio'r Fasgeg yn ifanc, wedi mabwysiadu Sbaen a Sbaeneg fel cartref ysbrydol a throi'n elyn i'r Fasgeg fel iaith fyw. Mewn cenhedlaeth iau, dyna Tovar yn meithrin yr iaith yn lled-danddaearol ac yn hyrwyddo Mitxelena a fyddai, wedi dyddiau Franco, yn cyfrannu mwy na neb at ddadeni'r iaith.

Yn ddyn ifanc yr oedd Mitxelena wedi ei ddedfrydu i farwolaeth am ymladd yn erbyn Franco yn y lluoedd Basg adeg y rhyfel cartref. Lliniarwyd y gosb i 30 mlynedd o garchar, a phan ryddhawyd ef yn gynnar fe gafodd ei arestio a'i garcharu'r ail dro am weithredu'n danddaearol yn erbyn y drefn. 'Allwn ni ddim sefyll o'r neilltu i'r frwydr,' meddai Mitxelena mewn brawddeg nid annhebyg i frawddeg academydd arall, Saunders Lewis, wrth amddiffyn ei hun yn achos Penyberth. Roedd Mitxelena yn amlwg yn ddyn dewr, ond dewr hefyd oedd gweithred Tovar yn galw dyn o'r fath gefndir i'r gadair. Ac nid dyma unig weithred ddewr Tovar, fel y gwelwn yn nes ymlaen.

Fel ymhob tref o bwys, yr oedd yn Salamanca yn y dyddiau hynny stryd yn dwyn yr enw Calle Generalissimo Franco. Roedd yr hen do, a hefyd y rhai oedd am osgoi dweud enw'r Cadfridog, yn dal i ddefnyddio'r enw traddodiadol, sef Calle Toro, gan mai ar hyd y stryd honno yr oeddynt gynt yn gyrru'r teirw pan oedd ymladd teirw yn digwydd yn y Plaza Mayor. Mae enw'r 'Generalissimo' bellach wedi diflannu a'r hen enw yn ôl, ond mae stryd o'r enw Rector Tovar yn dal yno. O ystyried popeth, rwy'n credu ei fod yn haeddu hynny. Mewn ysgrif o'r flwyddyn 1968 dywedodd Antonio Tovar nad oedd trais fyth yn creu dim. Rwy'n credu ei fod, ar ôl gweld dinistr y rhyfel cartref, wedi mynd ati i wneud y pethau cadarnhaol oedd o fewn ei allu.

Y flwyddyn y cyrhaeddom ni Salamanca fe gymerodd *Rector* newydd y llyw yn y Brifysgol. Athro meddygol oedd Alfons Balcells, a'r sôn oedd ei fod yn aelod o'r Opus, fel y gelwid Opus Dei ar lafar gwlad. Bu farw Balcells yn 2002, ac yn ôl teyrnged iddo ar un o safleoedd gwe Opus Dei bu'n aelod ers 1943. Nid dyma'r lle i gloriannu mudiad sydd yn ddadleuol iawn o fewn a thu allan i'r Eglwys Gatholig, ond gellir dweud cymaint â hyn: Sbaenwr, José María Escrivá (1902–1975), a sefydlodd y mudiad, ac erbyn iddo farw yr oedd gan Opus Dei dros 60,000 o aelodau lleyg ar bum cyfandir, a'r rheiny yn rhoi cyfran o'u cyflog i'r mudiad bob mis. Yn 1981 bu'n rhaid i bennaeth yr Eglwys Gatholig ym Mhrydain, y Cardinal Hume, fynnu bod y mudiad yn dilyn canllawiau a osodwyd ganddo. Mae'n amlwg o'r canllawiau ei fod am weld Opus Dei yn rhoi'r gorau i weithredu fel rhai o'r cwltau sydd yn dwyn pwysau seicolegol eithafol ar eu haelodau. Ceir syniad o gyhuddiadau'r cyn-aelodau ar safleoedd gwe'r Opus Dei Awareness Network (ODAN) a'r Opus Libros yn Sbaeneg.

Y gŵyn fwyaf cyffredin yn ei herbyn yw ei bod yn gymdeithas gyfrin fel y seiri rhyddion. Polisi'r Opus yn Sbaen oedd targedu pobl ifainc dalentog oedd yn debyg o wneud yn dda a chodi i swyddi dylanwadol. Bu Balcells yn astudio yn Heidelberg a Frankfurt adeg y rhyfel a chael profiad wedi'r rhyfel yn Nulyn, Llundain a Rhydychen. Does dim dwywaith ei fod yn feddyg talentog ac, yn ei ffordd, yn foderneiddiwr. Yr argraff gyntaf yr oeddech yn ei chael o'r *Rector* Balcells oedd o decnocrat tenau mewn siwt drwsiadus yn tynnu am ei hanner cant a'i wallt yn dechrau britho. Roedd yn symud ac yn siarad yn bwrpasol ac yr oedd yn rhugl iawn ei Saesneg ac yn mynnu ei defnyddio gyda ni. Ond y funud yr oeddech yn sylwi ar ei lygaid yr oeddech mewn byd gwahanol. Roeddynt yn llosgi yn ei ben yn ddioddefus-orfoleddus, fel y gwelwch chi'r llygaid yn rhai o luniau El Greco, a hawdd oedd credu ei fod, yn union fel sefydlydd yr Opus Dei, yn cystwyo'r corff yn rheolaidd fel penyd.

Cafwyd un digwyddiad annymunol iawn yn y Brifysgol pan ddangosodd Balcells ei wir liwiau. Fe gyfrannodd hyn i'n teimlad cynyddol nad oeddem am fagu'r plant heibio oedran dechrau ysgol yn awyrgylch crefyddol Sbaen ar y pryd. Yr oedd myfyriwr o Galicia oedd ychydig yn hŷn na'r cyffredin ac yn briod â merch o wlad Belg yn astudio ieithoedd modern yn y gyfadran, gyda'r Ffrangeg yn brif bwnc. Roeddynt yn ddigon cefnog ac yn teithio tu allan i Sbaen o bryd i'w gilydd yn y gwyliau. Oherwydd hynny ni thynnodd eu habsenoldeb sylw neb nes iddynt fethu ymddangos ar ddechrau'r tymor, ac yna cafwyd hyd iddynt yn farw yn eu fflat, a hynny ers pythefnos.

Claddwyd y pâr mewn tir anghysegredig ond fe drefnodd y Brifysgol wasanaeth coffa, a braidd yn annisgwyl i mi, fe benderfynodd y *Rector* Balcells ei hun roi'r anerchiad. Nid teyrnged na choffâd a gafwyd, fodd bynnag, ond ymosodiad ffyrnig ar lyfrau ac awduron o wledydd anghred oedd yn llygru Sbaen, yn amddifadu'r ifainc o'u ffydd ac yn peri iddynt anobeithio a lladd eu hunain. Yr oedd yr adrannau ieithoedd modern i gyd dan y lach, ond yr Adran Ffrangeg a feirniadwyd yn benodol wrth ei henw, a hynny oherwydd Voltaire yn bennaf. Yn nes ymlaen clywsom fod y myfyriwr wedi ceisio lladd ei hun ddwywaith o'r blaen ym Mhrifysgol Santiago de Compostela, a hynny ar ganol gradd wahanol. Nid oedd trosglwyddo cofnodion meddygol yn digwydd yn y cyfnod. Tybed sut yr oedd y meddyg Balcells yn esbonio'r achlysuron blaenorol?

Darlithydd ifanc yn Adran y Gyfraith Gyfansoddiadol a'm cyflwynodd i'w bennaeth, yr Athro Tierno Galván, dyn mor ymylol ag y gallech fod o fewn prifysgolion Sbaen ar y pryd. Fel tramorwr doedd dim rhaid imi boeni yn ormodol am gael fy ngweld yn ei gwmni, ac yr ocdd yntau, rwy'n credu, yn falch o gael siarad am bethau heblaw gwleidyddiaeth Sbaen – er bod y sgwrs yn anorfod yn troi yn ôl at hynny. Roedd Tierno yn mynd a dod rhwng Salamanca a Madrid lle'r oedd ei deulu'n byw. Roedd felly'n barod iawn i gael cwmni ffrindiau ar gyfer cinio gyda'r nos yn ystod ei ymweliadau â Salamanca. Byddem yn cwrdd o leiaf unwaith y mis, yn aml iawn gyda'r darlithydd ifanc y soniais amdano. Yr un dafarn ddigon cyffredin ar bwys y farchnad, â blawd lli ar y llawr, oedd y man cyfarfod bob tro, ac wedi gwydraid wrth y bar byddem yn mynd i lawr ychydig risiau i'r cefn i gael bwyd. Byddai'r perchennog yn ysgwyd llaw â ni a'n croesawu mewn ffordd wironeddol ddidwyll a gwresog – roedd gan Tierno ei ddilynwyr a'i edmygwyr ymhob haen o'r gymdeithas. Prin y byddem wedi eistedd na fyddai dyn ar ei ben ei hun yn cyrraedd ac yn chwilio am fwrdd lle y medrai eistedd â'i gefn a'i glustiau mor agos atom â phosib. Os cadw'n gudd oedd nod yr heddlu cudd, doedden nhw ddim yn glyfar iawn, ond efallai mai eu bwriad yn hytrach oedd rhybuddio'r rhai oedd yng nghwmni Tierno fod yr heddlu'n eu gwylio.

Athro prifysgol clasurol oedd Tierno o ran golwg â sbectol denau ar flaen ei drwyn. Roedd yn defnyddio llawer o dermau cymdeithasegol a damcaniaethol wrth siarad, ac yr oedd ymadroddion a theitlau llyfrau mewn ieithoedd eraill yn britho ei sgwrs gan ei fod yn darllen gwaith athronwyr a llenorion Ffrainc, yr Almaen a Phrydain yn yr ieithoedd gwreiddiol. Byddai'n dyfynnu rhyw ddrama Saesneg o'r unfed ganrif ar bymtheg nad oeddwn wedi clywed amdani i oleuo datblygiad cynnar cyfalafiaeth, gan wneud i mi deimlo'n annigonol iawn. Tybed sut oedd yr ysbïwr druan yn teimlo ac yntau'n gorfod ysgrifennu adroddiad drannoeth?

Beth oedd trafod gwleidyddiaeth Sbaen yn ei olygu yn y cyfnod? Yn sicr, nid trafod pleidiau a phleidleisiau, gan nad oedd democratiaeth ffurfiol yn bodoli. Roedd pob math o sibrydion am yr unigolion a'r carfanau oedd yn ymgiprys am rym o fewn trefn Franco, a sibrydion eraill am weithgarwch tanddaearol neu am streiciau nad oedd unrhyw sôn amdanynt yn y wasg a'r cyfryngau. Pan fyddai myfyrwyr wrth ddychwelyd o Asturias yn adrodd bod streic y glowyr yno yn ei thrydedd wythnos, byddai pennawd bras yn *El Adelanto* yn hysbysu dinasyddion Salamanca: 'Glaw trwm yn Asturias'. Cryfder Tierno oedd ei fod yn codi uwchben byd y sibrydion ac yn dadansoddi tueddiadau yn y gymdeithas a'r economi. Ar sail y tueddiadau hyn yr oedd yn cynnig gobaith at y dyfodol.

Yn syth wedi'r Ail Ryfel Byd yr oedd llawer yn disgwyl y byddai byddinoedd y Cynghreiriaid yn croesi'r Pyrenees ac yn dymchwel llywodraeth a gipiodd rym gyda chymorth Hitler a Mussolini. Pan ddaeth hi'n glir na fyddai hynny'n digwydd, galwodd yr alltudion am ddymchwel Franco drwy foicot economaidd, ond erbyn diwedd y 1950au roedd yn amlwg i bawb fod Sbaen Franco wedi ei derbyn bellach gan yr Unol Daleithiau a gwledydd gorllewin Ewrop fel aelod o'r gynghrair wrth-Sofietaidd. Byddai'n rhaid i unrhyw newid ddod o'r tu mewn i Sbaen, a sut oedd hynny i ddigwydd pan oedd gafael y fyddin ar y wlad mor gadarn? Rhyw ddiwrnod byddai Franco yn marw, a beth fyddai'n digwydd wedyn? Ym marn Tierno fyddai unrhyw ymgais at chwyldro ddim ond yn sicrhau goruchafiaeth y fyddin am genhedlaeth arall. Rhaid oedd gweithio gyda llif y tueddiadau oedd yn raddol newid natur y gymdeithas yn Sbaen. Byddai'n dweud hyn gyda gwên araf, oedd ynddi'i hun yn awgrymu amynedd a dyfalbarhad.

Yn groes i'r rhai o'r tu allan i'r wlad oedd yn dal i alw am i bobl beidio ag ymweld â Sbaen, yr oedd Tierno'n croesawu twristiaeth. Oherwydd y twristiaid, meddai, roedd y Guardia Civil yn amharod mwyach i saethu pobl yn farw ar y stryd neu yn y caeau. Yr oedd miloedd wedi gorfod symud i'r Almaen i gael gwaith, oedd yn beth trist yn y tymor byr, ond yr oedd hyn hefyd yn fodd i drawsnewid y wlad. Nid yn unig yr oedd yr arian a anfonwyd adref ganddynt yn gymorth i'r economi, ond yr oedd y profiad o fyw dramor yn addysg wleidyddol a fyddai'n newid syniadau a chodi disgwyliadau. Am yr un rheswm yr oedd am i fyfyrwyr deithio tu allan i Sbaen petai'r modd ganddynt, ac am weld Sbaen yn closio at y Gymuned Ewropeaidd.

Yr oedd gan rai o'r bobl oedd yn troi o gwmpas Tierno syniadau mwy chwyldroadol, ac efallai fod ambell i *agent provocateur* yn eu plith, neu felly yr oeddwn i'n tybio. Ond yr oedd Tierno yn dal at ei lwybr cymhedrol-eithafol: cymhedrol yn yr ystyr ei fod yn deall yn iawn faint oedd yn bosibl dan drefn Franco, ond eithafol yn yr ystyr ei fod, wrth ysgrifennu a siarad yn gyhoeddus, yn defnyddio ei statws i'r eithaf o fewn y posibiliadau hynny, heb boeni am y canlyniadau iddo ef ei hun.

Yn fy nhrydedd flwyddyn yn Salamanca aeth pethau'n anoddach i Tierno, ac fe dderbyniodd wahoddiad i ddysgu mewn prifysgol yn yr Unol Daleithiau, gan esbonio mai rhywbeth dros dro oedd hyn nes bod pethau'n tawelu. Rwy'n cofio'n iawn y noson yr ailymddangosodd yn Salamanca. Roedd nifer ohonom yn eistedd wrth fwrdd y tu mewn i Las Torres gan ei bod wedi tywyllu ac yn rhy hydrefol i eistedd y tu allan. Yn sydyn, dyma El Capitano yn rhoi ei law ar fy mraich ac yn dweud 'Mae Tierno yn ôl' ac, yn wir, dyna ble yr oedd, yn eithaf agos atom, yn siarad â rhywun wrth y bar. Cyn imi allu ymateb yr oedd y Capten ar ei draed, wedi camu at y bar ac yn ysgwyd llaw Tierno: 'Hombre!' Wyddwn i ddim eu bod yn nabod ei gilydd.

Rwy'n cofio hefyd ei ddarlith gyntaf wedi iddo ddychwelyd. I gael mynediad, rhaid oedd gwthio heibio dau aelod arfog o'r Guardia Civil oedd yn sefyll wrth y drws, ond er gwaethaf hynny roedd y ddarlithfa'n orlawn. Roedd darlith Tierno mor astrus a damcaniaethol ag erioed ac yr oedd dyn bach gyda llyfr nodiadau yn eistedd yn y rhes flaen ac yn cael mwy o drafferth na'r gweddill ohonom i ddilyn y ddarlith. Croeso'n ôl, Tierno!

Wedi i mi adael Salamanca fe droes hanes Tierno yn hanes Sbaen. Symudodd i Brifysgol Madrid a chael ei ddiswyddo ynghyd â dau Athro arall am gefnogi protest y myfyrwyr yn 1965. Roeddwn i wedi gadael Sbaen yn 1964 a chael gwaith gyda'r *Times Educational Supplement* yn Llundain. Roedd papurau'r *Times* bryd hynny i gyd mewn un adeilad a llawer o gydweithio yn digwydd ar draws y gwahanol gyhoeddiadau. Cefais gyfle i ysgrifennu golygyddol y *Times* am y diswyddiadau ym mhrifysgolion Sbaen ar ddiwedd mis Awst 1965. Roedd y cefndir gen i, a defnyddiais ddyfyniad enwog Unamuno a fyddai'n sicr o gythruddo llywodraeth Franco – ac mi wnaeth.

Gwaharddwyd gwerthu'r *Times* yn Sbaen y diwrnod hwnnw, a hefyd drannoeth a thrennydd pan argraffwyd paragraffau byrion yn sôn am y gwaharddiad. Am dridiau roeddwn yn eithaf enwog yn Printing House Square.

A dyma ôl-nodyn diddorol: adeg diswyddo Tierno a'i gydathrawon, fe ymddiswyddodd un Athro cadeiriol arall o'i wirfodd er mwyn dangos ei gefnogaeth iddynt a'i ddirmyg tuag at yr awdurdodau. Antonio Tovar oedd hwnnw, ac yr oedd y digwyddiad yn fy atgoffa rywsut o'r adeg yn Las Torres pan gododd El Capitano a chroesi i ysgwyd llaw Tierno yn gyhoeddus.

Yn 1968 sefydlodd Tierno blaid newydd danddaearol, y Partido Socialista del Interior, a ailenwyd yn Partido Socialista Popular yn 1974. Yn 1969 creodd y Junta Democrática de España (JDE), clymblaid o bleidiau gwleidyddol, mudiadau, undebau ac unigolion fyddai'n paratoi'r ffordd ymhob cornel o Sbaen ar gyfer llywodraeth dros dro i ddilyn marwolaeth Franco. Y llywodraeth dros dro fyddai'n cyflwyno cyfansoddiad newydd i refferendwm ac yn arwain y wlad at yr etholiadau democrataidd cyntaf ers y rhyfel cartref. Pan ddaeth yn amser drafftio'r cyfansoddiad, doedd dim rhyfedd mai Tierno a wahoddwyd i ysgrifennu'r rhagarweiniad yn datgan yr egwyddorion sylfaenol.

Chwe sedd yn unig enillodd y Partido Socialista Popular yn etholiad cyffredinol 1977, a'r flwyddyn wedyn penderfynodd y blaid uno â phlaid sosialaidd fwyafrifol y PSOE (Partido Socialista Obrero Español). Roedd rhai'n edliw'r uno i Tierno, gan fod y blaid unedig dan Felipe González yn fuan iawn wedyn wedi ffarwelio â Marcsiaeth a thraddodiadau'r chwith, fel y gwnaeth y Blaid Lafur Brydeinig dan Neil Kinnock a Tony Blair. Mae'n bosibl iawn nad oedd yr uno wrth fodd Tierno a'i fod wedi gorfod derbyn barn mwyafrif ei blaid. Fodd bynnag, fe gytunodd i fod yn llywydd anrhydeddus y blaid unedig newydd.

Yn 1979 fe'i hetholwyd yn Faer Madrid gyda chefnogaeth gytûn y Comiwnyddion a'r sosialwyr, ac yn swyddfa'r Maer y gwelais ef am y tro olaf ar ymweliad â Sbaen gyda fy mab Dani yn 1982. Esboniodd ei fod y diwrnod hwnnw wrthi'n delio â chwestiwn llosg ailenwi'r strydoedd oedd yn dwyn enwau'r Generalissimo, ei gadfridogion, a merthyron y rhyfel cartref ar ochr Franco. Roedd dan bwysau gan ei gefnogwyr ei hun i ddewis enwau fyddai'n cofáu arwyr a merthyron y chwith, ond roedd am wrthod gwneud hynny a dewis enwau diddrwg-didda megis 'Stryd y Cyrtiau Tenis'. Camgymeriad, meddai, fyddai cyflwyno dyfodiad democratiaeth fel buddugoliaeth un garfan. Fe ddywedodd hefyd ei fod yn rhyfeddu at yr aeddfedrwydd gwleidyddol a ddangoswyd gan boblogaeth Sbaen yn dilyn marwolaeth Franco.

Mae enw Tierno Galván ei hun heddiw ar ddegau o strydoedd, ysgolion a sefydliadau drwy Sbaen. Yn ei flynyddoedd olaf yr oedd wedi troi'n eicon cenedlaethol. 'El Viejo Profesor' 'Yr Hen Athro') oedd yr enw a roddwyd arno gan y cyhoedd. Adeg ei gynhebrwng yn 1986 yr oedd miloedd lawer yn aros ar strydoedd a sgwariau Madrid i ffarwelio ag ef. Mae'r llun ohono a atgynhyrchir yn y llyfr hwn yn dal cymeriad y dyn yn berffaith. Mae'n sefyll ar lwyfan yn rali awyr agored y Partido Socialista Popular yn 1977, ar drothwy democratiaeth a chyn i'r drefn newydd golli ei sglein. Dyma ddyn gafodd weld y dydd yn dod wedi blynyddoedd o alltudiaeth fewnol a gwaith tawel tu ôl i'r llenni. Braidd yn hunanymwybodol, mae'n codi ei ddwrn i gyfarch y dorf fel sydd yn ofynnol, ond nid yw'n ddwrn ymosodol na demagogaidd. Mae'n edrych tua'r llawr a bron y gallwch ei weld yn meddwl.

Cân Werin

Provincia de Salamanca 1960–64

Salamanca la blanca,
quien te mantiene?
cuatro carboneritos,
que van y vienen,
que van y vienen.

Salamanca, y dref wen,
pwy sy'n dy gynnal?
pedwar o losgwyr golosg
sy'n mynd a dyfod,
sy'n mynd a dyfod.

ROEDD TYRAU SALAMANCA YN disgleirio o bell wrth i chi yrru dros wastadeddau di-ben-draw y *meseta* o drefi caerog Ávila yn y de-ddwyrain, Ciudad Rodrigo yn y gorllewin neu Zamora yn y gogledd. Rhwng y trefi yr oedd pentrefi, ond prin yr oeddech yn sylwi arnynt nes eich bod chi'n eu cyrraedd gan eu bod yr un lliw â'r pridd. Roedd y pellter rhwng trefi Castilla yn faith, y daith yn hir a blinderus, a'r teithiwr yn falch o gyrraedd cysgod a llety ac *animación*, sef cynnwrf y strydoedd llawn pobl a'r Plaza Mayor.

Fel mewn llawer o wledydd deheuol Ewrop cyn dyfodiad syniadau ecolegol, roedd y dre'n dirmygu cefn gwlad. Nid plasty yn y wlad oedd delfryd y cyfoethogion ond fflat moethus, modern mewn dinas neu fwy nag un ddinas. Roedd *El Adelanto* yn cynnwys newyddion dyddiol am symudiadau teuluoedd pwysig Salamanca dan y pennawd 'Notas de Sociedad': 'Mae Don José Vasquez Herrera a'i deulu wedi gadael am Santander' neu 'Mae Don Alfonso Rodriguez Sanchez a'i deulu wedi dychwelyd o Fadrid'.

Dim ond yn achlysurol y byddech yn clywed bod un o'r teuluoedd mawr wedi ymweld â'u *finca* yn rhyw bentref. Ond yr oedd ystadau ganddynt, wrth gwrs, ac yr oedd y ddinas yn byw ar gefn y wlad fel yr oedd y cyfoethogion yn byw ar gefn y tlodion, mewn perthynas symbiotig. 'Ac oni bai am y bobl fawr, ni fuasem ni fyth mor dlawd' meddai'r pennill Cymraeg, a rhywbeth digon tebyg a ddywed y pennill am y dynion llosgi golosg yn mynd a dod i Salamanca.

Golosg yn mudlosgi mewn basged haearn (*brasero*) dan y bwrdd oedd yn gwresogi tai Salamanca yn draddodiadol yn y gaeafau oer, ac mi gawsom brofiad o hynny am ryw fis cyn cael hyd i fflat modern gyda gwres canolog. Roedd lliain trwm ar ein bord gron a hwnnw bron â chyrraedd y llawr. Byddech yn codi cyrion y lliain er mwyn cynhesu eich traed a'ch pengliniau wrth y *brasero* dan y bwrdd.

Yn naturiol yr oedd tlodi yn y dre yn ogystal ag yn y wlad. Tlodi lliwgar ac egsotig oedd tlodi'r sipsiwn oedd yn byw ar lan yr afon wrth y bont Rufeinig, yn yr union le yn Salamanca lle y mae'r nofel bicarésg gynnar *Lazarillo de Tormes* yn cychwyn. Wrth fegera ar strydoedd Salamanca yn y dydd yr oedd gan ferched y sipsiwn eu hymadroddion defodol, fel oedd gan y deillion oedd yn hysbysebu gwobr fawr y loteri gan weiddi 'El Gordo! Para Hoy!' mewn llais uchel, crynedig.

Wrth safonau gogledd Ewrop yn y cyfnod, yr oedd dosbarth gweithiol tref Salamanca i gyd yn dlawd: y crefftwyr, y gweithwyr mewn siopau ac ambell ffatri fach, clercod, dynion y rheilffordd, a'r llu o weision a morynion oedd yn cynnal y ddwy brifysgol a'r holl sefydliadau eglwysig. Tlodi digon parchus oedd hwn, ac eto roedd yn bodoli drws nesaf i gyfoeth sylweddol. Ac yn y dre yr oedd y diffyg cyfle yn fwy amlwg.

Byddai gen i tua dwsin o fyfyrwyr llawn amser mewn dosbarth dysgu Saesneg yn y Brifysgol, ond pan gyhoeddwyd gan yr Adran Allanol y byddwn yn cynnig dosbarth Saesneg i ddechreuwyr gyda'r nos, dyma agos i gant yn dod. Sut fedrwch chi ddysgu iaith i gant ar y tro? Roeddwn yn nabod rhai ohonynt yn barod o ran eu gweld: y llanc hoyw oedd yn gweini mewn siop fwyd ac yn gyflym iawn i ddysgu, ond hefyd merch i siopwr digon cefnog nad oedd yn credu mewn talu am addysg prifysgol iddi.

Ond yr oedd dosbarth gweithiol y dre yn freintiedig o'i gymharu â mwyafrif trigolion y wlad. Sylweddolais beth oedd gwir ystyr llafurio yn y wlad rhyw brynhawn pan oeddwn wedi gadael y car wrth ymyl y ffordd a mynd am dro. Yn gorwedd yng nghornel y cae yr oedd bwrdd pren fflat, rhyw bum troedfedd wrth bum troedfedd. Roedd rhai cannoedd o gerrig mân wedi eu bwrw'n dynn yn y bwrdd, a'u pigau miniog yn pwyntio tuag allan. Oged oedd hon i lyfnu'r ddaear sych a chaled.

Synnodd George Orwell pan welodd yr un peth chwarter canrif ynghynt wrth ymladd ar y ffrynt yn Aragon. Doedd dim wedi newid, yn wir gallech feddwl nad oedd dim wedi newid ers Oes y Cerrig. Ond yn Sbaen y 1960au yr oedd pob math o declynnau mecanyddol a modern i'w cael, pethau wedi eu mewnforio o'r Unol Daleithiau neu wledydd datblygedig Ewrop. Y gwir oedd bod y tirfeddianwyr yn cael hurio llafur mor rhad wrth y diwrnod fel nad oedd angen iddynt fuddsoddi yn y peiriannau mwyaf syml hyd yn oed.

Ond yr oedd pethau'n dechrau newid. Roedd llywodraeth Franco erbyn hyn yn caniatáu i weithwyr fynd i ffatrïoedd yr Almaen er mwyn iddynt anfon arian adref i Sbaen. Rhoddais lifft i un ohonynt unwaith wrth iddo fynd ar wyliau i weld ei deulu. Roedd dianc o'r pentref, meddai, wedi bod fel dianc o uffern, ac yr oedd y gair *infierno* yn addas iawn, gan atgoffa rhywun o wres tanbaid y dydd. Roeddech yn gweithio i'r tirfeddiannwr o fore gwyn tan nos, meddai, a pheth peryglus oedd cwyno am unrhywbeth. Rhwng y tirfeddiannwr a'r offeiriad a'r Guardia Civil yr oedd eich bywyd yn y pentref wedi ei reoli yn llwyr. Dyna chi bileri trefn Franco ar y lefel leol. Doedd dim undebau rhydd na phleidiau'r chwith i achub cam y gweithiwr fel yn amser y Weriniaeth.

Wrth i ddynion adael yr oedd bywyd traddodiadol y pentrefi'n dechrau dadfeilio, ond nid i'r un graddau ymhobman. Yr oedd rhai pentrefi'n brin o bobl i weithio'r tir, tra oedd eraill yn llawn dynion di-waith yn aros i gael eu hurio. Yn y gaeaf, pan oedd llai i'w wneud ar y tir, gallech alw mewn bar ar sgwâr rhyw bentref ganol dydd a chael ei fod yn llawn dynion di-waith yn awyddus i gael sgwrs ag ymwelydd. Ond amhosibl fyddai talu am eich diod, a byddai mynnu gwneud hynny yn eu pechu. 'Pan ddown ni draw i'ch gwlad chi...'

Allai rywun fyth ddelfrydu bywyd oedd mor galed ac mor greulon â bywyd gwerin Castilla. Eto, yr oedd rhyw ramant yng nghefn gwlad am yr union reswm fod pobl yn cadw eu hurddas a'u balchder a'u diwylliant poblogaidd. Roedd gan bob pentref ei arbenigrwydd, ei ddyddiau gŵyl, ei grefftau a'i wisgoedd traddodiadol oedd yn colli tir ond eto heb fynd i'r amgueddfa. Roedd y rhamant i mi yn dechrau gydag enwau'r pentrefi: Miranda del Castañar, Linares de Riofrío, Navarredonda de la Rinconada, Monterrubio de la Sierra, a draw i gyfeiriad Ávila pentref â'r enw llesmeiriol Madrigal de las Altas Torres, lle ganwyd y Frenhines Isabella o Gastilla. Mae rhin yr enwau a rhin y wlad yn gysylltiedig â'i gilydd fel mewn enwau Cymraeg megis Llanfihangel-yng-Ngwynfa a Llanrhaeadr-ym-Mochnant. Felly hefyd y caneuon gwerin. Y *Cancionero Salmantino* yw un o'r casgliadau mwyaf cyfoethog o ganeuon gwerin yn Sbaen gyfan. Mae'r geiriau a'r melodïau mor sownd wrth y lle fel bod canu cwpled wrth fy hun yn ddigon imi weld y tirlun yn pasio o flaen fy llygaid fel mewn ffilm.

Anaml iawn y byddech yn gweld tai y tu allan i'r pentrefi. Byw yn y pentref yr oedd pobl, a mynd â'r ych allan i weithio'r caeau. Ceffylau a mulod fyddai'n cario'r cynhaeaf yn ôl i'r pentref ac ambell waith byddai un o bob un wedi eu hieuo â'i gilydd. Ddiwedd yr haf, pan oedd rhywfaint o awel, gallech weld pobl ar gyrion y pentref yn ffustio'r gwenith ar lawr dyrnu yn yr awyr agored. Yr oedd rhai pentrefi wedi datblygu crefft a'i throi'n ddiwydiant bach. Crochenwyr oedd pobl Alba de Tormes yn bennaf, yn gwneud llestri pridd at iws gwlad oedd yn rhad iawn ac yn torri'n hawdd. Wrth fynd i'r de o Salamanca yr oedd dylanwad y *moros* a'u celfyddyd yn dod yn fwy amlwg yn y gwisgoedd traddodiadol, y clustdlysau ffiligri cywrain ac yn rhai o'r wynebau tywyll.

Yn ein dyddiau cynnar yn Salamanca roedd gennym sgwter Lambretta, peth digon cyfleus a ffasiynol o gwmpas y dre, ond roeddech yn rhyfygu i fynd ymhell i'r wlad arno gan fod tyllau yn y ffordd oedd yn fwy na'r olwynion bach. Roedd gweithwyr yn y caeau ambell waith yn gweiddi yn anogol arnom wrth i ni yrru heibio gan eu bod yn tybio mai dim ond un rheswm fyddai gan bâr ifanc o'r dre dros fynd allan i'r wlad. Efallai mai fel hynny yr oedd hi yn amser Dafydd ap Gwilym.

Yn nes ymlaen cawsom Renault bach *Quatre Chevaux*, a'r injan yn y cefn, oedd yn caniatáu mynd ymhellach o'r dref. Roedd rhaid cofio canu'r corn cyn croesi unrhyw bont sylweddol a hynny i ddynnu sylw'r pâr o filwyr bach unig oedd yn ei gwarchod, a'u deffro o'u trwmgwsg, mwy na thebyg. Yr oedd yr arfer yn dyddio o amser y rhyfel cartref, fel y telegram beunyddiol yr oedd El Capitano yn ei anfon i'w bencadlys. Wedyn byddai'n rhaid stopio a dangos papurau, ond gan ein bod yn dramorwyr a'n car wedi ei gofrestru yn Ffrainc, roeddem yn cael mynd ar ein ffordd yn eithaf buan. Yr hyn oedd yn berygl bywyd oedd gyrru wedi iddi nosi. Bryd hynny gallech yn hawdd gwrdd â cheffyl a throl ar ganol y ffordd a'r rheiny heb unrhyw olau arnynt.

Yn y blynyddoedd olaf yn Salamanca yr oeddem wedi cael Land Rover a lle yn y cefn i osod cot yr un i'r plant. Nawr yr oedd modd inni fynd i'r llefydd mwyaf anghysbell fel Batuecas, a does unman mor anghysbell yn nychymyg Sbaen â'r lle hwnnw. Mae dweud bod rhywun yn Batuecas yn golygu ei fod yn bell i ffwrdd yn ei feddyliau. Peth da mai Land Rover hir oedd gennym neu byddai rhai wedi meddwl o bell mai'r Guardia Civil oedd yn dod. Land Rovers Santana wedi eu cynhyrchu dan drwydded yn Sbaen oedd hoff gerbydau dynion yr hetiau du trichornel. Pan fyddwn yn gweld rhyw groes bren ddienw wrth ymyl croesffordd yn y wlad byddwn yn cofio Tierno yn sôn am y Guardia yn saethu unigolion anghyfleus ar y ffordd fawr, heb angen achos llys.

I'r de i Salamanca i gyfeiriad y Sierra de Francia yr oedd y tir i ddechrau yn dir pori ac wedi ei rannu yn gaeau mawr. Yno yr oedd y *ganaderos* (bridwyr) yn magu *toros bravos* ar gyfer yr ymladd teirw. Gwartheg duon oedd y rhain, ac edrychent yn hardd iawn ar gefndir gwyrdd, fel y gwna gwartheg duon Cymreig. Dim ond unwaith y bûm yn gweld ymladd teirw yn y *plaza de toros* newydd ar gyrion Salamanca, a *shambles* yn ystyr gwreiddiol y gair Saesneg a gafwyd, a dim arlliw o gelfyddyd y diwrnod hwnnw. Er bod llawer o newyddion am ymladd teirw yn y papurau newydd, yr oedd pawb yn cytuno bod pêl-droed bellach yn denu mwy o gynulleidfa. Ond yr oedd diwylliant ehangach y *toros* yn ddiddorol dros ben ac yr oedd magu'r creaduriaid yn rhan bwysig o economi talaith Salamanca.

Ambell waith yn yr haf byddech yn gweld llanciau yn eu harddegau cynnar yn crwydro'r wlad, pob un yn cario ffon neu gleddyf pren. Bechgyn tlawd o'r dinasoedd oedd y rhain, yn cysgu yn y caeau ac yn breuddwydio am fynd yn *toreadores* enwog fel yr oedd rhai yng Nghymru gynt yn breuddwydio am ennill clod fel bocswyr. Roedd y bridwyr teirw yn eu gwylio â llygad barcud wrth iddynt groesi eu tir. Wiw i neb brofi anian tarw cyn y diwrnod y mae'n mynd i ymladd yn y *plaza de toros*, a phetai'r bechgyn crwydrol yn pryfocio un o'r teirw a hynny'n dod yn hysbys, byddai'r tarw wedi ei ddifetha ac yn werth dim heblaw fel cig eidion. Ond roedd profi anian y mamau yn iawn, ac yn wir yr oedd angen gwneud hynny er mwyn dewis y gwartheg gorau ar gyfer bridio. Roedd y bridwyr yn trefnu achlysuron arbennig er mwyn gwneud hynny, ac yr oedd croeso yno i'r bechgyn crwydrol.

Bûm unwaith yn y fath achlysur mewn rhyw gorlan yng nghanol y caeau. Roedd rhai bridwyr cyfoethog yno ac efallai gymaint â hanner cant o ddilynwyr amrywiol: y dynion ar geffylau oedd yn corlannu'r gwartheg, sipsiwn, rhai ymwelwyr o'r dre fel ninnau, y bechgyn tlawd gyda'u cleddyfau pren, a nifer o ferched deheuol yr olwg yn edrych fel petasent wedi cerdded oddi ar lwyfan *Carmen*. Mae'n bosibl eu bod yno yng nghwmni rhyw *toreador* adnabyddus oedd wedi dod i wylio, ond fydden i ddim yn eu nabod. Awyrgylch ffair wledig oedd i'r achlysur, gyda rhywfaint o win ac o ganu. Os oeddynt yn lwcus byddai'r bechgyn crwydrol yn cael esgus bod yn *toreadores* ond, yn naturiol, nid oedd y fuwch yn cael ei lladd.

Ymhellach o Salamanca ar gyrion y mynyddoedd roedd pentref Monleon, lleoliad tybiedig y faled enwog 'Los Mozos de Monleon'. Fel y clywais i'r faled, roedd yn gymysgedd o adrodd a chanu – adrodd pan oedd y naratif yn cyflymu a'r digwyddiadau'n ddramatig, canu pan oedd y naratif yn arafu i ganiatáu ymchwydd telynegol. Trasiedi gwbl glasurol yw'r hanes.

Los mozos de Monleon	Hogiau Monleon yn gynnar
Se fueron a arar temprano	Aethant allan i aredig
Ai! Ai!	Ai! Ai!
Se fueron a arar temprano.	Aethant allan i aredig.

Mae pedwar o lanciau'r pentref yn mynd allan yn gynnar i aredig fel bod modd iddynt orffen y gwaith mewn pryd i fynd i'r ymladd teirw. Yn y *plaza* yng nghanol y pentref bach yr oedd hyn yn digwydd, ac nid *toreadores* proffesiynol fyddai'n ymladd ond llanciau lleol yn cael y cyfle i fynd allan i herio'r tarw. Mae un o hogiau Monleon, Manuel Sanchez, yn fab i weddw, ac mae hi'n breuddwydio ei weld yn cael ei hebrwng yn fuddugoliaethus at ddrws y tŷ ar ben trol, fel yr oeddwn i wedi gweld Dic Rees Penmaenbach yn cyrraedd ar ben *trailer* ym Mhennal ar ôl ennill yn yr Eisteddfod Genedlaethol.

Ar eu ffordd i'r pentref mae'r llanciau yn cyfarfod â'r gwas ffarm fu'n gofalu am y tarw pan oedd yn llo bach. 'Peidiwch â mynd yn agos ato, hogiau!' medd hwn, 'fi fagodd e, ac mi allaf eich sicrhau ei fod yn un drwg iawn.' Fel sy'n anorfod, maent yn anwybyddu'r rhybudd ac mae un ohonynt yn cael ei anafu gan y tarw. Yn anorfod eto, Manuel Sanchez yw hwnnw, mab y wraig weddw:

Compañeros, yo me muero,	Hogiau annwyl, rwy'n marw,
amigos, yo estoy muy malo,	Gyfeillion, rwy'n diodde'n arw.
tres pañuelos llevo dentro,	Mae tair hances gennyf yn y clwy
y este que meto, son cuatro.	A hon yn fy llaw yn gwneud pedair.

Dengys nifer yr hancesi ddyfnder y clwyf, ac mae'n marw cyn i'r offeiriad allu cyrraedd. Mae dyn cyfoethog y pentref, *el rico de Monleon*, yn benthyg trol i gario'r corff at ddrws y weddw. Felly, ar ryw olwg, mae hi'n cael ei dymuniad.

Roedd pobl Monleon yn dangos y bwlch cyfyng ar gornel y

plaza y byddai Manuel Sanchez wedi mynd trwyddo i herio'r tarw. Yn naturiol, ceir fersiynau gwahanol o'r faled, a phobl y pentref yn taeru mai eu fersiwn nhw yw'r gwreiddiol. Roedd y bardd Federico García Lorca hefyd wedi cael gafael ar fersiwn ac yn ei ganu. Yn wir, mae gwaith y bardd yn aml yn mynegi'r un stoiciaeth yn wyneb ffawd creulon, a hynny yn yr un arddull ddramatig a chryno.

Ymhellach at y mynyddoedd eto yr oedd y tir yn agored, heb ffens na gwrych. Yno yn yr hydref gallech weld bugeiliaid Beiblaidd yr olwg yn hebrwng eu diadelloedd yn araf tua'r de i aeafu. Byddent wedi cychwyn ymhell i'r gogledd ac yn dilyn llwybrau cydnabyddedig oedd yno ers cyn cof. Roedd y defaid yn reddfol yn aros yn agos at y bugeiliaid, a doedd dim angen y cŵn i'w cyrchu. Eu gwaith yn hytrach oedd amddiffyn y praidd rhag y bleiddiaid yn y nos. Yn sicr, yr oedd bleiddiaid yn byw o amgylch y Peña de Francia, craig o fynydd gyda mynachdy ar ei gopa. A dyma'r gân adnabyddus y mae ei geiriau a'i melodi yn portreadu symudiad araf y diadelloedd dros ehangder y wlad.

Ya se van los pastores	Eisoes mae'r bugeiliaid
a la Extremadura,	yn troi am Extremadura,
Ya se van los pastores	Eisoes mae'r bugeiliaid
a la Extremadura,	yn troi am Extremadura.
Ya se queda la sierra	Aros mae'r mynyddoedd,
triste y oscura,	yn drist ac yn dywyll,
Ya se queda la sierra	Aros mae'r mynyddoedd,
triste y oscura.	yn drist ac yn dywyll.

Doedd dim ystadau mawr iawn yn y mynyddoedd gan fod y tir yn wael, ac yr oedd hyn yn creu awyrgylch mwy rhydd. Ond yr oedd pobl yn gadael yr un fath a'r terasau cul a dorrwyd o ochr y mynydd gan lafur cenedlaethau yn cael eu hesgeuluso bellach. Roedd ambell un o'r pentrefi mynyddig – Candelario yn y Sierra de Béjar neu La Alberca yn y Sierra de Francia – wedi dechrau troi'n atyniad i dwristiaid, ond yr oedd llawer o bentrefi eraill lle yr oedd gweld ymwelydd o'r tu allan yn ddigwyddiad. Strydoedd cul â thai pedwar llawr oedd yn y pentrefi mynyddig, yr anifeiliaid ar y llawr gwaelod, y bobl ar y ddau lawr nesaf ac, ar y lefel uchaf, llofft yn arogli o afalau a gadwyd yno ar gyfer y gaeaf. Tu allan i'r pentrefi ar dir comin yr oedd y coed castanwydd hefyd yn gyfraniad at yr economi ledhunangynhaliol, fel yr oedd y coed derw bychain a ysgydwyd i ddarparu mes ar gyfer y moch bach brown. Mae'r Gymraeg, pys moch, yn brawf i'r un peth ddigwydd yng Nghymru erstalwm.

I'r de o La Alberca yr oedd y ffordd yn disgyn yn serth heibio Batuecas i'r ffin rhwng talaith Salamanca a thalaith Badajoz yn Extremadura. Roedd mynachdy gan y Carthusiaid yn Batuecas ac arwydd yn ymyl y ffordd yn nodi eu bod yno yn gweddïo dros bechodau'r byd. Roedd angen mwy na gweddi ar bentrefi ardal Las Hurdes, rhyw ychydig ymhellach i'r de eto. Gwnaeth Buñuel ffilm amdanynt yn y 1930au ac yr oeddynt yn destun cywilydd hyd yn oed yn Sbaen Franco a'r trigolion eu hunain yn aml yn cael y bai am eu cyflwr. Roedd y trigolion yn byw mewn cytiau cerrig cyntefig, ac yr oedd golwg gyntefig ar lawer ohonynt hwythau hefyd, ond yr oedd rheswm meddygol am hynny. Yr oedd ganddynt yddfau chwyddedig oherwydd diffyg mwynau yn y dŵr, a diffyg iodin yn arbennig. O gwmpas eu gyddfau gwisgent rubanau San Blas, y sant sydd i fod â gofal arbennig am y rhan honno o'r corff. Hyn i gyd o fewn can milltir i Salamanca, oedd â chyfadran yn y Brifysgol yn paratoi meddygon arbenigol o bob math, a phresenoldeb hanner dwsin o urddau eglwysig a sefydlwyd i wasanaethu'r tlodion.

Digon hawdd oedd condemnio'r Eglwys Gatholig fel ag yr oedd yn amser Franco. Nid peth mor hawdd oedd condemnio crefydd boblogaidd y werin. Ym mhentref La Alberca deuthum i nabod hen lanc o'r enw Don Elias, oedd yn gallu sôn yn ddigon difyr am arferion y pentref. Gofynnodd inni dynnu ei lun gydag ein dau fabi bach, ac ar ôl mynd adref dyma ni'n anfon y lluniau ato drwy'r post. Erbyn y tro nesaf i ni fod yn La Alberca yr oedd gŵyl fawr y pentref wedi bod. Bryd hynny roedd y pentrefwyr yn cario delw'r Forwyn Fair allan o'r eglwys ac ar hyd y strydoedd. Y diwrnod hwnnw, yr oedd Don Elias wedi gosod lluniau ein plant y tu allan i ffenestr ei dŷ, 'er mwyn,' meddai, 'i'r Forwyn eu bendithio wrth iddi fynd heibio'.

Paratoi at Ryfel

Bodmin, Llundain, Crail 1954–56

AGORWYD Y DRWS AR fyd Rwsia ym mis Medi 1954, cyn i mi fynd i Salamanca, cyn i mi fynd i'r Brifysgol yn Rhydychen hyd yn oed. Roeddwn yn ddeunaw oed ac yn cychwyn ar ddwy flynedd o wasanaeth milwrol gorfodol. RASC (Royal Army Service Corps) oedd y llythrennau ar fy ysgwydd. Gallwn edrych ymlaen at glercio neu yrru lori mewn rhyw wersyll pell. Yna, ar hanner y *basic training* yn Aldershot, dyma fi'n cael broncitis yn ddigon gwael i gael fy symud i sanatoriwm y gwersyll. Tra oeddwn yno daeth cyfaill heibio i roi gwybod bod rhestr wedi ymddangos ar yr hysbysfwrdd â fy enw i arni. Yr oedd llawer ohonom wedi gwneud cais i gael mynd ar gwrs dysgu Rwseg er mwyn cael dianc o'r RASC, ac wedi anghofio am hynny yng nghanol y drilio diddiwedd a'r blinder corfforol. Roeddwn yn cael fy ngalw i gyfweliad yn y Swyddfa Ryfel drannoeth.

Â'm tymheredd yn yr entrychion fyddwn i byth yn cael caniatâd swyddogol i godi o'r gwely. Roeddwn yn gweld dwy flynedd o'r RASC yn ymestyn yn anialwch o fy mlaen. Yr unig beth i wneud oedd codi'n gynnar, gwisgo a mynd i ddal y trên, gan wynebu'r canlyniadau yn nes ymlaen. Sylwodd neb arnaf yn codi, nac ychwaith arnaf yn sleifio'n ôl yn hwyr y prynhawn ac yn newid i fy mhyjamas. Dair wythnos yn ddiweddarach yr oeddwn wedi fy nerbyn ar gyfer y cwrs Rwseg ac ar fy ffordd i'r gwersyll ar gyrion Bodmin yng Nghernyw oedd yn gartref i'r JSSL (Joint Services School for Linguists).

Ychydig iawn yr oeddwn yn ei wybod am Rwsia. Pan oeddwn yn fach adeg y rhyfel byddai fy nhad yn dod â phapur newydd i'r tŷ oedd yn dangos mapiau o'r rhyfel yn Rwsia. Roedd sôn yno am y Cadfridog Timosienco, ac yn nhŷ Taid a Nain dywedodd rhywun mai Timothy Jenkins oedd ei enw iawn ac mai Cymro ydoedd, ond hyd yn oed yn chwech oed roeddwn yn amau mai tynnu coes oedd hynny. Roedd yr Undeb Sofietaidd yn boblogaidd adeg y rhyfel, ac yr oedd sinema yn Llundain oedd ar fore Sadwrn yn dangos ffilmiau Rwseg i blant. Rwy'n cofio un ffilm gyfareddol am geffyl hud yn cario tywysog ar ei gefn trwy'r cymylau.

Yn fachgen deg oed yn Recklinghausen yn 1947 yr oeddwn yn dal i feddwl am y Rwsiaid fel ein ffrindiau da, ond yr oedd penaethiaid lluoedd arfog Prydain eisoes yn rhagweld rhyfel yn erbyn y gelyn newydd. Yn sgil hyn roeddynt yn poeni bod cyn lleied o Brydeinwyr yn medru Rwseg, ac erbyn 1949 yr oedd gweision sifil wedi amcangyfrif, petai rhyfel yn cychwyn, y byddai ar Brydain angen 912 o gyfieithwyr Rwseg dosbarth cyntaf a 2,872 o rai ail ddosbarth. Y fath fanylder! Cyn diwedd 1950 yr oedd y Prif Weinidog, Mr Attlee, wedi gorchymyn sefydlu JSSL, a dros y naw mlynedd nesaf, tra oedd gwasanaeth milwrol gorfodol yn parhau, hyfforddwyd rhyw 5,000 o ddynion ifainc ar y cyrsiau Rwseg.

Yn eu plith yr oedd nifer a ddaeth yn enwog ym myd y celfyddydau: Michael Frayn, Alan Bennett, Dennis Potter, Peter Hall a D M Thomas. Aeth Eddie George yn rheolwr Banc Lloegr a Mark Frankland a Kevin Ruane yn newyddiadurwyr adnabyddus. Ymhlith y Cymry, rwy'n gwybod am Carwyn James yr hyfforddwr rygbi, yr hanesydd Prys Morgan, John Daniel yr athronydd, Owen Edwards (BBC ac S4C), a Brynley Roberts a fu'n Llyfrgellydd Cenedlaethol.

Yr un pryd â minnau ar y cwrs yr oedd yr artist Patrick Procktor, a addysgwyd yn Ysgol Highgate yn Llundain gan Kyffin Williams, a John Drummond a aeth yn drefnydd Gŵyl Caeredin a phennaeth Radio 3. Yr ieithydd disgleiriaf yn ein grŵp oedd Oliver Miles, a ymunodd â'r Swyddfa Dramor a mynd yn arbenigwr ar y byd Arabaidd gan orffen yn llysgennad Prydain yn Libya. Erbyn ail ryfel Irac yr oedd wedi ymddeol ac yn gallu dweud ei farn yn gyhoeddus. Roedd yn feirniad llym o bolisi Tony Blair yn Irac. Mi soniaf hefyd am fy nghyfaill agosaf ar y cwrs, Robin Milner-Gulland, gan ei fod yn ymddangos yn y story yn nes ymlaen. Aeth yntau'n Athro Rwseg ym Mhrifysgol Sussex.

Yn wir, aeth llawer iawn o bobl y cyrsiau Rwseg i ddysgu yn adrannau prifysgolion Prydain, gan fod cwrs dwys y lluoedd arfog yn rhoi mantais gychwynnol iddynt dros unrhyw fyfyrwyr eraill. Sgil-effaith hyn oedd sicrhau goruchafiaeth dynion yn y maes astudiaethau Rwseg a Sofietaidd am genhedlaeth gyfan. Mae'n debyg hefyd bod nifer wedi diflannu i Ganolfan Glustfeinio Llywodraeth Prydain (GCHQ) a'r gwasanaethau cudd. Mi lynais i at fy mwriad o astudio llenyddiaeth Saesneg yn y Coleg Newydd yn Rhydychen lle roeddwn wedi ennill ysgoloriaeth, ond gydag amser sylweddolais mai llenyddiaeth gymharol oedd fy ngwir ddiddordeb.

Bwriad cyfyngedig oedd gan lywodraeth Prydain wrth sefydlu'r cyrsiau Rwseg: yn y tymor byr yr oedd angen monitro signalau'r lluoedd arfog Sofietaidd ac yn y tymor canol bod yn barod ar gyfer rhyfel. Bryd hynny byddai'n rhaid holi carcharorion ac o bosibl ollwng aelodau o'r lluoedd arfog o'r awyr i dir y gelyn. Ond tybed a oedd canlyniadau sefydlu'r cwrs yn wahanol ac yn ehangach na'r bwriad gwreiddiol?

Mae'n amhosibl mesur effaith y cwrs Rwseg ar berthynas Prydain â'r Undeb Sofietaidd, ac eto mae'n rhaid bod effaith wedi bod, wrth i gymaint o bobl oedd â dealltwriaeth o iaith a diwylliant Rwsia ddod yn ddylanwadol ym mywyd cyhoeddus Prydain. Doedd hi ddim yn bosibl coleddu rhagfarnau anwybodus am yr Undeb Sofietaidd ar ôl dilyn y cwrs, yn wir roeddech yn debyg o fagu rhywfaint o hoffter o'r diwylliant Rwsiaidd, ond fyddech chi ddim ychwaith yn gefnogwr naïf ac anfeirniadol o'r Undeb Sofietaidd. Yn ddiweddarach, byddwn i'n dod â'r ymwybyddiaeth fwy cymhleth hon at y dasg o olygu cylchgrawn Rwseg llywodraeth Prydain.

Hyd at ddechrau'r 1950au roedd mwyafrif helaeth selogion a gelynion yr Undeb Sofietaidd ym Mhrydain heb fynediad uniongyrchol i ffynonellau Rwseg. Roeddynt yn dibynnu ar adroddiadau propagandyddion comiwnyddol neu alltudion gwrth-gomiwnyddol. Byddai ymwelydd â Rwsia yn nwylo ei dywysydd swyddogol oedd hefyd yn gyfieithydd. Pan ffodd yr ysbïwyr Burgess, Maclean a Philby i Mosco ar ôl gweithio am flynyddoedd i'r Undeb Sofietaidd, doedd yr un ohonynt yn medru Rwseg. Wn i ddim pwy oedd dristaf, Maclean ar ôl llwyddo i ddysgu'r iaith ym Mosco a dechrau deall y gwahaniaeth rhwng ei freuddwyd cynnar a realiti'r Undeb Sofietaidd, ynteu Burgess a Philby yn byw ar ynys fach o Seisnigrwydd nes iddynt foddi mewn alcoholiaeth.

Roedd ein cwrs yn Bodmin yn llenwi'r diwrnod gwaith ar ôl rhyw chwarter awr o ddrilio ben bore. Roedd hi'n draed moch ar y maes ymarfer, ac mae'r ymadrodd hwnnw'n disgrifio'r olygfa i'r dim. Doedden ni ddim y criw mwyaf disgybledig i gychwyn ac yr oedd aelodau'r lluoedd awyr, y fyddin a'r llynges wedi dysgu rheolau gwahanol. Roeddem ni oedd yn gwisgo *khaki* yn codi'n traed yn uchel cyn taro'r llawr, tra oedd y morwyr yn llusgo'u traed rhag ofn i'r dec tybiedig symud oddi tanynt.

Rwsiaid oedd mwyafrif helaeth yr athrawon. Yr oedd y rhai hynaf yn alltudion o gyfnod chwyldro 1918, rhai yn gyn-swyddogion yn y Byddinoedd Gwyn. 'Mr' oedd teitl pawb ar yr amserlen, ond gydag amser cawsom wybod pwy oedd yn gyn-ddiplomatiaid, yn uchel-swyddogion yn y fyddin neu'n aristocratiaid dan yr hen drefn – roedd 'Mr Volkonsky' yn dywysog yn ôl y sôn. Roedd y bwlch rhyngddynt a'r dihangwyr mwy diweddar yn fwlch diwylliannol yn ogystal â bwlch oedran, gan iddynt gael eu magu o fewn cyfundrefnau cwbl wahanol. Ymhlith y garfan iau yr oedd nifer yn mynnu eu bod yn Latfiaid, Lithwaniaid neu Tsiec hyd yn oed, ac erbyn hyn rwy'n deall pam.

Ar ddiwedd y rhyfel yr oedd miloedd o ddeiliaid yr Undeb Sofietaidd yn byw mewn gwersylloedd DP (*displaced persons*) yng ngorllewin Ewrop, tebyg i'r un ger Recklinghausen. Pobl a gludwyd yn erbyn eu hewyllys i weithio yn ffatrïoedd yr Almaen oedd llawer ohonynt, tra oedd eraill wedi cydweithio â'r Almaenwyr neu hyd yn oed wedi ymladd yn y lluoedd Almaenig. Yr oedd Prydain wedi cytuno i anfon deiliaid Sofietaidd adref ond doedd hynny ddim yn wir am ddeiliaid gwledydd dwyrain a chanol Ewrop na gwledydd y Baltig. Does dim rhyfedd felly bod llawer yn y gwersylloedd DP wedi penderfynu dinistrio eu papurau Sofietaidd. Wrth i amser fynd heibio ac i'r berthynas rhwng yr Undeb Sofietaidd a'r Gorllewin oeri, yr oedd Prydain yn llai parod i blesio'r Rwsiaid ac yn fwy parod i gynnig lloches i bob math o bobl heb ofyn gormod o gwestiynau. Honnwyd yn Nhŷ'r Cyffredin yn 1990 fod ambell droseddwr rhyfel wedi cael gwaith yn dysgu ar gyrsiau JSSL ond ni chrybwyllwyd yr un enw.

Cyrsiau ieithyddol pur oedd cyrsiau JSSL. Doedd yr un ymgais i esbonio hanes a datblygiad yr Undeb Sofietaidd nac i'n cyflyru ni yn wleidyddol. Os oeddem yn trafod gwleidyddiaeth gyda'r athrawon, yr oedd hyn yn digwydd ar ymylon y cwrs. Roedd eu hagweddau'n wrth-Sofietaidd, ond roeddynt yn cychwyn o safbwyntiau amrywiol ac ecsentrig ar adegau. O bryd i'w gilydd byddai rhyw hanesyn personol yn codi'r llen ar fyd o anhrefn a rhyfel, o golli cyfeillion a gwasgaru teuluoedd. Sut gallai bechgyn deunaw oed, newydd adael yr ysgol, fel yr oedd y mwyafrif helaeth ohonom, amgyffred hyn yn emosiynol? Roeddwn wedi synhwyro yn yr Almaen bod hanes yn gymhleth ac yr oedd gwrando ar ein hathrawon yn cadarnhau hynny.

Yn y cyfamser roeddem yn dechrau darllen llyfrau Rwseg. Rhai o'r cyfnod Sofietaidd yn unig oedd ar y cwrs er mwyn i ni ddysgu'r eirfa berthnasol. Roeddynt i gyd yn bropaganda ond roedd rhai'n fwy celfydd na'i gilydd. Hawdd oedd teimlo apêl nofel fer Falentin Cataief, *Hwyl Wen yng Nglesni'r Môr* (1936). Pobl ifainc a'u teuluoedd yw'r prif gymeriadau. Wedi methiant gwrthryfel 1905 yn Odesa, maent yn cynnig lloches i un o'r morwyr gwrthryfelgar ac yn ei gynorthwyo i ddianc dros y Môr Du mewn cwch pysgota. Mae'n stori antur sydd hefyd yn cyflwyno agweddau ar drefn ormesol y Tsar a'r pogromau yn erbyn Iddewon. Yma ac acw yn y testun fe ddyfynnir penillion o delyneg enwog gan Michail Liermontof (1814–1841) ac o'r fan honno hefyd y daw teitl y nofel. Wrth i'r morwr ffoi ar ddiwedd y nofel, fe ddyfynnir y pennill olaf:

Под ним струя светлей лазури,	Uwch ei ben mae aur yr heulwen,
Над ним луч солнца золотой...	Dan ei draed mae glesni'r don...
А он, мятежный, просит бури,	Yntau'n herio'n wrthryfelgar,
Как будто в бурях есть покой!	Fel pe bai llonydd yn y storm.

Cerdd ramantaidd bur yw cerdd Liermontof, ond o osod y pennill yng nghyd-destun y nofel rydym yn ei ddarllen mewn ffordd wahanol. Gwrthryfel aflwyddiannus 1905 oedd rhagflaenydd chwyldro llwyddiannus 1918 yn ôl y bydolwg Sofietaidd, fel yr oedd Ioan Fedyddiwr yn rhagflaenydd Iesu Grist yn ôl y bydolwg Cristnogol. Mae'r morwr yn ffoi ar ôl methiant 1905, ond mae'n ffoi yn wrthryfelgar tuag at ddyfodol fydd yr un pryd yn stormus ac yn cynnig rhyddhad. Doedd nofel o'r fath ddim yn mynd i'ch troi'n Gomiwnydd dros nos. Roeddwn yn deall cystal â neb ei bod hi'n haws i awdur Sofietaidd ysgrifennu'n onest am gyfnod cyn y chwyldro nag am ei gyfnod ei hun. Eto, yr oedd y llyfr yn cynnwys math o ddelfrydiaeth yr oeddwn yn ymateb iddi. Mae'n rhaid bod cannoedd o filoedd wedi darllen y nofel yn yr Undeb Sofietaidd. Roeddwn bellach yn gallu cydymdeimlo â'u bydolwg. Dyna mae iaith arall yn eich galluogi i wneud.

Prin oedd atyniadau tref Bodmin ac yr oeddem yn treulio llawer o'n horiau hamdden yn y gwersyll, lle roedd aelodau o'r staff yn fodlon trefnu diddanwch drwy gyfrwng y Rwseg. Yr oedd modd dysgu chwarae cardiau a gwyddbwyll yn yr iaith honno, canu mewn côr (mae llyfr caneuon JSSL yn dal gen i) a chyfrannu at y cylchgrawn *Samovar*. Yn atgofion y cyn-fyfyrwyr mae dau aelod o'r staff yn amlwg iawn ym myd y gweithgareddau hamdden.

Y cyntaf oedd Dmitri Macarof oedd yn cynhyrchu dramâu yn arbrofol iawn yn ôl safonau Prydeinig y cyfnod. Byddai'n cymysgu golygfeydd o *Hamlet* â golygfeydd o ddrama fydryddol Pwscin, *Boris Godwnof*, y cwbl yn Rwseg. Doedd chwarae Ariel yn *The Tempest* mewn un ysgol a rhan y Winslow Boy yn y ddrama o'r un enw mewn ysgol arall ddim wedi fy mharatoi ar gyfer y math hwn o gynhyrchiad, nac ychwaith ar gyfer strancio ecsentrig y cynhyrchydd. Dyma, mae'n siŵr, oedd ystyr *avant garde*!

Dyn a gafodd fwy o ddylanwad arnaf oedd Fadim Cosiefnicof. Ar brynhawn dydd Mercher byddai'n cynnal sesiynau darllen barddoniaeth Rwseg glasurol a modern. Byddai'n dweud gair am y beirdd a'u cefndir ac yn esbonio rhai cystrawennau anodd a chyfeiriadau diarffordd yn y cerddi, ond darllen yn uchel oedd yn mynd â'r rhan fwyaf o'r amser. O ganlyniad, mae nifer o delynegion Pwscin a dros gant o linellau o'r gerdd hir 'Diemon' gan Liermontof yn dal ar gof gennyf. Yn achos rhai o gerddi mwy astrus Bloc, doeddwn i ddim yn eu deall ar y pryd – hynny yw, ni allwn fod wedi eu cyfieithu. Ond ar lefel ymchwydd a sain mae modd ymateb i gerddi heb eu 'deall' yn llawn, a dyna oedd yn digwydd yn sesiynau Cosiefnicof.

Er nad oeddynt yn ein paratoi yn uniongyrchol ar gyfer unrhyw arholiad, mae'n rhaid bod y prynhawniau dydd Mercher hyn wedi bod o gymorth i'r rhai ohonom wnaeth benderfynu sefyll arholiadau Rwseg lefel A, a hynny rhyw saith mis wedi i'n cwrs yn y fyddin gychwyn. Roedd elfen o astudio llenyddiaeth yn rhan o'r arholiad ac fe basiodd pawb o'm cydnabod yn y dosbarth uchaf posib. Druan o'r disgyblion ysgol oedd yn gorfod cystadlu yn erbyn bechgyn oedd yn astudio Rwseg trwy'r dydd ac yn defnyddio'r iaith hefyd yn eu horiau hamdden.

Ar ôl rhyw bedwar mis yn Bodmin cynhaliwyd arholiad fyddai'n ein rhannu'n gyfieithwyr ysgrifenedig (*translators*) ac yn gyfieithwyr llafar (*interpreters*), oedd yn gofyn am safon uwch. Er i gyfieithu ar y pryd gael ei ddefnyddio yn achosion Nuremberg a dechrau ennill ei blwyf yn y Cenhedloedd Unedig, nid oedd y dechnoleg ar gael i ni yn 1954. Byddai'r cyfieithwyr oedd i gyfieithu'n ysgrifenedig yn cwblhau cwrs blwyddyn yn Bodmin ac yna byddent ar gael i'r lluoedd arfog eu defnyddio yn bennaf ym maes signalau ar hyd y llen haearn, o ogledd yr Almaen hyd ynys Cyprus. Cafodd dau ohonynt eu carcharu am gyfnod byr am ddatgelu union natur eu gwaith mewn cylchgrawn pan oeddynt yn fyfyrwyr yn Rhydychen, flwyddyn o fy mlaen i.

Yr oedd y nifer llai a ddewiswyd ar gyfer y cwrs hirach yn symud i Lundain (yn fy achos i) neu Gaergrawnt, ac yn treulio blwyddyn yno. Yn dilyn hyn byddent yn dychwelyd i'r gwersyll gwreiddiol, oedd erbyn fy amser i wedi symud o Fodmin i Crail ger St Andrews ar arfordir Fife yn yr Alban. Yno byddem yn canolbwyntio ar Rwseg filitaraidd, gan ddrilio a datgymalu gynnau yn Rwseg. Erbyn cwblhau hyn i gyd roeddem o fewn ychydig wythnosau i ddiwedd ein gwasanaeth milwrol a doedd y lluoedd arfog yn cael dim defnydd ohonom yn y tymor byr. Fodd bynnag, byddem yn aelodau o'r lluoedd wrth gefn am dair blynedd ac ar gael wedi hynny petai rhyfel.

Yn Llundain yr oedd y cwrs dwysaf a mwyaf didrugaredd. Y cyfarwyddwr o ddydd i ddydd oedd Ronald Hingley a gyhoeddodd gyfieithiadau o Tsiecof yn nes ymlaen. Wrth gyflwyno tystiolaeth i Bwyllgor Hayter yn 1961, fe gymharodd yr oriau dysgu Rwseg yn y prifysgolion gyda'r oriau ar y cwrs a drefnodd ar ein cyfer ni. Petai myfyriwr prifysgol diwyd yn mynd i bob gwers iaith a ddarparwyd dros gyfnod tair blynedd y cwrs gradd, byddai'n derbyn 270 o oriau dysgu. Roedd hyn yn cymharu, meddai, gydag 850 o oriau cwbl orfodol mewn un flwyddyn yn JSSL. Dirprwy Hingley oedd Brian Toms, a ddisgrifiwyd gan rywun fel 'the workaholic's workaholic'. Byw er mwyn gramadeg yr oedd Toms, ac yr oedd si ei fod yn paratoi cyfrol fyddai'n cysegru 250 o dudalennau i'r rhifolion Rwseg yn unig.

Rwsiaid oedd y rhan fwyaf o'r athrawon eraill, ond nid oeddem yn eu hadnabod cystal ag athrawon Bodmin a Crail, gan eu bod yn diflannu i ganol traffig Llundain ar ddiwedd y diwrnod gwaith. Doedd ein gwaith ni ddim ar ben bryd hynny. Yr oedd gwaith cartref yn mynd â thair neu bedair awr arall, a rhyfygus oedd neilltuo mwy nag un diwrnod ar y penwythnos ar gyfer gweithgareddau hamdden. Gallai methu un o'r arholiadau rheolaidd neu fethu gwers heb reswm digonol olygu colli eich lle ar y cwrs. Y geiriau mwyaf bygythiol yn y byd oedd *return to unit*.

Roedd cymhellion mwy positif i weithio'n galed. Roeddem yng nghanol pobl o'r un anian oedd yn hoffi'r pwnc. Roeddem yn cael gwisgo'n dillad ein hunain a byw yng nghanol Llundain.

Fel *officer cadets* roeddem yn derbyn cyflog o £5 yr wythnos i wario fel y mynnem, gan fod ein bwyd a'n llety am ddim. Roeddwn wedi ymuno â'r Arts Theatre Club oedd yn llwyfannu dramâu diddorol a byddwn yn mynychu'r perfformiadau'n gyson. Yno gwelais *Waiting for Godot* cyn i feirniad y *Sunday Times*, Harold Hobson, ddarganfod ei bod yn ddrama fawr.

Cynhaliwyd ein gwersi mewn tŷ yn Russell Square er mwyn bod yn agos at yr Ysgol Astudiaethau Slafoneg ym Mhrifysgol Llundain lle'r oedd cyfarwyddwr y cwrs yn gyflogedig. Flynyddoedd yn ddiweddarach, cwrddais â Chymro a ddilynodd gwrs yn yr un tŷ wedi i'r cwrs Rwseg hen orffen. Yr oedd yntau yn y fyddin ac yn astudio grwpiau a ystyrid yn beryglus gan yr awdurdodau. Byddai'r darlithwyr yn eu hanfon i siop Collett's yn Charing Cross Road i brynu cylchgronau'r anarchwyr ac eraill. Roedd rheolwr y siop yn eu nabod yn syth wrth eu gwallt cwta ac yn gofyn pa grŵp oedd ganddynt dan sylw'r wythnos honno. Tybed at ba bwrpas y defnyddir yr adeilad erbyn hyn?

Roeddem yn mynd a dod ar y tiwb fore a nos, a hefyd yn yr awr ginio, rhwng Russell Square a'n llety yn South Kensington. Cyn-westy oedd hwn yn dwyn yr enw annisgwyl H.M.S. President gan ei fod yn perthyn i'r Llynges. Yr oedd rhan arall o'r adeilad yn lletya merched oedd yn swyddogion yn y Wrens. Dim ond y drws ffrynt yr oeddem yn ei rannu, ac os oedd pâr o sanau duon yn diflannu o'n blaenau trwy'r drysau-troi yn esgor ar ffantasi o ryw fath, roedd yn aros yn ffantasi. Roeddynt yn hŷn na ni, ac yn ôl y sôn yn gwneud gwaith pwysig yn yr Admiralty. Tebyg eu bod yn llygadu dynion pwysicach a mwy aeddfed o lawer na ni. Yr oedd gwahoddiad, fodd bynnag, i ymuno â'u gwersi dawnsio Albanaidd ac mi ymunais unwaith. Ond cefais yr argraff gref eu bod yn ein defnyddio at ddibenion dysgu dawnsio a chadw'n ffit, a hynny'n unig.

Nid dawnsio Albanaidd oedd yr unig ddawnsio wedi inni symud i Crail yn yr Alban. A ninnau'n agosáu at ddiwedd ein gwasanaeth milwrol, annhebyg y byddai *return to unit* yn digwydd. Roeddem yn dechrau ymlacio, ac er bod gweithgareddau theatrig y gwersyll yn parhau megis gynt, roeddynt yn gorfod cystadlu ag atyniadau Prifysgol St Andrews oedd o fewn cyrraedd, ac yn bennaf y merched 'oll yn eu gynau cochion' ar gefndir carreg lwyd yr hen adeiladau. Y tro hwn, ni oedd y dynion aeddfed ac egsotig yr oedd rhai o'r genod yn eu llygadu.

Ar arfordir Fife yr oedd pwrpas y cwrs Rwseg a natur y rhyfel oer yn fwy amlwg i mi. Nid yn unig yr oeddem yn dysgu ymadroddion milwrol arbenigol, yn trin gynnau ac yn dilyn gorchmynion drilio Rwsiaidd ar y sgwâr, ond yr oedd awyrennau rhyfel o faes awyr Leuchars yn rhuo dros ein pennau ac allan dros Fôr y Gogledd. Roeddem yn bell i'r dwyrain o fewn Prydain, ar linell flaen y frwydr awyr petai rhyfel yn cychwyn.

O bryd i'w gilydd roeddem yn dychmygu rhyw ganolfan debyg i'n canolfan ni yn yr Undeb Sofietaidd oedd yn dysgu Saesneg i'w milwyr nhw ac yn eu paratoi at holi carcharorion rhyfel o Brydain. Mae'n debygol iawn bod ganddynt gyrsiau i baratoi holwyr ac ysbïwyr o bob math, ond ni fyddai angen dysgu Saesneg o'r cychwyn cyntaf. Yr oedd safon Saesneg eu myfyrwyr prifysgol eisoes yn uchel, fel y byddwn yn darganfod ddeng mlynedd yn ddiweddarach.

Erbyn 1966 yr oedd cytundeb diwylliannol wedi ei lofnodi rhwng llywodraethau'r Deyrnas Gyfunol a'r Undeb Sofietaidd oedd yn rhagweld cyfnewid dau Athro prifysgol a nifer o fyfyrwyr ymchwil bob blwyddyn. Ar gyfer y flwyddyn academaidd 1966–67 yr oedd angen Athro Saesneg ym Mhrifysgol Mosco ond yr oedd yn rhaid cael eich derbyn gan y naill ochr a'r llall. Mi gyflwynais gais i'r Cyngor Prydeinig.

Doeddwn i ddim yn obeithiol iawn. Roedd ffrwyth fy ymchwil yn Salamanca bellach wedi gweld golau dydd. Sut y byddai'r Rwsiaid yn ymateb i'm llyfr am George Orwell? Yn ail, yr oedd yn rhaid i mi nodi bod fy nghyflogwr, papurau'r *Times*, yn barod i roi secondiad i mi. O safbwynt Mosco, llais llywodraeth Prydain oedd y *Times*, fel yr oedd *Pravda* yn siarad dros lywodraeth yr Undeb Sofietaidd. Ond ni chafwyd unrhyw wrthwynebiad o'r ochr Sofietaidd. Yn y Cyngor Prydeinig awgrymodd dynes garedig oedd yn prosesu'r cais y dylwn ailfeddwl cyn mynd i'r fath le â Rwsia, ond ar y lefel swyddogol yr oedd y corff hwnnw ond yn rhy falch i gael rhywun â phrofiad o ddysgu llenyddiaeth Saesneg oedd hefyd yn medru Rwseg. A dyna un rheswm paham yr oeddwn yn awyddus i fynd, oherwydd bod yr iaith honno eisoes wedi agor cil y drws i mi.

Cannwyll yn Olau

Mosco 1966–67

YN NOFEL ENWOG GEORGE Orwell, *1984*, mae'r arwr yn cael cyfle o'r diwedd i ofyn i un o'r *proles* sut fyd ydoedd cyn y chwyldro, a'r cwbl mae'r hen frawd yn cofio yw bod cwrw bryd hynny'n gwerthu wrth y peint nid wrth y litr. Mae'r rhai fel fi sydd yn cofio byw yn yr hen Undeb Sofietaidd yn mynd yn brinnach, ac eisoes rwy'n dychmygu gohebydd brwd Radio Cymru yn cyfeirio'r meicroffon tuag ataf ac yn gofyn 'Sut fyd ydoedd yn amser comiwnyddiaeth? Sut le oedd yr Undeb Sofietaidd?' Fe allwn i ddweud, gan dynnu ar nodiadau a ysgrifennais ar y pryd:

Mae hi'n ganol gaeaf ym Mosco, tri o'r gloch y bore, ugain gradd o rew, a'r storm eira wedi gostegu. Ar ôl siarad trwy'r nos, mae wyth ohonom yn mynd allan ar stryd Nieglinaia, yn cerdded heibio pencadlys y Blaid Gomiwnyddol ar y chwith, pencadlys y Comsomol ar y dde, heibio carchar tywyll y Liubianca, draw at stryd Gorci ac i fyny at gerflun Pwscin. Mae popeth mor brydferth dan yr eira newydd, ac mae Liwsia, sydd â llais isel all wneud i'r meini siarad, yn darllen yr arysgrif:

И долго буду тем любезен я народу,
Что чувства добрые я лирой пробуждал,
Что в мой жестокий век восславил я свободу
И милость к падшим призывал.

Am hyn y byddaf hir yn annwyl gan y werin,
Am imi ddeffro glew deimladau gyda'm cân,
Clodfori rhyddid gwlad mewn oes mor greulon
A galw am dosturi i'r gwan.

Neu:

Mae'n fore o wanwyn, a minnau'n sefyll ar y grisiau tu allan
i Lyfrgell Lenin ac yn cyfrif, tu ôl i dyrau'r Cremlin, bedair
ar hugain o groesau euraid yn disgleirio ar y ddinas fel rhyw
weledigaeth o'r hen Rwsia uniongred.

Mae arogl lelog yn mynd â fi at noswaith o haf yng nghyffiniau
Mosco, pobl yn dychwelyd o'r *dachas* ac yn aros am y bysiau,
eu breichiau yn llawn lelog sy'n lliwio'r awyr o'u cwmpas. Yna,
heibio'r tro yn y ffordd, sŵn gitâr a chonsertina, a'r canu di-
ben-draw Rwsiaidd fel taith aderyn dros wastadedd enfawr
y wlad. Mae pobl ifainc yn dychwelyd o'r coed, ambell un yn
cario pwysi o lili'r dyffryn, neu lili'r fforestydd fel y dylid eu
galw. Mae'r bws yn cyrraedd, a ninnau'n gwasgu mewn ac yn
siglo o'r naill ochr i'r llall bob cam i'r dref, y lelog yn cyffwrdd
ein gwalltiau, a ninnau'n hanner meddw o'r haf a'r gwin, arogl
y lelog fel cwmwl ac arogl y lili fel cyllell finiog, fain.
    Bûm ddwywaith yn Pieriedielcino, ar gyrion Mosco. Yno yr
oedd y bardd Boris Pasternac gynt yn byw. Y naill dro a'r llall
gwelais yr un olygfa yn y fynwent ar ochr y bryn lle claddwyd
ef: merch a llanc ifanc yn sefyll wrth y bedd, yn darllen o gyfrol
fach frown, yr unig ddetholiad o waith y bardd a ganiatawyd
yn Rwsia ar y pryd. Tybed pa un o'r caneuon serch yr oeddynt
yn ei darllen?

Мы сядем в час и встанем в третьем,	Eisteddwn oriau wrth ein cinio,
Я с книгою, ты с вышиваньем,	Fi gyda'm llyfr, ti gyda'th wnïo,
И на рассвете не заметим,	Ni sylwn pan fo'r wawr yn torri
Как целоваться перестанем.	I ni roi heibio i'n cusanu.
....	....
Ты – благо гибельного шага,	Bendith y cam di-alw-yn-ôl
Когда житье тошней недуга,	Wyt ti, pan fyddo'r byd yn llwyd:
А корень красоты – отвага,	Beiddio yw gwreiddyn pob prydferthwch,
И это тянет нас друг к другу.	A hyn a'n geilw at ein gilydd.

Ar lin Nain tu allan i fferm Goetre
Uchaf ger Bangor.

Gyda 'nhad ac yn dechrau bod yn niwsans,
1937.

Pobl Port oedd Nain a Taid ar ochr fy mam ond roedden nhw wedi symud o
Borthmadog i Fangor erbyn i mi gael fy ngeni.

Fy merch Casi a Tomos
fy ŵyr o flaen y tŷ yn
New Street, Porthmadog,
lle magwyd fy mam.

Fy mab Dani a Gwen
fy wyres o flaen y
tŷ yn Aman Street,
Cwmaman, Aberdâr, lle
magwyd fy nhad.

Fy nhad yn yr Almaen, 1946.

Fy mam a finnau ar y Königsallee, Düsseldorf, 1947.

Hans-Friedrich Steiner a'i frawd bach Erhard yn Recklinghausen, Nadolig 1947.

Helene Kuhlmann yn Recklinghausen, 1947.

Adfeilion yn ardal ogleddol Recklinghausen wedi'r rhyfel.

Ar ein gwyliau yn yr Eidal, 1948.

Gyda fy mam a 'nhad o flaen y tŷ yn
Junkersdorf ger Köln, 1948.

Yn yr ysgol yn St Gallen lle nad oedd sôn am wisg ysgol, 1949.

Yn yr ysgol ym Machynlleth mewn gwisg ysgol nodweddiadol Brydeinig, 1951.

Cefnllecoediog, Pennal, tua 1950, a minnau'n dal un o'm cefndryd neu gyfnitherod. Sylwch ar y sgidiau sgïo o'r Swistir.

Cefnllecoediog eto, gyda Fly, tua 1951.

some trouble. But there is a greater risk in robbing the universities of some of the few professors who have the confidence of their students and the capacity to lead them towards political responsibility. In the present circumstances one too easily recalls the slogan of the Franco regime in the days of the Civil War—" Down with intelligence ! "—and UNAMUNO'S memorable rebuke: " You will conquer but you will not convince." Spain has had enough victories of that sort.

Tierno Galván yn yr ymgyrch etholiadol gyntaf wedi marwolaeth Franco.

Diweddglo fy llith olygyddol yn y *Times* (28 Awst 1965) a sicrhaodd na ddosbarthwyd y papur yn Sbaen am dridiau.

Y Plaza Mayor yn Salamanca, tua 1962.

Gyda Sara a'r plant o flaen y Cremlin yn ystod eu hymweliad â Mosco, 1967.

Angliya, rhifyn y cŵn a'r merched.

Rhifyn cyntaf *Planet*, gyda George Thomas ar y clawr, Awst 1970.

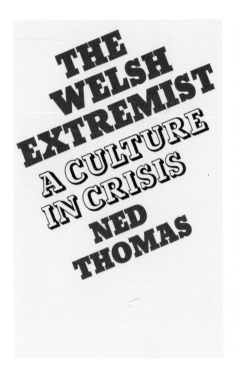

The Welsh Extremist, argraffiad
Gollancz, 1971.

Llyfryn achos Caerfyrddin.

Tri Pencarreg. O'r chwith: Pennar Davies, Merêd a finnau.

Cuixà, gogledd Catalunya, yn un o ysgolion haf CIEMEN.

Santiago de Compostela, Galicia. Ar y dde i mi mae Aureli Argemí, Llywydd CIEMEN, a María Pilar García Negro, y ddynes gyntaf i gynrychioli'r Bloque Nacionalista Galego yn Senedd Galicia.

Gyda Sioned Puw Rowlands (Y Gyfnewidfa Lên) mewn cynhadledd lenyddol yn Helsinki.

Eisteddfod yr Wyddgrug 2007. O'r chwith: Elin Haf Gruffydd Jones (fy olynydd fel pennaeth Canolfan Mercator), a thri o awduron Gwlad y Basg: Miren Agur Meabe, Rikardo Arregi a'r nofelydd Bernardo Atxaga. *Berria* yw'r papur dyddiol Basgeg.

yByd.

dydd llun
Mawrth 3 2008

PAPUR DYDDIOL CENEDLAETHOL

Newyddion Chwaraeon Adloniant Busnes

Papur newydd i Gymru

Byd chwaraeon
Y newyddion o'r meysydd chwarae. Adroddiadau o'r gemau a'r cystadlaethau mawr. Gwasanaeth canlyniadau cynhwysfawr. Dilynwch eich tîm yn y papur ac ar y we. Rygbi, pêl droed, criced, athletau, golff, rasio ceir. Eich tîm chwaraeon.
ybyd.com/chwaraeon

Byd Busnes
Newyddion dyddiol am ddatblygiadau busnes. Gwybodaeth ac ymdriniaeth o'r datblygiadau lleol a rhyngwladol diweddaraf. Y cyfryngau, cefn gwlad, busnesau bach a mawr. Eich Busnes.
ybyd.com/busnes

Byd Adloniant
Cerddoriaeth, Llyfrau, Theatr, Sinema. Digwyddiadau ac adolygiadau. Eich Byd celfyddydau dyddiol.
ybyd.com/adloniant

Barn y Byd
Colofnau, llythyrau, erthyglau golygyddol. Barn a thrafodaeth yn ddyddiol. Ymunwch â'r drafodaeth. Eich Barn. Eich Byd.
ybyd.com/barn

y Byd ar y we
Y wefan newyddion orau yn y Gymraeg. Newyddion chwaraeon, adloniant a busnes. Tanysgrifiwch a darllenwch y papur cyfan – ng archif ar y we.
ybyd.com

GAN ALED PRICE
GOLYGYDD Y BYD

Am y tro cyntaf, bydd gan ddarllenwyr Cymraeg bapur dyddiol Cenedlaethol sydd yn cynnwys Cymru a'r Byd o ddifrif. Bydd yByd yn cynnwys newyddion lleol, cenedlaethol a rhyngwladol, ac yn llawn chwaraeon, gwleidyddiaeth, adloniant a diwylliant. Mae gwefan newyddion yn rhan bwysig o'r arlwy hefyd. Dyma un o agweddau mwyaf cyffrous y fenter Felly mae y Byd yn chwyldro i newyddiaduraeth yng Nghymru.

"Mae y Byd yn chwyldro i newyddiaduraeth yng Nghymru."

Am y to cyntaf, bydd gan Gymru bapur Cymraeg cyflawn. Mae cyhoeddi y Byd yn fenter fawr, ac mae'r galw amdano a'r gefnogaeth iddo ymhlith siaradwyr Cymraeg yn enfawr.

Bydd y Byd yn bapur annibynnol. Annibynnol o ran cynnwys a pherchnogaeth. Mae'r papur yn eiddo i gwmni Dyddiol Cyf sydd wedi denu cannoedd o filoedd o bunnau mewn buddsoddiadau. Hefyd, mae gan y Byd glwb cefnogwyr, sydd yn cynnwys 1700 o aelodau.

Mae'r papur yn anelu at gael 5,000 o danysgrifwyr - model sydd yn seiliedig ar lwyddiant nifer o bapurau yn Ewrop sydd wedi eu hysgrifennu mewn ieithoedd lleiafrifol.

Mae'r busnes wedi denu nifer o grantiau a gyda chymorth Cyngor Powys wedi sefydlu pencadlys ym Machynlleth. Mae lleoliad y papur yn y Canolbarth Cymru yn tanlinellu bwriad y papur i edrych o'r newydd ar Gymru gyda phersbectif cenedlaethol.

Bydd gan y papur ohebwyr a chyfranwyr ymhob rhan o Gymru, gan gynnwys presenoldeb yn y Cynulliad Cenedlaethol.

Byddwn yn cyflogi deuddeg o newyddiadurwyr llawn amser ac yn cydweithio â chyfranwyr achlysurol mewn gwahanol feysydd er mwyn creu papur newydd arbennig ar gyfer darllenwyr Cymraeg.

Bydd y Byd ar gael yn y siopau ac i danysgrifwyr yn ddyddiol o Fis Mawrth 2008.

Cynnig arbennig i Danysgrifwyr yByd

Papur dyddiol yw y Byd. Pris y papur fydd 70c yn y siopau o Ddydd Llun tan Ddydd Iau, (£1.20 ar ddydd Gwener). Mae gan danysgrifwyr gyfle arbennig i arbed hyd at 25% a bod yn sicr o dderbyn eu copi dyddiol o'r papur.

Bydd tanysgrifwyr yn derbyn copi trwy eu siop leol, yn ogystal â darllen y papur cyfan ac archif ohono ar y we. Hefyd mae cyfle i danysgrifio a darllen y papur ar y we yn unig am bris cystadleuol. Am fwy o fanylion a thaflen tanysgrifio ewch i www.ybyd.com neu ffoniwch 0871 230033.

Hysbysebwch am ddim
Ymhlith y cynigion arbennig, bydd pob tanysgrifiwr yn cael cyfle i hysbysebu yn rhad ac am ddim. Dyma gyfle arbennig i ddanfon cyfarchion, hysbysebu digwyddiad arbennig, prynu a gwerthu. Bydd pob tanysgrifiwr yn derbyn hysbyseb gwerth £30 am ddim yn y flwyddyn gyntaf.

Hefyd bydd tanysgrifwyr yn derbyn cynigion arbennig gan gynnwys cyfleoedd unigryw i arbed arian ar nwyddau a gwasanaethau ar y cyd â phartneriaid masnachol y Byd. Byddwch yn rhan o lwyddiant y Byd. Tanysgrifiwch i'r Papur Dyddiol Cenedlaethol.

yByd.com

Pencadlys y Byd
Dyma gartref y Byd ym Machynlleth. Ystafell newyddion bwrpasol. 24 o staff llawn amser. Pencadlys y tîm golygyddol, hysbysebu a gweinyddol. Bydd staff y Byd yn cael eu recriwtio yn yr Hydref.

Y BYD. Eich BYD | Cyfrannwch **newyddion@ybyd.com** | Cyfrannwch **ybyd.com** | Cyfrannwch **ybyd.com/tanysgrifio**

Dyluniwyd *Y Byd* drwyddo draw gan Pryderi Gruffydd. Dyma enghraifft o dudalen flaen a ddefnyddiwyd ar gyfer hysbysrwydd.

Plant *Y Byd*: Owain Meilyr Llywelyn, Mehefin 2004.

Plant *Y Byd*: Hefin (ar y chwith) a Lewys, fy wyrion, yn Eisteddfod Casnewydd 2004.

Gyda Jan Morris a John Roberts Williams, adeg lansio Clwb Cefnogwyr *Y Byd*, Calan Mai 2004 ym Mhortmeirion.

Bae Caerdydd ar drothwy'r llywodraeth glymblaid yn 2007, pan oedd y pleidiau i gyd o blaid ariannu papur dyddiol Cymraeg. Aled Price, Golygydd *Y Byd*, yn siarad â Carwyn Jones (uchod) ac Ieuan Wyn Jones (isod).

Rebecca Williams, Prif Weithredwraig *Y Byd,* yn annerch yr un cyfarfod, a minnau (isod) yn siarad â Rhodri Glyn Thomas.

José Luis Álvarez Emparantza, 'Txillardegi', ar y traeth yn Donostia, 2008.

Ceridwen a finnau, 2005.

Cariadon wrth fedd Pasternac yn darllen ei gerddi. Dyna ystyr anfarwoldeb.

Y llun sydd wedi ei argraffu ddyfnaf yn y cof yw llun grŵp o'm ffrindiau yn eistedd o gwmpas bord gron a chanhwyllau arni mewn tŷ yn un o hen ardaloedd y dref. *Maslenitsa* yw hi, yr wythnos cyn y Grawys, ond mae'r eira yn dal i ddisgyn ar y stryd. Mae popeth wedi ei baratoi yn ddefodol yn ôl arferion yr hen fywyd gwledig. Bu aeron yn trochi yn y fodca ers misoedd. Mae'r hufen sur a'r gwahanol fathau o bysgod wedi eu gosod ar y ford, ac yna daw merched y tŷ ar redeg o'r gegin gyda'r crempogau mawr, tenau, poeth. Rydym yn bwyta fel rhai sydd ddim yn arfer bwyta'n fras na hyd yn oed yn dda bob dydd, yn troi at ein gilydd ac yn cusanu, dynion a merched fel ei gilydd, yn dweud wrth ein ffrindiau ein bod yn eu caru, ac yn teimlo'n dda o gael dweud hyn, o gael bod yn llawen yng nghwmni'n gilydd. Ac yn awr mae rhywun yn dechrau adrodd Pasternac:

Мело, мело по всей земле	Roedd eira'n chwythu trwy'r holl fyd,
Во все пределы.	At y terfynau.
Свеча горела на столе,	Cannwyll yn olau ar y ford,
Свеча горела.	Cannwyll yn olau.

Ac yn wir, yr oedd y storm tu allan yn chwythu'r eira at y ffenestr fel rhywbeth gwyllt a byw. Roedd hi fel storm eira mewn stori blant, ac yr oeddem ni fel teulu mawr, fel pennod hapus allan o Tolstoi, yn eistedd o fewn cylch y golau.

Y tywyllwch tu allan oedd yn diffinio cylch y golau, a'r hyn oedd yn gwneud byd bach fy ffrindiau mor olau ac mor gynnes ocdd bod dioddefaint ac ansicrwydd yn y cefndir. Artistiaid, cerddorion, un neu ddau yn gweithio yn y Brifysgol neu mewn orielau ac amgueddfeydd, dyna oedd y math o bobl yn y cylch y cyflwynwyd fi iddo yn gynnar yn fy mlwyddyn ym Mosco. Roeddynt yn nabod ei gilydd ers amser ac yn ymddiried yn ei gilydd, peth pwysig iawn mewn gwlad lle yr oedd cymaint o wyliadwriaeth o du'r awdurdodau. Penderfynodd cydweithwraig yn Adran Saesneg y Brifysgol fy mod i hefyd yn berson yr oedd modd ymddiried ynddo, ac wedi imi basio prawf fe'm derbyniwyd i'r cylch.

Roeddem yn mynd i gyngherddau ac arddangosfeydd gyda'n gilydd, i'r Sandwnovscie Bani (yr hen faddondai cyhoeddus o amser y Tsar) neu i gasglu madarch yn y coedwigoedd ar gyrion y ddinas. Ond ein cyrchfan yn amlach na pheidio oedd fflat dwy ystafell mewn hen adeilad deulawr yn agos i ganol y ddinas. Yn un o'r ystafelloedd yr oedd Ieliena Ifanofna a'i mab yn byw. Gweddw ddiwylliedig yn ei chwedegau oedd hi, yn cofio'r chwyldro a'r degawdau wedi hynny. Cynhyrchydd ffilm oedd ei gŵr yng nghyfnod arbrofol y 1920au ond fe'i dienyddiwyd fel y miliynau eraill yr oedd Stalin wedi penderfynu eu galw'n elynion. Yr oedd cryfder ei chymeriad, ei doethineb a'i chynhesrwydd yn peri i bawb ofyn ei chyngor ac ymddiried ynddi. Roedd ei mab yn ei dridegau ac yn alcoholig. Gartref roedd yn dawel ac addfwyn a byth yn cyffwrdd alcohol. Ond yna byddai'n diflannu am bythefnos ar y tro ac yn dychwelyd â golwg hagr arno a chysgu am ddyddiau.

Yn yr ystafell drws nesaf yr oedd Andrei a Liwsia yn cyd-fyw. Roeddynt, fel finnau, yn eu tridegau cynnar. Bu Liwsia gynt yn briod â mab alcoholig Ieliena Ifanofna, ac ar ôl yr ysgariad yr oedd wedi aros yn y fflat gan ei bod hi ac Ieliena yn deall ei gilydd yn berffaith. Yn nes ymlaen yr oedd Andrei wedi symud ati. Yr oedd pawb yn rhannu cegin fechan ac ystafell ymolchi. Merch fywiog, lygatddu oedd Liwsia, ychydig yn ddwyreiniol yr olwg, gan ei bod o dras Marí, un o'r cenhedloedd yng nghanolbarth Rwsia sydd â'u hieithoedd yn perthyn o bell i'r Ffinneg a'r Hwngareg. Yn hwyr y prynhawn ym mis Tachwedd a hithau'n tywyllu, yr oedd ei chroeso yn goleuo'r ystafell ac yn gwneud i chi deimlo eich bod ar drothwy parti cofiadwy – ac roedd hynny'n wir. Roedd Andrei yn dalach ac yn fewnblyg tu ôl i'w sbectol dew. Roedd arno angen cwmni a diod a phresenoldeb Liwsia i ymlacio. Bu yntau gynt yn briod, a phryd hynny yr oedd ganddo fflat moethus ym Mosco, car swyddogol a breintiau eraill o'r fath a ddyfarnwyd i artistiaid o fri. Ond daeth i deimlo mai cael eich prynu gan y system oedd derbyn y fath bethau. Fe ffarweliodd â'i wraig a'i fflat a'i gar swyddogol yr un pryd.

Harpsicordydd oedd Andrei ac yn enwog hefyd am iddo greu *ensemble* o'r enw Madrigal er mwyn perfformio cerddoriaeth y Canol Oesoedd a'r Dadeni. Er nad oedd Andrei ei hun yn grefyddol, yr oedd llawer o gerddoriaeth Madrigal o'i natur yn eglwysig ac yn denu'r deallusion hynny oedd yn tyfu barf ac yn ymddiddori mewn crefydd. Wedi dweud hynny, yr oedd apêl ei gyngherddau yn eang. Fûm i erioed mewn cyngerdd ganddo ym Mosco nad oedd yn llawn, ond yr oedd hefyd yn denu cynulleidfaoedd sylweddol pan fyddai ar daith ac yn perfformio mewn ffatrïoedd yn yr ardaloedd diwydiannol.

Mae'r harpsicord a cherddoriaeth gynnar yn ddiddordebau digon esoterig yn y Gorllewin, ond yn yr Undeb Sofietaidd roeddynt yn cael eu hyrwyddo i bawb. Yr oedd llyfrau, recordiau a thocynnau i'r theatr ac i gyngherddau yn rhad iawn, ac yr oedd yr awdurdodau yn annog darllen a gwrando ar y clasuron. Nid y farchnad oedd yn gyrru diwylliant, ac felly nid oedd llawer o'r pethau a elwir yn ddiwylliant poblogaidd yn y Gorllewin yn bodoli. Mae'n rhaid imi atgoffa fy hun o bryd i'w gilydd fy mod wir wedi mynd i ben rhes o dacsis ym Mosco un diwrnod a gweld y gyrrwr yn darllen *Anna Karenina*.

Ffordd arall o osod pethau fyddai dweud bod diwylliant yn yr Undeb Sofietaidd yn cael ei ystyried mor bwysig fel bod angen ei gadw dan reolaeth lem. Roedd Andrei hefyd yn gyfansoddwr, ond erbyn i mi gyrraedd Mosco yr oedd gwaharddiad ar berfformio'i waith am ei fod yn arbrofol yn y dull dodecaffonig ac felly yn annerbyniol gan yr awdurdodau. Diffyg cyfle i fyw fel cyfansoddwr oedd wedi peri iddo droi at berfformio.

Enw llawn Andrei oedd Andrei Michailofits Folconsci. Fel ei berthynas pell, y 'Mr Volkonsky' oedd yn athro arnom yn JSSL, yr oedd Andrei yn dywysog ac yn aelod o hen deulu aristocrataidd y mae ei hanes yn cyd-redeg â hanes Rwsia. Un llythyren yn unig a newidiodd Tolstoi yn enw'r Andrei Folconsci hanesyddol wrth greu'r cymeriad Andrei Bolconsci yn *Rhyfel a Heddwch*. Yr oedd hi'n fisoedd cyn i mi ddysgu gan eraill am gefndir teuluol Andrei. Doedd ef ei hun byth yn cyfeirio ato.

Ar ôl dianc o Rwsia adeg y chwyldro, bu'n rhaid i'w rieni ennill eu tamaid fel pawb arall. Canwr bariton yn yr opera oedd ei dad. Ganwyd Andrei yng Ngenefa yn 1933 a'i fagu ym Mharis yn bennaf. O ganlyniad roedd yn gwbl rhugl yn Ffrangeg. Ar ddiwedd yr Ail Ryfel Byd cyhoeddodd Stalin y byddai'n croesawu'r alltudion yn ôl i helpu i godi'r hen wlad ar ei thraed, ac fe gymerodd nifer ohonynt Stalin ar ei air, peth annoeth iawn i'w wneud. Yn fuan wedi i'r teulu groesi ffin yr Undeb Sofietaidd yn 1947, gwahanwyd Andrei oddi wrth ei rieni. Carcharwyd hwy ac anfonwyd y bachgen i gartref plant amddifad. Yn 1950 cafodd fynediad i'r Conservatoire ym Mosco. Yr oedd yr un system a fradychodd y rhieni yn meithrin talent y mab.

Roedd Stalin wedi marw yn 1953, a phan gyrhaeddais i Mosco ym mis Medi 1966 yr oedd teyrnasiad Chrwstiof a chyfnod y 'dadmer' drosodd hefyd. Triawd Bresnief, Cosigin a Podgorni oedd bellach wrth y llyw. Yn ôl yr haneswyr, roeddwn yno mewn cyfnod sefydlog, biwrocrataidd, ceidwadol, a doedd dim yn fy mhrofiad yn gwrth-ddweud hynny. Yr oedd gan rai o'm cydnabod berthnasau neu gyfeillion yng ngwersylloedd y Gulag ac roeddynt yn cael mynd i'w gweld ambell waith. Ond roedd cyfnodau gwaeth wedi bod yn hanes diweddar y rhan fwyaf o'u teuluoedd. Sut gallai hi fod fel arall mewn gwlad a gollodd ugain miliwn o bobl yn yr Ail Ryfel Byd ac ugain miliwn arall yn rhyfel Stalin yn erbyn ei bobl ei hun?

Eto, doedd y cylch ffrindiau yr oeddwn yn rhan ohono ddim yn wrth-Sofietaidd yn yr ystyr o ddymuno gweld dymchwel y drefn. Oherwydd eu sgiliau a'u talentau yr oeddynt yn cael gwaith gan y system, ac fel y byddai Andrei yn dweud, 'Ble arall fyddwn i'n cael cynulleidfaoedd fel yn Rwsia?' Yr oedd agweddau ar yr Undeb Sofietaidd y gallai Rwsiaid ymfalchïo ynddynt: y cydraddoldeb oedd gan ferched yn y lle gwaith mewn cyfnod pan oedd hyn yn bell o fod yn wir yn y Gorllewin, safon uchel yr addysg, y cyraeddiadau gwyddonol a thechnolegol, a'r parch i'r celfyddydau. Un yn unig o'r grŵp gafodd y cyfle i ymweld â'r Gorllewin, ac rwy'n ei chofio'n dweud ar ôl wythnos yn Llundain bod yr hysbysebion hollbresennol wedi peri iddi deimlo'n sâl a gwerthfawrogi ei gwlad ei hun yn fwy. Dirmyg perffaith, fodd bynnag, oedd gan fy nghyfeillion tuag at gylchoedd llywodraethol y Blaid Gomiwnyddol oedd yn pregethu cydraddoldeb tra'n byw bywyd breintiedig tu ôl i ddrysau caeëdig, a thuag at 'artistiaid swyddogol' a newyddiadurwyr oedd yn weision i'r drefn ac yn fodlon ysgrifennu celwydd noeth i gwrdd â'r galw.

Heblaw eich bod yn perthyn i'r garfan fechan oedd yn llywodraethu, doedd dim cyfle gennych i ddylanwadu ar ddatblygiad y gymdeithas na'i newid. Roedd hi fel byw dan deyrn canoloesol. Gallai pethau newid yn sydyn iawn yn dilyn penderfyniadau a wnaethpwyd o fewn cylch cyfyng y llys. Yn hyn o beth yr oedd parhad rhwng cyfnod y Tsar a'r cyfnod Sofietaidd. Mewn ffordd ryfedd, fodd bynnag, yr oedd y sefyllfa yn rhoi math o ryddid pur i'r rhai oedd yn fodlon talu'r pris am gadw eu gonestrwydd.

Tra oedd deallusion blaengar Prydain dros y canrifoedd wedi llwyddo i ddiwygio'r drefn yn raddol, gan dderbyn pob math o gyfaddawd ar hyd y ffordd, doedd hynny ddim yn bosibl yn Rwsia. Swyddogaeth a thraddodiad yr *intelligentsia* o amser Pwscin ymlaen oedd tystio i'r gwirionedd a chadw'r fflam yn fyw yn y tywyllwch. Roedd yn golygu rhoi heibio ofn ac uchelgais personol a cheisio byw i'r diwrnod wrth safonau uchaf y traddodiad. 'Ymhob man yn y byd,' ysgrifennodd Pasternac, 'rhaid i ddyn dalu am yr hawl i fyw ar ei adnoddau ysbrydol prin ei hun.' Ymhob man efallai – ond yn Rwsia yr oedd y pris yn uwch.

Er bod cylch fy nghyfeillion felly yn perthyn i draddodiad pwysig o fewn Rwsia, roeddynt yn bell iawn o fod yn gynrychioliadol o boblogaeth Mosco. Yn wir, byddai llawer yn eu gweld fel grŵp ymylol a bohemaidd. Y fantais fawr i mi oedd eu bod yn siarad yn blaen ac yn ddiffuant am y byd o'u cwmpas, heb ddal dim byd yn ôl o fewn y grŵp. Ymhob sefyllfa arall, yr oeddwn fel tramorwr o'r Gorllewin yn wynebu cyfyngiadau.

Roedd hi'n naturiol i unigolion fod yn ofalus wrth siarad â fi. Yn y gwaith yr oedd cyfle i ddod i nabod pobl, ac yr oedd pawb yn gyfeillgar; eto, yr oedd rhai aelodau o'r staff oedd fwy na thebyg yn adrodd ar y lleill, ac felly doedd neb am ymddangos yn rhy agos ataf, o leiaf o fewn muriau'r Brifysgol. Ambell waith, ar drên er enghraifft, yr oedd modd cael sgwrs ddiddorol â rhywun na fyddwn i byth yn ei weld eto, a hynny am yr union reswm hwnnw. Ond yn amlach na pheidio yr oedd Rwsiaid cyffredin mor rhagfarnllyd ac anwybodus am Brydain ag yr oedd trwch y boblogaeth ym Mhrydain am yr Undeb Sofietaidd. Anodd oedd gwybod lle i ddechrau cywiro eu syniadau.

Yr oedd cyfyngiadau arnaf wrth deithio. Os am fynd mwy na deugain cilomedr tu allan i'r brifddinas yr oedd rhaid i mi gael caniatâd arbennig. Gallwn ymweld â dinasoedd dethol, wrth gwrs, drwy Intourist, yr asiantaeth oedd yn gofalu am dwristiaid o dramor ac yn eu goruchwylio'r un pryd. Un tro yn Leningrad cynigiais gildwrn i yrrwr y tacsi yr oedd Intourist wedi ei ddarparu ar fy nghyfer. Fe wrthododd, gan ddweud 'Cofiwch, rydych chi mewn gwlad gomiwnyddol nawr.' Ym Mosco bryd hynny, byddai peidio â chynnig cildwrn i yrrwr tacsi cyffredin yn arwain at ffrae gyhoeddus. Byddai'r gyrrwr yn disgyn o'r car ac yn gweiddi arnoch yn y stryd.

Ffactor arall oedd yn penderfynu maint y cyfyngiadau arnoch fel tramorwr oedd natur eich gwaith. Diplomatiaid o'r Gorllewin oedd fwyaf caeth. Roedd fflatiau arbennig wedi eu neilltuo ar eu cyfer gyda phlismon wrth ddrws y bloc – er mwyn diogelwch yn ôl yr awdurdodau, ond hefyd i sicrhau nad oedd neb yn ymweld â'r diplomatiaid yn ddiarwybod i'r heddlu. Yr awdurdodau Sofietaidd oedd yn darparu'r fflatiau hyn ac yn cyflogi'r staff. Gallai'r diplomat fod yn sicr bod meicroffonau tu ôl i'r waliau ac mai gweithio i'r KGB yr oedd y morynion.

Yr oedd cyfaill i mi o amser y cwrs Rwseg yn ddiplomat ifanc di-briod ym Mosco ar y pryd. Fyddem ni byth yn meddwl eistedd i gael sgwrs yn ei fflat ond yn hytrach yn siarad wrth fynd am dro neu dros ginio mewn tŷ bwyta. Bryd hynny byddai'n disgrifio'r forwyn ddiweddaraf a ddarparwyd i ofalu amdano. Yr oedd yn cael dilyniant o rai hardd i ryfeddu. Wedi iddo fethu dangos diddordeb yn y flonden o Latfia oedd yn gweini brecwast iddo'r mis hwn, byddai sipsi danllyd yn cymryd ei lle'r mis nesaf. Yn naturiol, yr oedd wedi ei rybuddio o flaen llaw am hyn gan y gwasanaethau cudd Prydeinig, oedd yn chwarae gêm ddi-ben-draw gyda'r KGB.

Roedd cyfyngiadau tebyg ar newyddiadurwyr o'r Gorllewin, ond yn fy amser i nid oedd rhaid i'r awdurdodau boeni llawer am y rhai o Brydain. Dim ond un, a hwnnw'n ohebydd y *Times*, oedd yn medru gair o Rwseg. Roedd yn ddigon gan y lleill fynd i ambell gynhadledd i'r wasg pryd y darparwyd cyfieithwyr, a chodi sibrydion yng ngwesty'r Metropol. Yno yr oedd bar talu-mewn-doleri yn cynnig pob math o ddiodydd o'r Gorllewin. Roedd nifer o Rwsiaid yn mynd yno, ac, yn rhyfedd iawn, roedd ganddynt ddoleri yn eu pocedi ac roeddynt yn siarad Saesneg yn rhugl.

Adeg y gorymdeithiau mawr ym mis Mai a mis Hydref gallech weld yr un newyddiadurwyr yn yfed yn y Metropol ac yn gwylio'r teledu. Byddai'r rhai mwyaf profiadol wedi paratoi eu hadroddiadau o flaen llaw. Dyma'r math o beth:

Hundreds of heavy T62 tanks rolled through Red Square today, followed by lorries towing rocket-launchers, in a show of force calculated to impress visiting heads of state from Soviet bloc and Third World countries. Under grey skies, Comrades Brezhnev, Kosygin and Podgorny, the stony-faced triumvirate that now rules the U.S.S.R., took the salute flanked by Marshals of the Soviet Union and high-ranking officials...

Yr oedd byd y Brifysgol yn llawer llai caeth ond eto yr oedd goruchwyliaeth. Tebyg mai fy mhennaeth adran oedd yn atebol drosof ac yn cadw llygad arnaf. Pan gyrhaeddais gyntaf cefais gyfweliad gyda'r ddwy ddynes oedd yn athrawon cadeiriol.

Gan mai fy newis i oedd trafod testunau llenyddol yn weddol fanwl, awgrymwyd mai yn yr Adran Iaith Saesneg, dan yr Athro Achmanofa, y dylwn fod yn hytrach nag yn yr Adran Llenyddiaethau Gorllewinol, lle byddai gofyn i mi draethu ar hanes llenyddiaeth Saesneg dan oruchwyliaeth yr Athro Ifasiofa.

Geiriadurwraig yr oedd parch iddi yn ei maes oedd yr Athro Achmanofa. Roedd yn ei chwedegau ac yn hen gomiwnydd oedd rhywsut wedi llwyddo i oroesi o'r cyfnod cynnar. Er bod hawl ganddi i gael fflat iddi ei hun, dewisodd fyw mewn fflat cymunedol. Paratôdd ginio imi ryw ddydd Sadwrn, gan fy nghyflwyno i denantiaid eraill y fflat oedd yn bobl gyffredin heb unrhyw gysylltiad â'r Brifysgol. Wedi deall nad oeddwn yn berson gwrth-Sofietaidd, yr oedd yr Athro wedi penderfynu mai'r peth gorau fyddai iddi geisio dylanwadu arnaf trwy ddangos ochr orau'r drefn gomiwnyddol. Roedd staff yr adran yn ei chael yn dipyn o hen ddraig, ond eto yn teimlo'n eithaf cynnes tuag ati.

Aparatshic oedd yr Athro Ifasiofa, wrthi'n dringo'r ysgol yn y ffordd fwyaf amlwg. Darllenais nifer o'i herthyglau, a'u cael yn llawn jargon ideolegol annealladwy. Ei gwobr am ddilyn pob gorchymyn oddi uchod oedd cael mynd i Brydain unwaith bob blwyddyn. Yno roedd yn cyfweld â llenorion ac yn cyhoeddi cyfrol wedi iddi ddychwelyd (gyda llond gwlad o ddillad M&S, synnwn i ddim). Yn ein sgwrs gychwynnol fe'm sicrhaodd fy mod yn rhydd i drafod unrhyw awdur Saesneg y mynnwn, ond wrth imi adael ychwanegodd y byddai'n well, wedi'r cwbl, osgoi George Orwell ac Ian Fleming. Fe ddysgais yn nes ymlaen mai'r rheswm dros eithrio awdur y llyfrau James Bond oedd ei bod hi yn meddwl paratoi cyfrol amdano a ddim am gael neb arall yn troedio'r un maes. Doedd dim angen iddi boeni.

Roedd safonau academaidd uchel gan yr Adran Saesneg. Er mai ychydig iawn o'm cydweithwyr oedd wedi cael cyfle i ymweld â gwlad lle siaredir Saesneg, yr oedd eu gafael ar yr iaith lafar yn rhyfeddol o gywir, os braidd yn hen ffasiwn. Byddent yn dweud pethau megis 'Let us mount the stairs' am eu bod wedi darllen hynny yn Galsworthy. Prin oedd eu gwybodaeth am ddiwylliant cyfoes Prydain wrth drafod llenyddiaeth. Roeddynt yn ddigon deallus i wybod mai propaganda oedd y darlun a roddwyd o'r wlad yn y papurau Sofietaidd, ond roedd yn anodd iddynt wybod *pa* mor anghywir oedd y disgrifiadau hynny. Pan geisiais esbonio'r Gwasanaeth Iechyd Cenedlaethol, roeddwn yn gweld amheuaeth yn eu hwynebau mai propaganda o fath arall oedd hyn. Ond gydag amser, ac wrth i mi ddangos parodrwydd i feirniadu rhai agweddau o'r drefn Brydeinig, daethant i ymddiried ynof.

Yr oedd y myfyrwyr yn fwy rhyfygus wrth holi am Brydain, ac yn fwy beirniadol o'r drefn Sofietaidd hefyd. Roedd Prifysgol Mosco yn gallu dewis y myfyrwyr gorau o bob cwr o ymerodraeth fawr yr Undeb Sofietaidd, ac eto plant deallusion Mosco oedd llawer o fyfyrwyr yr Adran Saesneg. Gallech gymryd yn ganiataol eu bod wedi darllen clasuron y nofel Saesneg a Ffrangeg mewn cyfieithiad os nad yn yr iaith wreiddiol, ynghyd â holl drasïedïau Shakespeare a llawer o waith y beirdd Rhamantaidd Saesneg cyn troi at awduron yr ugeinfed ganrif. Yr oedd cyfeiriadau at gerddoriaeth glasurol, at operâu a bale yn codi yn naturiol yn eu sgwrs gan eu bod wedi eu magu mewn teuluoedd ac mewn cymdeithas oedd yn gosod gwerth ar ddiwylliant eang.

Yn fuan ar ôl cyrraedd gofynnais i gael dyblygu rhai cerddi ar gyfer y dosbarth. Fe gymerodd dair wythnos gan fod rhaid anfon y deunydd i swyddfa arbennig oedd yn bell i ffwrdd. Sut oedd hi'n bosibl bod yr Undeb Sofietaidd yn gallu gyrru Iwri Gagarin i'r gofod ond yn methu darparu peiriant dyblygu wrth law? Yr ateb oedd bod rheolaeth lem ar y dechnoleg atgynhyrchu. Byddai peiriant dyblygu wedi caniatáu cylchredeg testunau answyddogol yn eang iawn. Yr oedd llyfrau answyddogol *Samizdat* yn bodoli, ond yr oedd rhaid eu teipio ar deipiadur gyda nifer cyfyngedig o gopïau carbon. Roedd diwydiant bach yn bodoli yn gwneud hyn. Penderfynais ddefnyddio cyfleusterau'r Llysgenhadaeth Brydeinig o hynny ymlaen.

Hen adeilad ar sgwâr Manezh oedd cartre'r Adran Saesneg, o

fewn tafliad carreg i'r Cremlin. Roeddwn yn byw, fodd bynnag, mewn dwy ystafell fechan yn un o dyrau uchel yr adeilad Stalinaidd enfawr a godwyd ar gyrion y ddinas i letya miloedd o fyfyrwyr. Byddwn yn mynd a dod rhwng y ddau safle ar y bysiau cyhoeddus, ac mi ddysgais dipyn wrth wneud hynny. Mae'n rhaid bod rhywfaint o acen estron ar fy Rwseg, ond doedd neb yn sylwi ar hyn ym Mosco gan fod cymaint o bobl yno o weriniaethau eraill yr Undeb Sofietaidd, rhai ag ychydig iawn o Rwseg ganddynt.

Roedd system 'ymddiried' yn bodoli ar y bysiau. Byddech yn rhoi pres yn y bocs ac yn tynnu tocyn. Nid pawb o'r myfyrwyr oedd yn talu, fodd bynnag, a fwy nag unwaith clywais hen wraig yn gweiddi ar draws y bws: 'Ddyn ifanc, mae eisiau i chi dalu. Nid er mwyn i chi ein twyllo ni yr enillom ni'r rhyfel.' Gweddwon o amser y rhyfel oedd llawer o'r gwragedd hyn, ac yn dotio ar unrhyw blentyn o fewn cyrraedd. Gallech weld hen wraig yn ei saithdegau yn ildio ei sedd i fachgen tebol deg oed, a hwnnw'n derbyn yn gwbl ddi-ras. Oherwydd colledion enfawr y rhyfel yr oedd plant yn cael eu difetha'n llwyr. Pan ddaeth fy nheulu ar ymweliad â Mosco llwythwyd ein plant â mwy o deganau nag oedd modd iddynt eu cario'n ôl.

Yn fuan ar ôl cyrraedd Mosco cefais gyfarwyddyd gan Lysgenhadaeth Prydain i brynu het ffwr mewn da bryd ar gyfer y gaeaf. Cyfeiriwyd fi at un o'r siopau arbennig lle yr oedd nwyddau o safon i'w cael i dramorwyr, dim ond iddynt dalu mewn doleri. Y cyfiawnhad swyddogol dros y siopau hyn oedd eu bod yn denu arian tramor i goffrau'r wlad. Wrth iddi oeri dechreuais wisgo'r het, ac un diwrnod ar y bws gofynnodd hen wraig i mi: 'Ddyn ifanc, ble gawsoch chi'r het? Welais i ddim byd tebyg ers cyn y rhyfel.' Pan enwais y siop, fe droes i ffwrdd ac esgus poeri.

Doeddwn i ddim yn gwybod bryd hynny nad tramorwyr yn unig oedd yn mynychu'r siopau talu-mewn-doleri. Yr oedd uchel-swyddogion Sofietaidd yn derbyn amlen frown yn cynnwys hyn a hyn o ddoleri ar ben eu cyflog arferol ac yn defnyddio'r cynnwys i brynu nwyddau prin, a nwyddau o dramor. Ond annhebyg y byddai'r hen wraig yn cael cyfle i ddangos ei dirmyg i un o'r uchel-swyddogion gan eu bod fel arfer yn defnyddio ceir swyddogol.

Y diwrnod wedi i mi gyrraedd Mosco yr oedd derbyniad yn y Weinyddiaeth Addysg. Roedd yn achlysur ffurfiol ac mi gefais sgwrs â gwas sifil cwrtais a dymunol ei ffordd y gallech weld ei debyg heddiw yn gwisgo siwt ac yn gweithio i'r Cynulliad neu Fwrdd yr Iaith. Fe oedd yn gyfrifol amdanaf, a phetasai unrhyw broblem gennyf, doedd dim ond rhaid i mi godi'r ffôn. Rai wythnosau yn ddiweddarach, adnabyddais ei wyneb wrth deithio ar y bws, a cherddais ato i gael gair. Esboniodd, gydag embaras, nad oedd yn arfer teithio ar y bws, ond bod ei gar swyddogol angen ei drwsio. At hyn, felly, yr oedd y chwyldro a'r holl aberth wedi arwain! O'r tu mewn y mae pob cyfundrefn yn pydru.

Roeddwn wedi cael rhybudd gan y Llysgenhadaeth y byddai meicroffonau cudd yn fy ystafelloedd yn y tŵr. Dyma oedd y drefn arferol yn achos rhywun o'r Gorllewin. Pan oedd myfyrwyr yn ymweld â fi ac yn dweud rhywbeth rhyfygus byddent yn cnocio'r wal ac yn dweud 'Chi'n clywed hynny, Ifan Ifanits?' Ond annhebyg bod unrhyw un yn gwrando ar y pryd. Yr oedd plant i swyddogion y KGB ymhlith fy myfyrwyr, ac esboniodd un wrthyf sut oedd y system yn gweithio. Byddent yn recordio milltiroedd o dâp o'r hyn yr oeddwn yn ei ddweud, ac yn cadw'r tapiau am flynyddoedd. Petaswn yn digwydd cael fy ethol yn aelod seneddol ym Mhrydain neu fynd i swydd yn y Weinyddiaeth Amddiffyn, byddai'r KGB am ddeall mwy amdanaf gyda golwg ar fy recriwtio, a dim ond bryd hynny y byddai rhyw greadur anffodus yn gorfod gwrando ar y cyfan a recordiwyd.

A dyma fi wedi dechrau sôn am y KGB. Bydd gohebydd Radio Cymru yn sicr o ofyn imi ddweud mwy. Y peth cyntaf i'w nodi yw nad oedd gweithgareddau'r KGB i gyd yn gudd. Yn wahanol i'r gwasanaethau cudd Prydeinig, yr oedd dimensiwn cyhoeddus hefyd i'w gwaith. Roedd swyddfeydd ganddynt oedd ar agor i'r cyhoedd, ac ar Ddiwrnod y KGB byddai rhai yn mynd â blodau i ddiolch iddynt am gadw'r wlad rhag llid eu gelynion am flwyddyn arall. Yr oedd gorffennol brawychus gan y KGB a'u rhagflaenwyr, wrth gwrs, ond yr oedd hefyd bob math o jôcs a hanesion amdanynt. Cwrddais â gŵr a gwraig oedd wedi gadael am y gwaith ryw fore Llun, a'r wraig yn sydyn wedi sylweddoli iddi anghofio rhywbeth yn y fflat. Aeth yn ôl a chael bod dau weithiwr wrthi'n tyllu yn y wal uwchben y drws ffrynt. 'Ddown ni'n ôl rywbryd eto,' meddai un ohonynt. 'Na, ewch chi 'mlaen,' meddai hi, 'fyddwn ni ddim yn ôl eto tan heno.'

Ar wahân i'r swyddogion llawn-amser, yr oedd llu o bobl oedd yn adrodd yn ôl i'r KGB. Byddai rhai'n gwneud hyn am gydnabyddiaeth fechan, eraill oherwydd bod y KGB â rhyw afael arnynt. Yr ail oedd yn wir yn achos y myfyriwr o dras Coreaidd a ofynnodd a fyddai'n cael dod i ddarllen y papurau newydd Saesneg yn fy ystafell. Cytunais, a byddai'n galw unwaith yr wythnos. Roedd yn fachgen deallus ac yn fy holi mewn Saesneg caboledig am fy ffrindiau ac am yr hyn yr oeddwn yn bwriadu ei wneud ar y penwythnos. Cefais rybudd gan fyfyrwyr eraill i fod yn ofalus – roedd yn fachgen iawn ond yn *stwcats*, rhywun oedd yn cnocio drws yr heddlu. Yr oedd fwy na thebyg yn byw ym Mosco heb ganiatâd swyddogol (yr hyn yr oedd yn rhaid ei gael os nad oeddech yn enedigol o'r ddinas) a bod y KGB wedi cytuno i anwybyddu hynny petasai'n gwneud ychydig o waith drostynt.

Fe wnaeth beth gwaith drosof fi hefyd. Yr oeddwn wedi gofyn caniatâd i gael mynd tu allan i'r ardal 40 cilomedr er mwyn ymweld â rhai eglwysi pren hynafol yng nghwmni cyfeillion. Gwrthodwyd fy nghais, ac mi gymerais arnaf wrth y Coread fy mod yn gweld y penderfyniad yn un chwerthinllyd oedd yn tanseilio fy ffydd yn y system. Cyn diwedd yr wythnos cefais lythyr yn datgan bod yr awdurdodau wedi ailfeddwl. Byddwn yn cael mynd wedi'r cwbl.

Yr oedd pobl wedi byw cyhyd gyda'r amheuaeth bod rhywun yn eu gwylio neu am eu bradychu nes ei bod hi'n anodd gwahaniaethu rhwng drwgdybiaeth yr oedd sail wirioneddol iddi a pharanoia rhonc. Un noson pan oedd nifer ohonom yn fflat Ieliena Ifanofna, daeth merch ifanc ddim mwy nag ugain oed heibio oedd yn ffrind i ffrind rhywun, ond doedd yr un ohonom yn ei nabod yn bersonol. Roedd hi'n ferch ddigon dymunol, os ychydig yn ffurfiol, ei gwallt golau wedi ei dorri'n fyr a'i dillad yn fwy trwsiadus nag oedd yn arferol ymhlith myfyrwyr. Roedd yn astudio'r gwyddorau ond yn medru'r Saesneg a Ffrangeg yn eithaf da ac yn awyddus i ddangos hynny. Gwahoddwyd hi i gael bwyd gyda ni ac fe gynigiodd Andrei y byddai'r gweddill yn yfed fodca ond y byddai hi ac yntau, er mwyn dathlu ei hymweliad cyntaf, yn yfed alcohol pur. Fe wrthododd yn gwrtais iawn. Sylwais yn fanwl ar beth oedd yn digwydd gan i minnau fynd trwy'r un prawf ar fy ymweliad cyntaf â'r tŷ. Roeddwn i wedi cydsynio â'r cynnig, ac wedi goroesi.

Daeth yn glir yn ystod y noson ei bod yn byw yn yr un adeilad â finnau yn y Brifysgol. Fe gytunom i rannu tacsi pan fyddai'n bryd mynd adref. Daeth yr awr, ac mi aeth hithau i'r cyntedd i gael ei chôt. 'Aros yma!' 'Dwed bod ti'n sâl!' 'Paid â mynd!' erfyniodd fy ffrindiau yn daer. Mi arhosais yn y fflat ac ar ôl iddi fynd dyma nhw'n datgan: 'Roedd hi'n medru Ffrangeg. Roedd hi'n medru Saesneg. Roedd hi'n gwrthod yfed go iawn gyda ni. Faint yn fwy o dystiolaeth sydd angen?' Roeddwn yn dal i deimlo bod gwrthod yr alcohol pur yn ymateb eithaf call gan ferch ifanc. Fodd bynnag, fy ffrindiau oedd yn iawn. Rai wythnosau yn ddiweddarach trefnais i gasglu'r diplomat ifanc a fu ar y cwrs Rwseg gyda mi gynt. Cenais gloch ei fflat, a'r forwyn agorodd y drws y tro hwn oedd y ferch aeth adref ar ei phen ei hun o fflat Ieliena Ifanofna.

Ni allwch ymladd y gelyn heb fynd yn debyg iddo. Cefais brawf o hyn trwy gyd-ddigwyddiad arall. Roeddwn yn galw'n gyson ar Attaché Diwylliannol Prydain oedd â swyddfa ar stryd wahanol i'r Llysgenhadaeth ei hun. Roedd yn Gymro o dras ac yn briod, fel mae'n digwydd, â merch yr Ian Fleming yr oedd yr Athro Ifasiofa ag awydd ysgrifennu amdano. Bu'n garedig iawn tuag ataf ac yr oeddwn yn hoff o'r dyn. Daeth merch ifanc o Loegr at y teulu i helpu i ofalu am y plant bach. Yr oedd hi'n astudio Rwseg ym Mhrifysgol Llundain ac wedi cymryd y swydd er mwyn gwella ei gafael ar yr iaith. Doedd hi ddim yn hawdd cael gwaith yn Rwsia fel arall.

Ar brynhawniau dydd Mercher roeddwn yn cynnal rhyw fath o glwb i fyfyrwyr yr Adran Saesneg lle byddem, ymhlith pethau eraill, yn canu caneuon yn nhraddodiad Tom Fletcher. Roedd y ferch yn gantores werin ac yn chwarae'r gitâr yn llawer gwell na fi. Daeth atom fwy nag unwaith i'r clwb ac yr oeddwn yn falch iawn o gael ei chymorth. Yna un diwrnod, pan alwais yn y tŷ, dywedodd yr Attaché wrthyf fod y ferch wedi derbyn newyddion trist. Yr oedd ei thad newydd farw a byddai'n rhaid iddi adael Mosco drannoeth.

Yr union noson honno, pan oeddwn unwaith eto yn cael cinio gyda fy ffrind o'r cwrs Rwseg, gwelais griw hwyliog o gwmpas bwrdd ym mhen pellaf y bwyty, a'r ferch yn eu canol. Codais a mynd draw i gydymdeimlo. Edrychodd arnaf yn syn: 'Dyna ddywedon nhw wrthych?' Cinio ffarwél oedd hwn, yn wir, ond yr awdurdodau Prydeinig oedd yn anfon y ferch adref am fod ganddi gyfeillion Rwsiaidd. A hithau â mynediad i swyddfa'r Attaché Diwylliannol, roedd y risg y byddai'r KGB yn cael rhyw afael arni drwy'r cylch ffrindiau yn annerbyniol i'r gwasanaethau cudd Prydeinig. Plediodd hi mai er mwyn cwrdd â Rwsiaid ac ymarfer ei Rwseg y daeth i Fosco yn y lle cyntaf, ond yn ofer. Efallai mai'r gwasanaethau cudd Prydeinig oedd yn iawn, ond roeddwn yn ei chael yn drist bod gofyn i'r Attaché ddweud celwydd wrthyf yn rhinwedd ei swydd.

Teithiais innau yn ôl i Brydain dair gwaith yn ystod y flwyddyn. Y tro cyntaf, adeg y Nadolig, cafwyd bloedd a churo dwylo mawr wrth i olwynion awyren British European Airways adael tarmac yr Undeb Sofietaidd. Yr oedd dirprwyaeth o ddynion busnes Prydeinig am ddangos mor falch oeddynt i adael gwlad oedd yn gas ganddynt. Y funud honno, roeddwn i yn eu casáu nhwythau.

Pan ddaeth yn amser imi adael ar ddiwedd y flwyddyn academaidd, penderfynais ddilyn y rheolau i'r llythyren. Roeddwn wedi cael eicon hynafol yn anrheg. Gan ddibynnu ar ei oedran, gallai fod gwaharddiad llwyr ar ei allforio, neu o bosibl byddai gofyn imi dalu treth arno adeg ei allforio. Byddai'r dreth yn cyfateb i werth yr eicon. Prisiwyd yr eicon i mi gan Amgueddfa Pwscin ac roedd y gwerth yn cyfateb yn union i gyflog mis. Gan fod gwaharddiad ar allforio arian o Rwsia, roedd yr ateb yn glir – defnyddio fy nghyflog olaf i dalu'r dreth yn y maes awyr. Cyrhaeddais gyda'r eicon a thystysgrif yr Amgueddfa yn fy mag llaw, a'r arian yn fy waled i dalu'r dreth. Dynes oedd yn edrych ar fy mhapurau a'm bagiau. Edrychodd ar fy mhasbort ac yna ar ryw nodiadau oedd ar ei desg. 'Ewch trwodd yn syth,' meddai hi gan farcio fy magiau â sialc, 'a dewch yn ôl yn fuan i'r Undeb Sofietaidd.' 'Ond...' meddwn i, gan chwilio am fy waled a phwyntio at fy mag. 'Ewch chi 'mlaen,' meddai hi eto, 'mae angen mwy o bobl fel chi sydd yn dod yma i'n helpu!' Mi dorrais y rheolau ddwywaith y diwrnod hwnnw. A oedd y system yn dechrau fy mhrynu i?

Wedi imi dreulio blwyddyn ym Mosco, hawdd iawn ym Mhrydain oedd cael fy ystyried yn arbenigwr ar yr Undeb Sofietaidd, ond i ddweud y gwir yr oedd ystod fy ngwybodaeth yn gyfyngedig iawn. Dyfnder y profiad oedd yn aros yn y cof, a dyna oedd mor anodd ei gyfleu i fyd mwy cysurus a mwy arwynebol. Yn y diwedd mae cenedl fel teulu. Ychydig iawn y gellir ei ddeall o'r tu allan. Roedd cysylltiad rhwng yr aelodau hyd yn oed pan fyddent yn casáu ei gilydd. Ganwyd rhai o swyddogion y KGB yn yr un teuluoedd â'u carcharorion. Roedd tywysoges yr elyrch yn marw ar lwyfan y Bolshoi i'r euog a'r diniwed, a phan wrandewais ar Richter a'i ddwylo mawr ar led, wedi ei groeshoelio uwchben y piano, teimlais ei fod yn mynegi dioddefaint miloedd. Gwahanol oedd ei glywed yn chwarae'r un darn yn Llundain.

Mae'r cof yn troi rhai profiadau yn symbolau, a dyna ddigwyddodd yn achos y drydedd daith yn ôl o Rwsia. Roedd hi'n wyliau'r Pasg a minnau'n gadael y tro hwn ar long trwy Fôr Llychlyn. Cefais gaban isel, ar lefel y dŵr. Doedd y rhew heb ddiflannu'n llwyr o'r môr am rai milltiroedd o'r glannau, ac wrth imi fynd i'r gwely yr oedd talpiau mawr yn taro ac yn taranu ar gorff y llong. Cyn hir roeddwn yn cysgu'n braf yn sŵn y taro a'r gwrthdaro mawr. Tawelwch sydyn y môr agored a'm deffrodd ac a'm dychrynodd. Roeddwn wedi gadael Rwsia.

Rwsia o Bell

Llundain 1967–69

MAE FY ATGOFION AM y cyfnod hwn yn Llundain braidd yn debyg i ffilmiau'r Ealing Comedies. Ai rhywbeth yn natur fy ngwaith yn y gwasanaeth sifil Prydeinig oedd yn gyfrifol am hyn, neu ryw ysgafnder ysbryd ynof fi fy hun yn dilyn dwyster awyrgylch Mosco? Posibilrwydd arall oedd fy mod, yn ddiarwybod i fi fy hun, yn dechrau paratoi yn feddyliol ar gyfer gadael Llundain, a ddim yn cymryd y lle o ddifrif bellach.

O fewn ychydig fisoedd i mi ddychwelyd o Rwsia ddiwedd mis Mehefin 1967 fe ofynnwyd imi a fyddai diddordeb gennyf i geisio am olygyddiaeth Англиа (*Angliya*), cylchgrawn llywodraeth Prydain yn yr iaith Rwseg. Yr oeddwn yn gwybod am y cylchgrawn yn barod, ac wedi cwrdd â'r golygydd, Wright Miller, pan ddaeth i draddodi darlith ym Mosco.

Bu Wright Miller yn gweithio fel newyddiadurwr yn Rwsia adeg y rhyfel. Roedd yn siarad Rwseg, ac yr oedd ei lyfr *Russians as People* yn gyfraniad pwysig yn ei ddydd at ddealltwriaeth well, tu hwnt i sloganau'r rhyfel oer. Pan gytunodd llywodraeth yr Undeb Sofietaidd y byddent yn caniatáu dosbarthu cylchgrawn diwylliannol am Brydain mewn argraffiad o 50,000 o gopïau (100,000 yn nes ymlaen), Wright Miller oedd y dewis amlwg i fod yn olygydd. Yr oedd bellach wedi cyrraedd oed ymddeol ac wedi awgrymu fy enw fel olynydd posibl. Roedd hyn ynddo'i hun yn ysgogiad i mi geisio am y swydd. Roedd gen i barch at y gwaith yr oedd wedi'i gyflawni ac yn gweld fy hunan yn yr olyniaeth.

Cymysg yw ein cymhellion, fodd bynnag, ac yr oedd y swydd yn apelio am reswm arall hefyd. Cylchgrawn chwarterol oedd *Angliya*. Byddai'r swydd yn cynnig mwy o amser i mi fy hun nag y gwnâi newyddiaduraeth wythnosol ar y *Times Educational Supplement*. Amser i wneud beth? Byddwn wedi ateb 'amser i ysgrifennu' ac mae'n wir fy mod yn y cyfnod yn cyhoeddi ambell i lith fwy llenyddol, yn bennaf yn y *London Magazine*. Ond, o edrych yn ôl, efallai mai gwir ystyr 'cael amser' oedd cael amser i ddarganfod mwy am yr hunan. Gweld fy ffordd ymlaen, fel petai. Fe gynigiwyd y swydd i mi ac fe'i derbyniais.

Fy nghyflogwr newydd oedd y Central Office of Information oedd â'i swyddfeydd ryw filltir i'r de o San Steffan, dros Bont Westminster. Dros y ffordd i mi yn y prif adeilad yr oedd y bardd John Tripp yn gweithio. Roeddwn yn ei nabod o'r Guild of Welsh Writers, cymdeithas oedd yn cwrdd yn achlysurol yn nhafarn y Lamb and Flag yn Covent Garden. Roedd John, fel finnau, yn cyhoeddi pethau o bryd i'w gilydd yn y *London Welshman*, a oedd yn cael ei olygu gan fy hen gyfaill o gyfnod *Education*, Tudor David. Fyddech chi byth yn meddwl mai bardd oedd John. Cyn-swyddog yn y Gwarchodlu efallai? Dyna oedd ei osgo a'i fwstas golau yn ei awgrymu. Ei waith yn COI oedd paratoi datganiadau i'r wasg ar ran adrannau'r llywodraeth. Roedd y lle yn fagwrfa berffaith i eironi, a bardd o blith y mwyaf eironig oedd John.

Y Swyddfa Dramor oedd yn ariannu *Angliya*, ac yn gwneud hynny ar raddfa hael iawn. Roeddynt am i'r cylchgrawn fod yn ffenestr siop ar gyfer popeth oedd orau ym Mhrydain. O ganlyniad roedd ein cyllideb yn caniatáu comisiynu awduron a ffotograffwyr o fri. Heblaw am bethau munud olaf, yr oedd popeth yn cael ei gyfieithu ym Mosco, a'r deunydd yn mynd nôl a blaen drwy'r Swyddfa Dramor yn y bagiau sy'n cario'r ohebiaeth ddiplomatig.

Pan fyddwch yn symud i swydd newydd mae siawns y bydd eich rhagflaenydd wedi gadael llythyrau i chi eu hateb – fel arfer y rhai anodd. Roedd llythyr o'r Alban yn fy nisgwyl yn cwyno mai Lloegr ac nid Prydain oedd ystyr *Angliya*. Roedd hyn yn wir, ac rwy'n amau a oedd y llythyrwr wedi ei fodloni gan yr ateb mai *Angliya* yr oedd pawb yn ei ddweud yn Rwsia. Roeddem yn defnyddio'r term *Felicobritania* (Prydain Fawr) o fewn yr is-deitl mewn print mân, ond doedd hynny ddim yn tycio ychwaith. Roedd *Felici* yn swnio'n rhy fawreddog. *Bolshoi*, fel yn enw'r theatr, yw'r gair cyffredin am 'mawr o ran maint'. Problemau cyfieithu! Byddent yn codi yn feunyddiol wrth inni geisio trosi realiti Prydain i iaith oedd wedi datblygu o fewn system mor wahanol.

Roedd hefyd ambell lythyr o Rwsia ar y ddesg. Er bod copïau o *Angliya* yn diflannu o'r stondinau dros nos, prin oedd yr ymateb gan unigolion. Roeddem yn anelu'r cylchgrawn at gynulleidfa gymharol soffistigedig, a fyddai neb soffistigedig yn meddwl ysgrifennu at gylchgrawn yn y Gorllewin. Paham tynnu sylw at eich hunan? Dim ond pobl ddiniwed iawn oedd yn anfon llythyrau atom, ac fel arfer i ofyn cwestiynau diniwed. Wrth ateb yr oeddwn yn gwybod mai'r sensor fyddai'r cyntaf, ac efallai'r unig un, i ddarllen fy llythyr:

Annwyl Iwri,

Pleser o'r mwyaf oedd clywed bod gennym ddarllenydd yn Saratof, dinas y clywais lawer amdani pan oeddwn yn byw yn yr Undeb Sofietaidd [a dim ond clywed, fel mae'n digwydd, gan i Saratof fod yn gwbl gaeëdig i dramorwyr]. I ateb eich cwestiwn am dwrcwns: ydy, mae bwyta twrci i ginio yn beth eithaf cyffredin adeg y Nadolig ym Mhrydain, er bod yn well gan rai gael gŵydd. Byddwch yn falch o glywed y bydd erthygl gyfan yn trafod arferion y Nadolig yn ein rhifyn nesaf...

Oherwydd y sensoriaeth doeddwn i ddim yn ysgrifennu at fy nghyfeillion yn Rwsia nac yn disgwyl clywed ganddynt. Ond roeddwn yn gwybod eu bod yn darllen *Angliya* ac yn cynnwys ambell eitem i'w difyrru. Daeth cyfle annisgwyl pan gafodd Alan, ein dylunydd, un o'i syniadau mwyaf creadigol a mwyaf annoeth. Ar gyfer un rhifyn roedd gennym erthygl am fyd ffasiwn merched – roedd hi'n gyfnod Mary Quant – ac erthygl arall am fridio cŵn a sioe Crufts. Ei syniad oedd dod â modelau proffesiynol – yn ferched ac yn gŵn – i stiwdio COI a thynnu lluniau ohonynt gyda'i gilydd. Fwy na hynny, yr oedd ambell lun i fod yn olygfa mewn stesion, gyda mwg ffug yn chwyrlïo o gwmpas ein traed. Rhwng perchnogion y cŵn yn ysgyrnygu ar ei gilydd, y cŵn yn clymu eu hunain o gwmpas coesau hirfain y modelau, a'r dylunydd yn cael sterics, roedd yn ddiwrnod i'w anghofio, ond roedd y lluniau'n hyfryd, ac yn dangos dyn mewn dillad porthor yng nghanol y merched a'r cŵn. Byddai fy ffrindiau ym Mosco yn dotio arnaf.

Yr oedd cynnwys *Angliya* yn fwy amrywiol nag y byddech yn ei weld mewn unrhyw gylchgrawn Saesneg neu Gymraeg. Roedd gen i syniad yn barod o'r pynciau llenyddol a chelfyddydol fyddai'n apelio at ein darllenwyr, ond roedd angen penderfynu sut i ddewis deunydd perthnasol yn y meysydd gwyddonol, technolegol ac ymarferol. Byddwn yn darllen y wasg Sofietaidd bob dydd. Os oedd erthygl yn *Izvestia* yn beirniadu diffygion yn rhyw ran o'r economi Sofietaidd, roedd siawns y byddai diddordeb gan rai i ddarllen am drefniadau Prydain yn yr un maes. Gallai ddigwydd, felly, fy mod yn comisiynu erthygl ar y system o ddosbarthu pysgod i'r siopau ym Mhrydain, a bod hon wedyn yn ymddangos drws nesaf i gyfweliad gydag Iris Murdoch neu stori gan Graham Greene.

Dyna'r math o awduron yr oedd diddordeb mawr ynddynt yn Rwsia ar y pryd. Roeddynt yn dderbyniol gan yr awdurdodau Sofietaidd oherwydd iddynt gefnogi achosion adain chwith yn y gorffennol, ond, ar yr un pryd, yr oedd cynnwys athronyddol a chrefyddol eu nofelau yn diwallu syched am bethau oedd yn brin mewn llenyddiaeth Sofietaidd. Roedd *Angliya* yn osgoi'r ychydig awduron pro-Sofietaidd Prydeinig oedd yn cael sylw parhaol yn y wasg yn Rwsia, a hefyd yr awduron hynny oedd ag enw am fod yn wrth-Sofietaidd. Doedden ni ddim am bryfocio'r awdurdodau yn Rwsia.

Yr oedd problem wirioneddol yn codi pan oedd awdur yn newid ei gategori. Dyna ddigwyddodd yn achos y nofelydd John Wain oedd yn cael ei ddyrchafu fel *angry young man* yn yr Undeb Sofietaidd nes iddo fynd ar daith yno ac ysgrifennu llith feirniadol yn yr *Observer*. Yr oedd fy nghydweithwraig gynt, yr Athro Ifasiofa, wedi ei gyfweld a'i ganmol. Nawr yr oedd rhaid iddi frysio nôl i Brydain a threfnu ail gyfweliad er mwyn cael y cyfle i ladd arno.

Yn ei chyfweliad cyntaf, roedd tŷ John Wain yn ddel ac yn daclus, y croeso yn gynnes, yr haul yn tywynnu a'r Mrs Wain gyntaf yn edrych yn drwsiadus wrth dywallt y te. Yr ail dro yr oedd ei (ail) wraig slebogaidd (Cymraes fel mae'n digwydd) wedi agor y drws mewn hen slipars, doedd dim siâp ar y tŷ, roedd y tywydd wedi troi ac yr oedd John Wain newydd godi o'i wely. Pan ddaeth tro Iris Murdoch i gael ei chyfweld, roeddwn wedi ei rhybuddio am Ifasiofa. Cyrhaeddodd y gyfrol o gyfweliadau ymhen amser, ac roedd yn amlwg ar bob tudalen bod Iris wedi cael hwyl ar draul yr Athro druan, a honno heb sylweddoli.

Roedd gwaith *Angliya* yn golygu cysylltu'n gyson â Gwasanaeth Rwseg y BBC yn Bush House. Un diwrnod ffoniodd eu prif sylwebydd, Anatol Goldberg, i ofyn a oedd unrhyw waith cyfieithu y gallwn ei gynnig i rywun oedd newydd adael yr Undeb Sofietaidd a chyrraedd Llundain heb geiniog yn ei boced. Dyna sut y cwrddais â Nawm Guriefits oedd yn ysgrifennu dan yr enw Odnoposof. Dros y tri mis nesaf bu nifer o droeon dramatig yn ei hanes, a minnau'n cael fy nhynnu i'w canol. Roedd y profiad yn swreal ar adegau ac yn codi'r llen ar fyd y ffoaduriaid Sofietaidd yn Llundain, ac ar agweddau'r wasg a'r awdurdodau tuag atynt.

Gyda'i gorun moel, ei farf bychan, a'i fonologau obsesiynol, yr oedd popeth am Odnoposof heblaw am ei sbectol blastig ddu yn eich atgoffa o gymeriad mewn nofel Rwseg o'r bedwaredd ganrif ar bymtheg. Fel yr oedd yn adrodd ei hanes, yr oedd yn Iddew ac yn Rwsiad ac wedi ei fagu yn Riga, prifddinas Gweriniaeth Sofietaidd Latfia. Tynnodd amlen yn llawn cerddi o'i gês ac awgrymu y gallem eu cyfieithu gyda'n gilydd ar gyfer y *New York Times*. Roedd yn sicr y byddai'r papur hwnnw yn eu cyhoeddi gan eu bod wedi condemnio yn yr Undeb Sofietaidd – roedd ganddo doriadau papur newydd i brofi hynny. Yn olaf, dyma fe'n dangos ei basbort Sofietaidd imi, gyda'r geiriau 'Неизлечимый шизофреник' ('scitsoffrenig nad oes modd ei wella') wedi eu stampio ynddo. Tybed? Roedd yn hysbys bod yr awdurdodau Sofietaidd yn diffinio rhai o'u gwrthwynebwyr fel hyn er mwyn eu carcharu mewn ysbytai meddwl. Yn lle hynny, fodd bynnag, cafodd adael y wlad. Ar yr olwg gyntaf yr oedd hyn yn annhebygol, ond wedyn cofiais fod yr Undeb Sofietaidd ar y pryd yn caniatáu i lawer o Iddewon symud i Israel.

Fe wnaeth Odnoposof waith cyfieithu achlysurol i *Angliya*, ac mi brynais ginio iddo o bryd i'w gilydd. Braidd yn niwlog oedd ei ddamcaniaethu, ond eto'n ddiddorol, gan ei fod yn beirniadu'r Undeb Sofietaidd o safbwynt yr hyn yr oedd yn ei alw'n Farcsiaeth libertaraidd. Gallai hefyd wneud sylwadau treiddgar iawn am ei brofiadau yn Llundain. Ac roedd ochr fwy dynol yn brigo wrth iddo sôn am ei ddymuniad i ddod â'i fam draw i'r Gorllewin. Yr oedd siarad amdani bob amser yn peri iddo wenu'n braf. Roedd rhywbeth annwyl a diniwed yn hynny, er nad dyna'r ansoddeiriau cyntaf a ddeuai i'r meddwl pan fyddai'n ffonio am unarddeg y nos i ofyn imi ddod i orsaf Charing Cross i weld y gerdd ysbrydoledig yr oedd newydd ei chyfansoddi.

Daeth i gwrdd â beirdd y Guild of Welsh Writers un noson. Darllenodd gerdd hir iawn, ac mi ddarllenais i gyfieithiad hir i ddilyn. Achosodd y sylwebaeth ddwyieithog ar y gerdd i fwy nag un godi a mynd i gael peint arall. Pan oedd y rhan ffurfiol o'r noson drosodd ac amser cau yn agosáu, gwelais John Tripp yng nghornel yr ystafell, ei lygaid yn fflachio, ei fwstas yn crynu, a'i fys yn pwnio Odnoposof yn ei frest: 'You're a poseur, man, a poseur.' Yn ffodus, doedd Odnoposof yn deall dim, ond wedi'r noson honno cyfeiriodd fwy nag unwaith at angerdd y Cymry wrth drafod barddoniaeth. Roedd yn cymeradwyo hynny.

Yna, yng nghanol Ionawr 1968, cafodd wahoddiad i siarad â chymdeithas myfyrwyr ym Mhrifysgol Glasgow. Yr wythnos honno yr oedd pedwar llenor ifanc yn Rwsia wedi eu dedfrydu i gyfnodau hir o garchar, ac fe aeth gohebydd un o bapurau Glasgow i wrando ar Odnoposof. Y bore trannoeth roedd stori yn y papur lleol ac erbyn y prynhawn yr oedd cynrychiolwyr pedwar o bapurau Llundain yn ymladd i gael ei lofnod ar gytundeb. Dyn y *Sunday Times* enillodd, ac fe deithiodd yn ôl i Lundain gydag Odnoposof er mwyn sicrhau na fyddai neb arall yn cael siarad ag ef. Pan argraffwyd tudalen gyfan am Odnoposof y dydd Sul canlynol, yr oedd pob math o fanylion wedi eu newid i fod yn fwy dramatig. Wedi dianc i'r Gorllewin oedd Nawm, yr unig lenor tanddaearol i lwyddo gwneud hynny erioed! Dim sôn am y sgitsoffrenia, wrth gwrs.

Bu'n enwog am bythefnos ac yn gyfoethog am ddeufis. Ymddangosodd ar y teledu ac fe gafodd bob math o wahoddiadau i siarad. Ffoniodd i ddweud ei fod bellach wedi cael cynnig ystafell barhaol mewn tŷ yn perthyn i un o'i gydwladwyr – dim mwy o gysgu ar soffas gwahanol bobl. Roedd wrth ei fodd, ond camgymeriad oedd symud i'r ystafell newydd. Roedd ei gydwladwr yn ffoadur o gyfnod cynharach, rhywun oedd yn ysgrifennu'n gyson am yr Undeb Sofietaidd yn y wasg Saesneg. Pan fyddwn yn ffonio, perchennog y fflat fyddai'n ateb a byddai'n holi paham yr oeddwn am siarad ag Odnoposof. Petaswn i am gomisiynu gwaith, meddai, byddai ef ei hun o bosibl yn fwy cymwys, neu byddai modd i'r ddau ohonynt gydweithio. Roedd Nawm yn agos at fod yn garcharor yn nhŷ ei 'gyfaill'.

Nifer cyfyngedig o ddihangwyr o'r Undeb Sofietaidd oedd yn llwyddo i ennill bywoliaeth ym Mhrydain fel arbenigwyr ar y wlad honno, gan ysgrifennu a darlithio ar y pwnc. Eu cyfalaf deallusol oedd eu gwybodaeth ddiweddar am y wlad a'u cysylltiadau honedig. Wrth i amser fynd heibio, roedd eu gwybodaeth yn dyddio, a'u cyfalaf deallusol felly yn edwino. Yn waeth byth, roedd y gystadleuaeth yn cynyddu wrth i ddihangwyr newydd gyrraedd o'r Undeb Sofietaidd. Byddai'r hen lawiau naill ai'n ceisio creu partneriaethau gyda'r newydd-ddyfodiaid a rhannu'r elw, neu yn eu pardduo tu ôl i'w cefnau. Wn i ddim ai rhywbeth o'r fath wnaeth esgor ar y datblygiad nesaf.

Galwad ffôn, ac yna ymweliad gan Swyddog Diogelwch COI... Roeddwn yn gwybod o'r ffordd y caeodd y drws yn ofalus ar ei ôl ei fod ar neges bwysig. Roedd pobl yn uwch i fyny mewn man arall, meddai, wedi gofyn a fyddwn yn fodlon trafod Odnoposof. Doedd dim gorfodaeth, wrth gwrs, ond mi fyddai'n ddefnyddiol iawn, gan fy mod yn ei nabod yn well na neb. Atebais y byddwn yn ddigon bodlon adrodd yr hyn yr oeddwn yn ei wybod amdano ar yr amod fy mod yn cael sôn am hyn wrtho'n gyntaf. Yr oedd rhaid ymgynghori am yr amod, ond yn y diwedd fe'i derbyniwyd, ac fe drefnwyd i mi fynd draw i adeilad yn Whitehall.

Fel mewn ffilm am ysbïwyr, roedd yr ystafell yn y seler. Wrth i'r porthor agor y drws, fe gododd dyn tal â mwstas i 'nghyfarch: 'What'll you have to drink, old chap?' Wedi inni sgwrsio am rhyw ugain munud, roedd dau beth yn glir. Yn gyntaf, roedd Odnoposof yn ddirgelwch llwyr iddynt, ac oherwydd hynny roeddynt yn amau y gallai fod yn asiant i'r KGB. Yn ail, doedd y dyn gyferbyn â mi ddim yn medru Rwseg ac nid oedd ganddo ychwaith lawer o wybodaeth gefndir am lenorion yn yr Undeb Sofietaidd. Roedd yn disgwyl atebion clir gen i, fel arbenigwr, a doedd gen i ddim digon o dystiolaeth i roi atebion clir. 'What we really need to know is this,' meddai o'r diwedd. 'Is the man bonkers?' Duw a'm helpo, bu'n rhaid imi ateb: 'It depends what you mean by bonkers.'

Wythnos yn ddiweddarach fe alwodd yr un dyn gyda fy hen gyfaill Robin Milner-Gulland ym Mhrifysgol Sussex. Roedd yn cario teipysgrif o gerddi Odnoposof ac am gael barn arbenigwr ynghylch a oeddynt yn farddoniaeth go iawn. Yn fwy na hynny, yr oedd am gael ateb cyn trên hanner awr wedi saith. Nid mater hawdd, meddai'r academydd craff, oedd cloriannu barddoniaeth gyfoes, gan awgrymu bod angen o leiaf wythnos i lunio barn ar fater mor ddyrys.

Yn y cyfamser cafodd Odnoposof wahoddiad i ymddangos mewn rhaglen drafod ar deledu Awstria. Dros y ffin yn Tsiecoslofacia yr oedd Gwanwyn Prâg yn cychwyn wedi i Dwbsiec ddod yn arweinydd y Blaid Gomiwnyddol. Roedd Odnoposof yn gwybod bod hanner Tsiecoslofacia yn gwylio teledu Awstria. Perswadiodd gyfaill yng ngwasanaeth Tsiec y BBC i gyfieithu neges fer i'r Tsieceg iddo, a'i hyfforddi sut i'w hynganu. Ar hanner y rhaglen Almaeneg, fe droes at y camera ac anelu geiriau digon ymfflamychol at y gynulleidfa dros y ffin.

Rhaid oedd edmygu dyfeisgarwch y dyn, ond nid dyna sut oedd yr awdurdodau Prydeinig yn gweld pethau. Roedd Odnoposof yn embaras iddynt ar adeg pan oedd disgwyl llofnodi cytundeb masnachol pwysig rhwng Prydain a'r Undeb Sofietaidd. Pan gyrhaeddodd Odnoposof yn ôl yn Heathrow, gwrthodwyd mynediad iddo, a bu'n rhaid i mi anfon yr ychydig eiddo oedd ganddo draw i Ffrainc, lle cafodd loches barhaol. Cafodd waith hefyd, a llwyddo i ddod â'i fam draw i fyw ato. Ryw flwyddyn yn ddiweddarach ymwelais â'r ddau yn eu fflat bychan ym Mharis. Hen wraig fochgoch, gron oedd ei fam, yn union fel y dylai Babwsca fod. Bu'n pobi cacen almwn ar gyfer yr achlysur, a phan nad oedd y ddau yn gwenu arnaf fi roeddynt yn gwenu'n braf ar ei gilydd.

Ar noson 20 Awst 1968 croesodd 500,000 o filwyr yr Undeb Sofietaidd a'i chynghreiriaid ffiniau Tsiecoslofacia. Roedd Gwanwyn Prâg ar ben ac fe oerodd y tymheredd rhyngwladol. Roedd yn effeithio ar fywydau pobl ym Mosco hefyd. Wrth i'r gyfundrefn fynd yn fwy drwgdybus o bopeth anuniongred, roedd Andrei Folconsci yn cael llai a llai o waith, er nad oeddwn yn gwybod hynny ar y pryd. Roedd pethau'n wahanol hefyd i dramorwyr ym Mosco. Prin y cafodd fy olynydd ym Mhrifysgol Mosco yr un gwahoddiad i dŷ preifat yn ystod 1968–69. Gwyddai pobl o hen brofiad mai gwell oedd cadw draw o gwmni tramorwyr mewn cyfnod o'r fath.

Yn naturiol yr oedd *Angliya* yn osgoi unrhyw drafodaeth wleidyddol. Roedd hynny'n rhan o'r cytundeb gwreiddiol. Nod tymor hir oedd gennym, beth bynnag, sef gwella'r ddealltwriaeth o Brydain ymhlith ein darllenwyr. Efallai fod hynny'n bwysicach nag erioed pan oedd cymaint o bropaganda gwrth-Orllewinol yn y wasg Sofietaidd. Ar lefel polisi roeddwn yn llwyr gytuno â'r Swyddfa Dramor, ond ar lefel gweithredu'r polisi roeddwn yn mynd yn fwyfwy rhwystredig gyda'i hymyrraeth.

Roedd gwasanaeth Rwseg y BBC ac *Angliya* yn cael eu

hariannu gan y Swyddfa Dramor a'r syniad oedd mai perthynas hyd braich fyddai yn y naill achos a'r llall. Y golygyddion fyddai'n gwneud y penderfyniadau. Dyna oedd yr egwyddor. Yn ymarferol yr oedd pethau braidd yn wahanol. Doedd annibyniaeth gwasanaethau tramor y BBC ddim yn annibyniaeth berffaith, ond eto roedd traddodiad newyddiadurol cryf yn bodoli yn y BBC. Roeddwn yn deall yn iawn sut oedd system Bush House yn gweithio. Bu tad fy ngwraig Sara yn bennaeth Gwasanaeth Almaenig y BBC rhwng 1946 a'i farwolaeth yn 1963, a bûm innau yn darlledu yn gyson o Bush House yn Sbaeneg ac o bryd i'w gilydd yn Rwseg. Anifail gwahanol iawn oedd COI, sef adran o'r llywodraeth oedd yn arfer darparu gwasanaethau ar gyfer adrannau eraill.

Ond y gwahaniaeth pwysicaf rhwng *Angliya* a'r BBC, efallai, oedd bod radio'n symud yn gyflym, ac os oedd y Swyddfa Dramor yn anfodlon ar rywbeth, byddai'r gŵyn yn dilyn y darllediad ac yn gŵyn ffurfiol. Yn achos cylchgrawn chwarterol fel *Angliya*, roedd digon o gyfle gan weision sifil yn y Swyddfa Dramor yn Llundain i ddarllen yr erthyglau wrth iddynt fynd i'w cyfieithu, ac i awgrymu newidiadau cyn y dyddiad cyhoeddi. Gwneud hyn yn anffurfiol ar y ffôn oeddynt fel arfer, ac er bod y gair olaf gen i, yr oedd y pwysau yn ddigamsyniol ac yn gynyddol.

Rwy'n cofio'r ddwy alwad ffôn grisialodd fy meddwl yn y diwedd. Daeth y naill a'r llall yr un wythnos, a llun a achosodd y broblem gyntaf. Roedd ffotograffydd adnabyddus wedi bod yn crwydro Prydain yn tynnu lluniau merched wrth eu gwaith, yn y cartref, ac yn eu horiau hamdden. O blith y lluniau a ddewisais i yr oedd un yn dangos tair o wragedd ifainc hwyliog yn yr East End. Roedd un ohonynt yn gwthio pram enfawr â *tray* oddi tano, a hwnnw'n llawn tuniau a phacedi bwyd o bob math. Roedd yn llun digon cynrychioliadol ac yn bropaganda yr un pryd. Fyddai neb ym Mosco yn gallu prynu pram tebyg na llenwi basged siopa gyda'r fath gyfoeth o fwydydd. Roeddynt yn ferched del hefyd, a thebyg eu bod yn meddwl mynd allan y noson honno, gan fod eu gwalltiau mewn cyrlyrs a sgarffiau drostynt. Roedd yr alwad gyntaf o'r Swyddfa Dramor yn gresynu fy mod yn ystyried dangos unrhyw ferch o Brydain mewn cyrlyrs.

Roedd yr alwad arall yn codi mater mwy difrifol. Roeddwn wedi comisiynu erthygl yn disgrifio'r gyfundrefn dreth incwm ym Mhrydain, ynghyd â'r cyfraddau. Gohebydd cyllid y *Spectator* oedd yr awdur, ac wedi iddo ddelio â'r dreth a godir ar gyflogau, aeth ati yn ail ran yr erthygl i drin incwm nas enillir drwy weithio, h.y. rhent, llog a difidend – *unearned income*. Pwrpas yr ail alwad, gan was sifil arall yn y Swyddfa Dramor, oedd erfyn arnaf i dorri'r erthygl yn ei hanner. Doedd dim angen tynnu sylw at yr ail fath o incwm.

Roedd ei awgrym yn codi cwestiynau o egwyddor, yn naturiol, ond hefyd yn dangos anwybodaeth affwysol o'r cyddestun Sofietaidd. Yn gyntaf, nid oedd modd celu'r ffaith fod y math hwn o incwm yn bodoli. Byddai peidio â sôn amdano yn gamgymeriad mawr. Cartŵn o gyfalafwr tew yn gafael mewn sach yn dwyn y gair 'LLOG' ac yn sathru ar y gweithwyr oedd y ffordd arferol o ddychanu cyfalafiaeth. Roedd amrywiadau ar y thema i'w gweld bob pythefnos yn y cylchgrawn dychanol *Krokodil*. Yn ail, byddai Rwsiaid yn synnu mor uchel oedd lefel y dreth ar log a godwyd ym Mhrydain ar y pryd. Byddai'r darlun cyfan o'r system dreth ym Mhrydain yn cymharu'n ddigon ffafriol gyda'r sefyllfa yn yr Undeb Sofietaidd. Yno roedd digon o uchel-swyddogion nad oeddynt yn talu treth o unrhyw fath, a nifer bychan, gan gynnwys artistiaid enwog, oedd â chyfrif diwaelod – yn lle cyflog, byddent yn cael tynnu'r hyn oedd ei angen o'r banc. Doedd yr un o'r bobl a ffoniodd wedi bod yn yr Undeb Sofietaidd yn y degawd diwethaf.

Rhoddais ddarn o bapur glân yn y teipiadur a sgrifennu llythyr ymddiswyddo. Fel yr oedd pethau, doeddwn i ddim yn teimlo bod y swydd yn cyfateb i'm syniad i o waith golygydd. Gofynnwyd imi ailfeddwl, ac yn nes ymlaen gofynnwyd imi ddisgrifio'r strwythur fyddai orau ar gyfer fy olynydd. Roedd pawb yn rhesymol iawn. Gallwn yn hawdd fod wedi ennill y dydd a bod yn olygydd ar fy nhelerau i fy hun. Heddiw, wrth edrych dros y llythyrau, rwy'n gweld nad oedd gennyf awydd bellach i ennill y dydd a diwygio'r drefn. Doeddwn i ddim yn uniaethu digon â'r sefydliad yr oeddwn yn gweithio iddo. Doeddwn i ddim yn chwilio am swydd arall ychwaith. Roeddwn am wneud y peth annelwig hwnnw, ysgrifennu. Holodd Gwasanaeth Sbaeneg y BBC i ba gyfeiriad yr oeddwn yn meddwl mynd nesaf. Aeth golygydd y *TES* a'i ddirprwy â fi allan i ginio yn y National Liberal Club ac awgrymu bod newidiadau mawr ar y gweill ym mhapurau'r *Times*, ac na fyddai arian yn broblem petaswn yn ystyried dychwelyd. Bu papurau'r *Times* (ymhell cyn dyddiau Murdoch, wrth gwrs) yn gyflogwyr da i mi, ac yn garedig dros ben yn fy rhyddhau i fynd i Rwsia. Roeddwn yn teimlo'n euog yn cadw at fy mhenderfyniad, ond roedd hi'n haws gwneud a ninnau'n eistedd yng nghanol lledr llychlyd a chrandrwydd Fictoraidd y National Liberal Club. Ai dringo i'r fan hyn fyddai ystyr llwyddiant? Mae ymadrodd yn un o gerddi Philip Larkin, 'fulfilment's desolate attic' – dyna'r math o deimlad roeddwn i'n ei gael wrth ddychmygu'r dyfodol yn Llundain. Roeddwn yn ymateb yn erbyn awyrgylch a rhagdybiaethau dosbarth yr hen sefydliad Prydeinig – *ancien régime* ddigon aneffeithiol, chwerthinllyd hyd yn oed ar adegau. Ddegawd yn ddiweddarach, wedi i gyfrifwyr di-hid Thatcheriaeth ddinistrio'r hen sefydliadau, roedd rhinweddau dynol yr hen drefn yn fwy amlwg.

Roedd gadael Llundain yn golygu mynd i Gymru. Roedd hynny'n ddealladwy o'r cychwyn wrth inni drafod o fewn y teulu. Mae meddyliau llawer o Gymry Cymraeg aeth dros y ffin yn troi at y posibilrwydd o ddychwelyd pan fydd plant ifainc ganddynt a'r cwestiwn yn codi: beth yn union y maent am ei drosglwyddo iddynt? Gwn am nifer o Gymry a gymerodd yr un naid â minnau, rhai â mwy o gyfrifoldebau teuluol ganddynt, eraill â llai o bosibiladau creu incwm nag oedd gen i, ac mewn cyfnodau mwy anodd. Yn 1969 roedd 'dropping out' yn beth digon cyffredin.

Dychwelyd

Llwynpiod ac Aberystwyth 1969–79

NID PENTREF OND ARDAL wledig yw Llwynpiod, rhwng Llangeitho a Thregaron yng Ngheredigion. Bydd cof da amdani a'i phobl gennyf tra byddaf fyw. Y flwyddyn 1969 oedd hi, diwedd mis Mawrth, pan gyrhaeddodd ein teulu ni o Lundain. Y noson gyntaf roedd gwynt cryf yn chwythu o'r de-orllewin dros y bryn y tu ôl i Gapel Llwynpiod a fferm Gaerlwyd, ac yn syth at ffenestri Tŷ Nant. Aethom i gysgu fel petasem ar long yn nannedd y gwynt ac eto yr oedd gen i ryw deimlad diogel. Drannoeth, a ninnau'n eistedd yng nghanol y llanastr bocsys i gael saib, dyma ddyn tyner iawn yr olwg yn sefyll wrth y drws. Hwn oedd y Parch. Tom Roberts, gweinidog Llwynpiod, wedi dod i'n croesawu i'r ardal.

Roeddwn yn awr yn byw mewn cymdeithas Gymraeg wledig am y tro cyntaf ers imi fod yn blentyn ysgol ym Machynlleth, ac yn profi peth o addfwynder a chynhesrwydd y gymdeithas honno. Roedd hi'n gymdeithas unedig iawn, a gweithgareddau lluosog yr ardal yn troi o gwmpas y capel a'i festri. Yr oedd nifer o bobl o gefndir eglwysig yn mynychu'r capel, ac i dalu'n ôl, fel petai, roeddem i gyd yn mynd i hen eglwys Llanbadarn Odwyn unwaith y flwyddyn i gadw'r lle hwnnw ar agor.

Mae digon o bobl yng Nghymru sydd wedi profi dylanwad y capel fel rhywbeth gormesol, ond fy mhrofiad i o Lwynpiod yn y cyfnod hwnnw oedd o gymdeithas oddefgar iawn. Er na fedrwn gydsynio â llawer o'r hyn y byddai pregethwyr yn ei ddweud o'r pulpud, roedd y gymdeithas ei hun yn un agored. Os oedd ambell un nad oedd byth yn mynychu'r oedfaon, nid oedd hyn yn rhwystr iddynt hwy, nag i'w plant, gymryd rhan yng ngweithgareddau eraill y capel. I ddweud y gwir roedd yn anodd gwybod lle yr oedd tynnu'r ffin rhwng gweithgareddau'r capel a gweithgareddau eraill, gan fod popeth yn digwydd yn y capel neu'r festri: paratoi at y cwis llyfrau a drefnwyd yn y dyddiau hynny gan Lyfrgell Ceredigion, cyfarfodydd Merched y Wawr, Cyngor Cymuned Llanbadarn Odwyn (nes iddo gael ei ddiddymu), cyrddau cystadleuol a gweithgareddau i'r plant. Yn fuan iawn gofynnwyd i mi gynnig dosbarth nos. Patrwm byw gwahanol iawn oedd hwn i Lundain lle yr oedd ffrindiau yn wasgaredig ac fel arfer yn perthyn i'r un byd proffesiynol.

Marie James, postfeistres Llangeitho (ond blaenores yn Llwynpiod), oedd y deinamo oedd yn gyrru'r gweithgareddau lluosog, a bysys Dai James ei gŵr oedd yn gyrru plant i'r ysgol a phob math o gymdeithasau lleol ar wibdaith. Roedd Dai yn ddyn tawel, ac aeth blynyddoedd heibio cyn iddo sôn wrthyf yn ystod taith car i Gaerdydd am ei brofiad yn gweld y dinistr yn Hamburg ar ddiwedd yr Ail Ryfel Byd.

Pan sefydlwyd sir Dyfed yn 1974, penderfynodd Marie sefyll ar gyfer y Cyngor newydd a chytunais i fod yn asiant iddi. Doedd pethau ddim yn argoeli'n dda gan iddi fynnu sefyll yn enw Plaid Cymru. Yr oedd pawb yn mynd i nosweithiau llawen y Blaid ac yn ddigon bodlon cyfrannu i goffrau mudiad oedd yn cael ei weld fel un diwylliannol. Ond pan ddeuai'n fater o bleidleisio, traddodiad Rhyddfrydol cryf oedd i'r ardaloedd o gwmpas Tregaron. 'Petai'n sefyll yn annibynnol, byddai'n mynd i mewn yfory,' oedd neges pawb, ond mi aeth i mewn serch hynny, ac yn gwisgo bathodyn Plaid Cymru. Doeddwn i ddim yn synnu. Roedd bod yn asiant iddi'n golygu canfasio gyda'n gilydd dros ardal eang iawn ac yr oedd hynny'n agoriad llygad imi. Dyma ddynes oedd wedi bod yn ddiflino o gymwynasgar dros gyfnod o flynyddoedd. Yr oedd wedi ymweld â phobl yn yr ysbyty ac mewn galar; wedi arwain mewn capel ac eisteddfod, ac wedi difyrru cynulleidfaoedd ar y radio ac mewn neuaddau pentref. Dyma'r unig dro i mi fod yn weithgar ym maes gwleidyddiaeth ffurfiol. Mae gwleidyddiaeth y grŵp pwyso yn fy siwtio'n well. Cewch ymgyrchu dros rywbeth penodol a dweud eich barn yn glir heb gyfaddawdu na theimlo'r angen i blesio pawb.

Prin oedd Cymraeg ein plant pan gyrhaeddom ni Lwynpiod gyntaf. Ganwyd y ddau yn Salamanca a'u magu yn Llundain. Yr oedd Casi yn awr yn bump oed ac yn mynychu Ysgol Gynradd Llangeitho, oedd â nifer o blant di-Gymraeg. Ond rhwng yr ysgol a'r capel a'r gymdogaeth fe ddaeth yn rhugl yn y Gymraeg yn fuan iawn, ac rwy'n ei chofio yn gofyn, ar ôl ennill rhyw gystadleuaeth i ddysgwyr, pryd y byddai'n cael peidio bod yn ddysgwraig. Yr oedd Dani yn saith oed ac yn cael mwy o anhawster codi'r Gymraeg ar y cychwyn. Cawsom ganiatâd i'w anfon am gyfnod i Ysgol Penuwch lle yr oedd y plant ar y pryd i gyd o gefndir Cymraeg. Roedd yn mynd nôl a 'mlaen bob dydd gyda'r prifathro, Vaughan Evans, oedd yn byw yn Llwynpiod, ac ar ddiwedd y cyfnod nid oedd Dani am fynd i'r un ysgol arall – ac yn Ysgol Penuwch yr arhosodd.

Roeddem wedi edrych am dŷ hanner ffordd rhwng Aberystwyth a Llambed rhag ofn y byddai cyfle gan fy ngwraig Sara i gael gwaith yn un o'r prifysgolion tra byddwn i yn ceisio byw wrth ysgrifennu. Roeddwn wedi sicrhau colofn deledu wythnosol yn ffon fara, roeddwn yn sgrifennu'n gyson am addysg yng Nghymru, ac yr oedd digon o gysylltiadau eraill gen i yn y wasg Lundeinig i gael llyfrau i adolygu ac ambell gomisiwn mwy sylweddol. Hyfrydwch ar ddiwedd diwrnod yn ysgrifennu oedd cerdded hanner milltir at ein cymdogion Ianto a Lisa Gaerlwyd a chael sgwrs wrth gasglu llond piser o laeth. Dyma'r tro cyntaf hefyd imi gael amser i fynd ati o ddifrif i ddarllen llenyddiaeth Gymraeg – llenyddiaeth yr ugeinfed ganrif yn bennaf.

Roedd hefyd yn fwriad gen i ysgrifennu nofel yn Saesneg, a phan enillais ysgoloriaeth Cyngor Celfyddydau Cymru roeddwn ar ben fy nigon. Roedd Iris Murdoch wedi rhoi geirda imi, ac mae'n rhaid bod hynny wedi bod o gymorth. Ond nid nofel oedd y llyfr a gafwyd ond yn hytrach *The Welsh Extremist – a Culture in Crisis*, a gyhoeddwyd yn 1971. Nid dyma'r llyfr cyntaf na'r olaf i mi ei gyhoeddi, ond dyma'r un a gafodd yr ymateb mwyaf o bell ffordd, sydd yn gwneud i mi feddwl amdano fel digwyddiad cymdeithasol yn hytrach na chynnyrch personol.

Blwyddyn yr Arwisgo oedd 1969, blwyddyn o ymgyrchu a phrotest gan Gymdeithas yr Iaith, blwyddyn o ganeuon Dafydd Iwan, a blwyddyn achos yr FWA, y bûm yn bresennol ynddo fel aelod o'r wasg. Yr oedd hofrenyddion yr heddlu yn dilyn gorymdaith Cilmeri y flwyddyn honno, a'r noson cyn yr Arwisgo lladdwyd dau o aelodau Mudiad Amddiffyn Cymru wrth iddynt osod ffrwydron ar y rheilffordd ger Abergele. Cyn diwedd y flwyddyn arestiwyd arweinydd y mudiad, John Barnard Jenkins.

Rwy'n cofio'r union adeg y sylweddolais, yn fy meddwl a'm corff, mai yma yng Nghymru, gyda'i holl broblemau a'r holl bwysau oedd arnom, yr oedd yn rhaid imi fod. Wrth dderbyn hyn daeth rhyw foddhad a chadarnhad o bwy oeddwn. Sylweddolais hyn wrth sefyll ar ben ysgol yn gwyngalchu blaen y tŷ, a'n plant yn chwarae yn Gymraeg yn y cae gerllaw. Ac nid profiad unigryw mohono. Clywais eraill wnaeth ddychwelyd i Gymru yn disgrifio profiadau tebyg.

Pan ydych yn byw mewn gwlad dramor nid oes gofyn i chi, na hawl gennych, i gymryd rhan lawn ym mywyd gwleidyddol a gwrthdaro cymdeithasol y wlad. Yn Salamanca a Mosco yr oedd gen i fy marn am bethau ac, yn ddigon naturiol, yr oeddwn yn tueddu i ochri gyda safbwynt fy ffrindiau. Eto, ar ddiwedd y dydd, nid fy ngwlad i oedd Sbaen na Rwsia. Yn Lloegr roedd gen i, fel Cymro, yr un hawliau a dyletswyddau â phawb arall ym Mhrydain ac roeddwn yn cyfrif fy hun ar y chwith mewn gwleidyddiaeth, ond doedd gwleidyddiaeth y pleidiau ddim yn rhywbeth oedd yn fy nghyffroi. Gwell gen i oedd y math o ddiffiniadau eang o ddiwylliant a gwleidyddiaeth oedd yng ngwaith Richard Hoggart, Raymond Williams a phobl y *New Left Review*. Wedi symud i Gymru, roeddwn wedi cyrraedd adref a chael bod y cwbl yn wleidyddol yn ystyr ehangaf y gair.

Ymgais i egluro'r teimladau hyn i gyd wrth Loegr oedd *The Welsh Extremist*, ac yn arbennig wrth sosialwyr a'r math o bobl flaengar oedd yn cydymdeimlo â lleiafrifoedd mewn gwledydd pell ond yn methu amgyffred argyfwng iaith a diwylliant y genedl drws nesaf iddynt. Roedd y llyfr am Gymru gyfan ac am lenorion Cymraeg yr ugeinfed ganrif. Roedd pennod am Kitchener Davies, a fagwyd yn Llwynpiod, ond yr oedd Llwynpiod yno hefyd mewn ffordd fwy gwaelodol. Rwy'n amau a fyddwn wedi sgrifennu fel y gwnes petaswn i ddim yn byw mewn ardal oedd â'r Gymraeg yn iaith y gymuned.

Gollancz dderbyniodd y gyfrol i'w chyhoeddi ac fe ymddangosodd y llyfr yn y lifrai coch a melyn oedd yn nodweddiadol o'r tŷ cyhoeddi hwnnw. Yr oedd ganddynt draddodiad adain chwith yn mynd yn ôl i ddyddiau'r Left Book Club yn y 1930au, a dyma'r union gyd-destun yr oeddwn yn chwilio amdano. Serch hynny, fe gafodd y llyfr ei adolygu gan bapurau a chylchgronau o bob lliw gwleidyddol ar draws gwledydd Prydain a thu hwnt.

Pan fydd papur yn Llundain yn adolygu llyfr am ryw wlad dramor, yr arfer yw chwilio am arbenigwr Prydeinig yn y maes. Mae'r ymateb felly yn ymateb rhywun o'r tu allan i fyd y llyfr a adolygir. Ond prin iawn yw'r arbenigwyr ar Gymru tu allan i Gymru, felly yn aml iawn mae'r golygydd yn chwilio am rywun sydd yn Gymro neu'n Gymraes, fel petasai hynny ynddo'i hun yn gymhwyster digonol. Mae'r canlyniadau'n anwadal. Bron yn ddieithriad, Cymry a adolygodd *The Welsh Extremist* yn y wasg Lundeinig, a bûm yn lwcus tu hwnt yn y dewis a wnaethpwyd.

Yn eu plith yr oedd Caradog Prichard, a adolygodd y llyfr yn wresog iawn yn y *Daily Telegraph*. Cafodd Goronwy Rees broflen gynnar gan Gollancz a dewis argraffu fy mhennod am Gwenallt yn *Encounter*. Ond y peth gorau un o ran dylanwadu ar y gynulleidfa darged oedd bod Raymond Williams wedi ysgrifennu am y llyfr yn y *Guardian* dan y pennawd 'Who Speaks for Wales?' Flynyddoedd yn ddiweddarach, pan agorais gasgliad Daniel Williams o ysgrifau Raymond Williams am Gymru, sylweddolais mai'r adolygiad hwn oedd, o bosibl, y llith gyntaf i Raymond Williams ei lunio am Gymru ar wahân i'w nofelau cynnar. Nid adolygydd gwrthrychol o'r tu allan i fyd y llyfr oedd Raymond Williams ond Cymro oedd yn rhan o'r

union batrwm o fynd a dod rhwng Cymru a Lloegr oedd wedi
esgor ar y llyfr. Roedd hyn yn wir hefyd am Caradog Prichard,
Goronwy Rees, a llawer o'r adolygwyr.

Croesawyd y gyfrol yn frwd yn *Y Faner* gan Gwynfor Evans
ac yn *Y Ddraig Goch* gan Dafydd Glyn Jones, oedd yn gwybod
llawer mwy na finnau am y llenorion Cymraeg a drafodwyd
yn y gyfrol. Roedd yr adolygiadau Saesneg yng Nghymru
yn fwy amrywiol eu safbwyntiau, a hawdd deall paham. Un
bennod yn unig, a honno'r wannaf efallai, oedd yn ymwneud
â'r Cymry nad oeddynt yn siarad Cymraeg. Dadlau achos y
Cymry Cymraeg a'u diwylliant oedd prif fwriad y llyfr. Roedd
hi'n ddigon naturiol, yng nghyd-destun y sylw a gafodd y
llyfr yn Lloegr, i Gymry di-Gymraeg fynnu tynnu sylw at eu
bodolaeth nhw. Mater o 'Who Speaks for Wales?' oedd hi.

Annisgwyl oedd yr holl lythyrau. Derbyniais yn agos
i ddau gant, y mwyafrif helaeth gan bobl yng Nghymru, a
llawer ohonynt yn emosiynol iawn. Atgofion hiraethus am
blentyndod Cymraeg oedd gan rai, tra bod eraill yn mynnu
cyfiawnhau rhieni oedd wedi dewis siarad Saesneg â'u
plant. Roeddwn wedi agor y llifddorau, a rhyw ddiwrnod,
pan oeddwn oddi cartref, cyrhaeddodd dyn â *bandolier* dros
ei ysgwydd i gynnig ei wasanaeth i'r arweinydd. Be nesaf,
meddwn i wrthyf fy hun!

Ysgogwyd nifer o Gymry Cymraeg diwylliedig hefyd i
ysgrifennu ataf, ac roedd hynny'n fwy anodd i'w esbonio.
Roedd dadleuon y llyfr eisoes wedi eu mynegi yn rymus
yn Gymraeg gan athronwyr a llenorion yr ugeinfed ganrif.
Pan welais Iorwerth Peate, dyn tal â golwg ddigon llym ar
ei wyneb, yn anelu ataf mewn siop lyfrau yng Nghaerdydd,
tybiais ei fod ar fin tynnu rhestr hir o gywiriadau o'i boced.
Ond na, yr oedd am imi lofnodi ei gopi o'r llyfr. Roeddwn
wrth fy modd, wrth gwrs, a gydag amser sylweddolais mai
un o'r pethau yr oedd y gyfrol yn eu cynnig i Gymry Cymraeg
proffesiynol oedd yn gweithio mewn sefydliadau Seisnig neu
ddwyieithog oedd arddull a geirfa Saesneg gyfoes y gellid eu
defnyddio i gyflwyno'r diwylliant Cymraeg a dadlau drosto.

Gan mai Saesneg yw iaith grym yng Nghymru, y mae angen gwneud hynny ymhob cenhedlaeth os nad yn amlach.

Mae ysgrifennu yn waith unig, ac oherwydd hynny mae'n naturiol meddwl amdano fel hunanfynegiant. Ond mae sgrifennu llyfr yn weithred gymdeithasol hefyd, boed yr awdur yn ymwybodol o hynny neu beidio. Yn amlwg, roeddwn wedi taro tant, wedi deffro rhywbeth oedd yno'n aros i gael mynegiant. Roedd rhyw ddirgelwch ynghlwm wrth hyn, rhywbeth oedd yn mynd tu draw i'r hunan.

Adargraffwyd *The Welsh Extremist* ddwywaith o fewn ychydig fisoedd, a dechreuais feddwl am argraffiad clawr papur. Gan nad oedd gwasgnod clawr papur gan Gollancz, yr oedd rhaid meddwl am gyhoeddwr arall. Roedd enw da gan Quartet Books, cwmni cymharol newydd a sefydlwyd gan William Miller i ganolbwyntio ar lyfrau clawr papur. Roedd William Miller yn gyn-aelod o'r cwrs Rwseg yn y fyddin, yn wir fe oedd un o'r ddau fyfyriwr y cyfeiriais atynt yn gynharach a garcharwyd ar ganol eu cwrs yn Rhydychen am dorri'r Ddeddf Cyfrinachau Swyddogol. Sgrifennais ato a chael ymateb brwd. Byddai'n mynd â'r cynnig i'w gyfarfod comisiynu nesaf.

Ond negyddol oedd y penderfyniad ac fe esboniodd William Miller y rheswm wrthyf. Cymro oedd rheolwr gwerthiant Quartet Books ac yr oedd hwn wedi datgan, â'i law ar ei galon, na deimlai y gallai fynd o gwmpas y wlad yn hyrwyddo llyfr o'r fath. 'Who'd have thought a Welshman would be the problem?' meddai Miller. Ond i'r rheolwr gwerthiant, fi oedd y broblem! Roedd hyn yn rhybudd cynnar o'r hyn oedd i ddod.

Cyn i mi allu meddwl ymhellach am gyhoeddwr clawr papur, dyma gynnig yn dod gan Y Lolfa yn Nhalybont. Doeddwn i erioed wedi meddwl bod *The Welsh Extremist* yn llyfr ar gyfer Cymru, ond dyma lle oedd y gynulleidfa go iawn. Ar ôl y flwyddyn gyntaf roedd gwerthiant y llyfr yn farw yn Lloegr ond mi werthodd y clawr papur am dros ugain mlynedd yng Nghymru er bod Y Lolfa hithau wedi cael ambell broblem ar y cychwyn wrth ddosbarthu.

Mewn un dref prifysgol yr oedd siop lyfrau oedd yn cael ei

chadw gan Gymry Cymraeg wedi gwrthod stocio llyfr 'yr hen ecstrîmists'. Ysgrifennais atynt. Roeddwn yn cydnabod eu hawl i beidio â gwerthu'r llyfr, ond byddwn yn cylchlythyru holl staff a myfyrwyr y coleg oedd ar eu stepen drws yn tynnu sylw at eu penderfyniad. Cefais ateb digon cas yn bygwth mynd â'm llythyr at yr heddlu, ond o fewn ychydig wythnosau yr oeddynt yn gwerthu'r gyfrol, a chyn bo hir, yn ôl a ddeallais, yr oedd y siop ar flaen y gad yn hyrwyddo llyfrau Cymraeg.

Nid rhywbeth unigryw oedd gweld newid agwedd o'r fath yn y cyfnod. Yr oedd gweithgareddau Cymdeithas yr Iaith yn ennyn gelyniaeth llawer o Gymry Cymraeg i ddechrau, gelyniaeth ddigon mileinig oedd yn tarddu o wrthdaro seicolegol o fewn unigolion. Eto, pan oedd rhyw her yn gorfodi i bobl ddewis ochr a diosg eu hofnau, yr oedd newid annisgwyl yn gallu digwydd. Yr oedd hyn i gyd yn cadarnhau ar lawr gwlad y damcaniaethu ynglŷn â seicoleg drefedigaethol gan Bobi Jones ac eraill yn nhudalennau *Planet*.

Fy ngwraig Sara a finnau fu'n golygu, cyhoeddi a dosbarthu *Planet* o'r tŷ yn Llwynpiod am yn agos i ddeng mlynedd. Lansiwyd y cylchgrawn yn Eisteddfod Rhydaman yn 1970. Perthyn y lansio i'r un cyfnod â *The Welsh Extremist* ac yr oedd rhai o'r un cymhellion tu ôl i'r fenter. Yr oedd Cyngor Celfyddydau Cymru wedi cychwyn fel corff annibynnol yn 1968 – ffrwyth datganoli diwylliannol ac enghraifft o'r ffordd y mae diwylliant yn aml yn paratoi'r ffordd ar gyfer datblygiadau gwleidyddol. Roedd y Cyngor newydd yn chwilio am syniadau newydd, ac yr oedd gan Meic Stephens, y Cyfarwyddwr Llenyddiaeth cyntaf, ddiddordeb arbennig mewn cylchgronau. Yn wir, roedd wedi sefydlu *Poetry Wales* cyn symud i weithio i'r Cyngor.

Ysgrifennais at ddwsin o unigolion adnabyddus yn y byd llenyddol a diwylliannol a chael eu cefnogaeth i'r syniad o gylchgrawn Saesneg newydd, a hefyd siec am £25 gan bob un. Y syniad oedd creu cylchgrawn diwylliannol (yn ystyr ehangaf y gair) fyddai'n cyflawni'r un swyddogaeth yn Saesneg ag yr oedd *Barn* eisoes yn ei chyflawni dan olygyddiaeth Alwyn D Rees. Gwnaethpwyd cais llwyddiannus am grant i'r Cyngor newydd ac aethpwyd ati i gyhoeddi. Yr oedd gen i lawer i'w ddysgu am Gymru ond yr oeddwn yn cyrraedd gyda rhai syniadau o bellach i ffwrdd a rhai cysylltiadau o'r gorffennol oedd yn ddefnyddiol.

Yn fwriadol dewisais fformat sgwâr yr oeddwn wedi'i weld yn Ffrainc er mwyn gwneud y cylchgrawn yn wahanol i'r hyn oedd yn arferol ym Mhrydain. Elgan Davies ddyluniodd y cylchgrawn. Roeddwn yn hoffi ei waith, a doedd hynny ddim yn syndod gan iddo gael peth o'i hyfforddiant yn y Swistir, gwlad â thraddodiad teipograffig cryf. Cyn bo hir gadawodd John Tripp ei swydd yntau yn y Central Office of Information a dychwelyd i Gymru. Ef fyddai golygydd llenyddol *Planet* ar ôl 1973. A bu Tudor David, Cymro o'r Barri a chydweithiwr o gyfnod *Education*, yn ymgynghorydd ac yn gefn i'r cylchgrawn ar hyd y ffordd. Mae natur yr economi a'r farchnad swyddi yn sicrhau, gwaetha'r modd, bod llawer o Gymry talentog yn gweithio y tu allan i Gymru ymhob cenhedlaeth. Mae pob sefydliad Cymreig newydd yn cynnig cyfle i rywun ddychwelyd, tra bod eraill yn awyddus iawn i gyfrannu eu sgiliau o bell. Dyma hefyd fyddai ein profiad yn ystod yr ymgyrch i sefydlu *Y Byd* yn nes ymlaen.

Nid dyma'r lle i groniclo holl hanes *Planet* ond gellir dweud cymaint â hyn. Daethpwyd â'r gyfres wreiddiol i ben yn wirfoddol ar ddiwedd y flwyddyn 1979, wedi'r refferendwm cyntaf ar ddatganoli, ac ailgychwyn yn 1985 wedi diflaniad y cylchgronau *Arcade* a *Rebecca*. Erbyn hynny yr oedd yr adnoddau ar gael i gyflogi aelod o staff llawn-amser, John Barnie, a gymerodd at yr olygyddiaeth wedi i mi symud i Wasg Prifysgol Cymru yng Nghaerdydd yn 1990. Mae'r cylchgrawn bellach wedi cyrraedd rhifyn 200 ac wrth imi sgrifennu hyn mae pob un o'r golygyddion wrthi'n recordio eu hatgofion. Mae'r hyn sy'n dilyn yn cadw at gyfnod y 1970au. O ran cyllideb a chylchrediad, cylchgrawn dibwys iawn oedd *Planet* o'i gymharu ag *Angliya*, y cylchgrawn y bûm yn ei olygu ddwy flynedd ynghynt, ond o ran ennyn ymateb amlwg yn y gymdeithas, *Planet* oedd ar y blaen o bell ffordd. Fel yn achos

The Welsh Extremist, yr oedd wedi cyrraedd ar yr adeg iawn. Ymddangosodd y rhifyn cyntaf ryw chwe wythnos wedi i Edward Heath ennill etholiad cyffredinol 1970 i'r Torïaid, a hynny yn annisgwyl braidd. Bûm wrthi'n llythyru â WHSmith ers misoedd yn ceisio eu perswadio i werthu'r cylchgrawn newydd yn eu siopau yng Nghymru ac o'r diwedd roeddwn wedi cael apwyntiad yn eu pencadlys yn Llundain i drafod y cais. Cyrhaeddais y diwrnod wedi'r etholiad ac roedd y swyddfeydd yn un parti mawr, a'r pennaeth adran wedi anghofio'n llwyr am ein hapwyntiad. Gan lenwi fy ngwydr, gofynnodd: 'You're not one of these chaps blowing up pipelines are you?' Mae'n rhaid fy mod wedi rhoi ateb boddhaol gan inni gael ei gytundeb, y diwrnod hwnnw, i werthu *Planet* yn Smiths.

Canlyniad dymchwel llywodraeth gyntaf Harold Wilson oedd bod George Thomas yn diflannu o'r Swyddfa Gymreig. Roeddwn wedi dod ar ei draws mewn cyfnod a chyd-destun gwahanol yng nghynadleddau undeb athrawon yr NUT, ac ar lefel bersonol yr oedd yn ddyn digon caredig. Fel Ysgrifennydd Cymru yng nghyfnod yr Arwisgo a'r ymgyrchoedd iaith, fodd bynnag, yr oedd yn ymgorfforiad o'r gwaseidd-dra a'r diffyg uchelgais yr oedd *Planet* am eu herio. Roedd fy ngwraig Sara wedi ysgrifennu i gwyno amdano at Harold Wilson (a fu'n fyfyriwr i'w thad yn Rhydychen) a chael ateb gofalus oedd eto'n llai na chymeradwyaeth wresog. Ysgrifennais lith olygyddol am gyfnod George Thomas wrth y llyw ar gyfer rhifyn cyntaf *Planet*, a chomisiynu cartwnau ohono gan fyfyriwr celf dawnus o Abertawe. Ymddangosodd un o'r cartwnau ar y clawr.

Ymhen amser daeth llythyr gan Meic Stephens ar ran Cyngor y Celfyddydau yn mynegi pryder am safon ein cartwnau. Yn amlwg yr oedd rhywun wedi pwyso arno i fynegi anfodlonrwydd heb ymddangos ei fod yn ymyrryd â barn olygyddol y cylchgrawn. Oedais ychydig cyn ateb ac yn y cyfamser, yn ffodus iawn, yr oedd colofnydd yn y *Guardian* wedi codi *Planet* tra ar ei wyliau yng Nghymru. Canmolodd y cylchgrawn a'r cartwnydd, ac fe atgynhyrchwyd un cartŵn yn y *Guardian*. Fyddai dim problem ateb y llythyr! Adargraffwyd canmoliaeth y *Guardian* a'r *TLS* ar glawr cefn ail rifyn *Planet*, ochr yn ochr ag ymateb George Thomas ei hun: 'Arrogant, conceited nonsense... needs to broaden its philosophy.' Nid dyma'r unig dro i *Planet* deimlo pwysau gwleidyddol. Pan gafwyd rhifyn arbennig yn trafod y llysoedd, yr heddlu, a'r heddlu cudd yng nghyfnod yr Arwisgo, ysgrifennodd Prif Gwnstabl Dyfed-Powys lythyr at Gyngor Celfyddydau Cymru yn gofyn iddynt atal y grant. Rwy'n credu mai erthygl ffraeth gan Phil Williams yn chwerthin ar ben ymdrechion yr heddlu i fonitro symudiadau pob aelod o Blaid Cymru oedd wedi ei gythruddo. Dro arall bu cyfarfod o'r aelodau seneddol Llafur Cymreig i drafod y cylchgrawn, ac adeg ail-lansio *Planet* yn 1985 y Ceidwadwyr oedd yn anfodlon. Yr oedd streic y glowyr newydd orffen ac yn naturiol yr oedd gennym nifer o erthyglau yn edrych yn ôl ar y cyfnod. Yr oedd gwraig Nicholas Edwards, Ysgrifennydd Cymru, yn aelod o Gyngor Celfyddydau Cymru ar y pryd ac fe gyrhaeddodd un cyfarfod o'r Cyngor yn dal copi o *Planet* wrth ei gornel, fel petai'n bysgodyn drewllyd, a gofyn a oedd yr aelodau wir eisiau cefnogi cylchgrawn o'r fath.

Roedd golygyddion *Planet* yn y 1970au yn derbyn cydnabyddiaeth fechan, ond gwirfoddol i bob pwrpas oedd y gwaith. Ychydig iawn oedd gennym i'w golli petai *Planet* yn gorfod cau, ac yr oedd hyn yn gefn i annibyniaeth barn mewn cyfnod tymhestlog. Mae ystod o welliannau wedi digwydd ym maes cylchgronau Cymreig wrth i grantiau helaethach ganiatáu cyflogi staff a gwella diwyg a marchnata, ond mae'r ddibyniaeth gymaint â hynny'n fwy, ac felly hefyd y perygl o hunansensoriaeth.

Roeddem hefyd yn ffodus bod unigolion annibynnol o wahanol dueddiadau gwleidyddol wedi dadlau achos *Planet*. Roedd Tom Ellis, aelod seneddol Llafur yn y 1970au, yn gefnogwr brwd i'r cylchgrawn ac i'r iaith Gymraeg. Gwleidydd arall annibynnol a chefnogol oedd Syr Anthony Meyer, yr aelod Torïaidd a safodd yn erbyn Margaret Thatcher am arweinyddiaeth y Blaid Geidwadol yn 1989. Trwy ddirgel ffyrdd gwelais yr ateb a gafodd Prif Gwnstabl Dyfed-Powys gan

Syr William Crawshay, Tori hen ffasiwn a Chadeirydd Cyngor Celfyddydau Cymru. Esboniodd mai sicrhau safon lenyddol y cylchgrawn oedd cyfrifoldeb y Cyngor. Os oedd pethau mor enllibus wedi ymddangos yn *Planet* ag yr oedd y Prif Gwnstabl yn ei honni, '... you have your remedy in the courts'. Ni chafwyd achos yn ein herbyn.

Mae pob golygydd yn cyrraedd y swydd gyda hyn a hyn o syniadau a chysylltiadau newydd, ond yr amseroedd sy'n penderfynu pa fath o gyfraniadau ac ymatebion ddaw i law. Digwyddiadau yng Nghymru mewn cyfnod digon cyffrous oedd yn gyrru'r agenda Gymreig o fewn *Planet*, ond yr oedd elfennau eraill oedd yn deillio o ddiddordebau'r golygyddion. Roedd cefndir teuluol Sara yn yr Alban a'i diddordeb yn y diwylliant Gaeleg yn sicrhau bod sylw cyson i'r wlad honno yn *Planet* y 1970au.

Does dim syndod bod darlledu yng Nghymru yn bwnc o'r cychwyn, fel ag yr oedd yn argraffiad cyntaf *The Welsh Extremist*. Wedi'r cwbl, roeddwn yn darllen pob adroddiad yn y maes ar gyfer fy ngholofn deledu wythnosol yn y *Times Educational Supplement*. Gyda chefnogaeth Alwyn D Rees, golygydd *Barn*, gwnes gais llwyddiannus i Ymddiriedolaeth Leverhulme a'm galluogodd i fynd ar daith astudio i Wlad Belg a'r Swistir a gweld cyfundrefnau darlledu amlieithog ar waith. Roedd hyn i gyd yn bwydo'r drafodaeth ehangach oedd yn datblygu o gwmpas y syniad o Sianel Deledu Gymraeg. Roedd y wasg yng Nghymru yn bwnc o'r cychwyn hefyd, ond i raddau llai. Cwmni'r *Western Mail* oedd dan y lach fel arfer, fel yr oeddem ni dan y lach ganddyn nhw. '*Planet*... which should be called *Parish*,' meddai'r *South Wales Echo* – o bawb! Yn nes ymlaen ychwanegwyd is-deitl i *Planet*, sef 'the Welsh Internationalist' ar gyfer y bobl hynny oedd heb sylwi ar y cynnwys.

Yn gynnar yn 1970 hysbysebwyd swydd darlithydd yn Adran Saesneg Prifysgol Cymru Aberystwyth i gychwyn yn yr hydref. Pan apwyntiwyd fi doedd y coleg ddim yn gwybod y byddai *Planet* yn ymddangos ym mis Awst a *The Welsh Extremist* y flwyddyn ganlynol. Roedd hi'n sioc i rai.

Roedd Seisnigrwydd yr Adran yn sioc i minnau. Roeddwn nawr yn symud bob dydd rhwng dau fyd tra gwahanol: Llwynpiod a'i weithgareddau Cymraeg, ac Adran Saesneg nad oedd bryd hynny ag unrhyw elfen Gymreig yn ei chyrsiau. Rwy'n cofio cyfaill yn brwsio coler fy siaced ar ddechrau cyfarfod arholwyr digon ffurfiol. Roeddwn wedi cyrraedd yn syth o helpu cymydog yn y cae gwair!

Wrth fy ngwaith yn yr Adran roeddwn yn y cyfnod hwn yn chwilio am ffordd o gynnwys llenyddiaeth Eingl-Gymreig (fel y'i gelwid bryd hynny) o fewn y radd Saesneg. Llwyddais yn y diwedd i gael digon o gefnogaeth o fewn yr Adran, a sefydlwyd cwrs o'r enw 'Literature in Twentieth-century Wales' oedd yn caniatáu inni hefyd gynnwys rhai testunau Cymraeg mewn cyfieithiad. Doeddwn i ddim am gyflwyno llenyddiaeth Saesneg Cymru fel llenyddiaeth ranbarthol Brydeinig, ond doedd hi ddim ychwaith yn llenyddiaeth genedlaethol â thraddodiad hir fel yn achos yr Alban, er bod rhai yn dadlau hynny. Roeddwn wedi penderfynu mai'r ffordd orau i mi ddeall y maes oedd yng nghyd-destun y gwledydd hynny lle'r oedd Saesneg yn iaith newydd ymwthiol a llenyddiaeth yn yr iaith Saesneg yn bodoli ochr yn ochr â thraddodiadau ac ieithoedd eraill, er enghraifft gwledydd gorllewin a dwyrain Affrica ac ynysoedd y Caribî.

Brwydr bob cam o'r ffordd oedd sefydlu'r cwrs am lenyddiaeth Cymru yn y Brifysgol, ond wrth edrych yn ôl gellir deall y datblygiad fel rhan o broses oedd yn digwydd yn rhyngwladol wrth i adrannau Saesneg ar sawl cyfandir addasu i dwf ymwybyddiaeth genedlaethol a newidiadau gwleidyddol yn y cyn-drefedigaethau. Yr oedd rhai testunau o fewn prif ffrwd llenyddiaeth Saesneg, megis nofel E M Forster *A Passage to India*, wedi braenaru'r tir, ac yr oedd unigolion o Saeson ymhobman oedd yn barod i ymddiddori yn llenyddiaeth y wlad lle roeddynt yn byw. Yn Adran Saesneg Aberystwyth ar y pryd, Robin Young (oedd â chefndir mewn llenyddiaeth gymharol) a'r bardd Jeremy Hooker ymunodd â fi i baratoi un o'r cyrsiau cyntaf i drafod llên Saesneg Cymru. Bu Sais arall,

Tony Bianchi, sydd bellach yn nofelydd Cymraeg, yn cyfrannu at ddysgu'r cwrs am gyfnod. Oni fyddai hefyd yn syniad cynnig cwrs oedd yn cynnwys awduron o Affrica a'r Caribî? Doedd yr Adran Saesneg ddim eto'n barod i arloesi yn y maes hwn o fewn y radd Saesneg, ond yr oedd gan yr Adran Gymraeg, yn y dyddiau hynny, bolisi eangfrydig o annog eu myfyrwyr i ddewis un cwrs mewn adran arall, ar yr amod bod y Gymraeg yn gyfrwng y dysgu. Cynigiais gwrs yr oedd ei deitl Cymraeg, 'Llenyddiaeth y Trydydd Byd', yn ennyn diddordeb myfyrwyr da iawn, ond wrth ofyn caniatâd yr Adran Saesneg penderfynais y byddai'n ddoethach cadw at yr enw llai ymfflamychol 'Commonwealth Literature'.

Oherwydd y diddordeb hwn daeth enwau megis Jean Rhys, Chinua Achebe, Ngũgĩ wa Thiong'o a Derek Walcott hefyd yn gyfarwydd i ddarllenwyr *Planet*. A phan gyhoeddodd y cylchgrawn femorandwm Ngũgĩ at Adran Saesneg Prifysgol Nairobi, 'On the Abolition of the English Department', yr oedd ambell un o'm cydweithwyr yn y Brifysgol yn amau mai'r un dynged oedd gen i mewn golwg ar gyfer Adran Saesneg Prifysgol Cymru Aberystwyth.

Gartref yn Llwynpiod gofynnwyd imi roi sgwrs ar bwnc Affricanaidd yn nosbarth y dynion yn yr Ysgol Sul. Dewisais drafod nofel Achebe *Things Fall Apart* sydd yn cychwyn gyda dyfodiad cenhadon Cristnogol i un o bentrefi'r Ibo yn Nigeria. Mae'r stori'n gorffen â'r fyddin Brydeinig yn llosgi'r pentre'n ulw. Ar ddiwedd y drafodaeth yr oedd aelodau'r dosbarth yn unfryd mai peidio ag ymyrryd ag arferion a chrefyddau gwledydd eraill oedd orau, ond ymhen y mis yr oeddem yn casglu ar gyfer y genhadaeth dramor fel arfer.

Roedd erthyglau am y lleiafrifoedd ieithyddol Ewropeaidd hefyd yn elfen yn *Planet* o'r cychwyn. Yn y cyfnod hwn dechreuwyd sôn am y 'drefedigaeth fewnol'. Cyfieithodd y bardd Harri Webb erthygl bwysig gan Jean-Paul Sartre yn dadlau achos y Basgiaid, nid yn unig am eu bod yn gwrthwynebu Franco ond oherwydd eu hawliau fel Basgiaid. Gweithred chwyldroadol oedd i'r Basgiaid fynnu siarad eu hiaith yn y llys. Cyfieithais innau bennod o lyfr y Llydawr Morvan Lebesque, *Comment peut-on être Breton?* (*Sut mae bod yn Llydawr?*). Roedd rhai'n cymharu'r llyfr hwnnw gyda *The Welsh Extremist.* Yn y pen draw byddai deall mwy am leiafrifoedd ieithyddol gorllewin Ewrop yn peri imi ailfeddwl y ddamcaniaeth drefedigaethol i ryw raddau. Roedd y cymariaethau rhwng Cymru a threfedigaethau tramor yn drawiadol iawn o ran iaith, diwylliant a seicoleg israddoldeb. Ond roeddynt yn argyhoeddi llai yn nhermau'r diffiniadau economaidd o drefedigaeth. Hefyd yr oedd yn rhaid ystyried y rhan flaenllaw a chwaraewyd gan y Cymry a'r lleiafrifoedd Ewropeaidd eraill ym mywyd y gwladwriaethau mawr a'u hymerodraethau. Byddai hyn i gyd yn cymhlethu'r darlun, ond yn y 1970au yr oedd y syniad o drefedigaeth fewnol nid yn unig yn ddamcaniaeth ar dudalennau *Planet* ond hefyd yn cael cadarnhad bob tro yr oedd myfyrwyr Cymraeg yn gweld rhyw gysylltiad â'u profiad eu hunain wrth ddarllen nofelau'r Trydydd Byd. Roedd hefyd yn esbonio'r bwlch rhwng bywyd Cymraeg Llwynpiod a byd clwb y staff ar gampws Penglais lle doedd dim ond rhaid defnyddio brawddeg o Gymraeg yn y dyddiau hynny i deimlo'r tymheredd yn disgyn i'r rhewbwynt.

Bûm yn dyst i ddigwyddiad diddorol yn y cyd-destun trefedigaethol pan ddaeth y bardd Derek Walcott i dderbyn Gwobr Ryngwladol Cyngor Celfyddydau Cymru yn 1980. Cafwyd perfformiad yn Aberystwyth o'i ddrama fer *Pantomime*, sydd yn gofyn am un actor du ac un actor gwyn. Roedd y cwmni drama wedi cyrraedd o Lundain, a bu'n rhaid i'r actor du ddychwelyd yn syth wedi'r perfformiad, ond fe aethpwyd â Walcott a'r actor gwyn allan i ginio. Yr oedd pâr o ymwelwyr yn bwyta yn yr un lle a rhywsut fe ddechreuodd sgwrs rhyngom. Y noson cynt yn y gwesty roeddynt wedi digwydd troi'r teledu ymlaen a chael rhaglen Gymraeg. Roedd y syniad o deledu Cymraeg yn gwbl chwerthinllyd, meddai un ohonynt, gan ddisgwyl i ni gytuno.

Prin yr oeddwn wedi dechrau ymresymu â nhw pan safodd yr actor ar ei draed, codi plât o'r bwrdd, a'i ddal uwch ei ben. Yna, gyda symudiad a steil actor profiadol fe falodd y plât yn deilchion ar gornel y bwrdd. Distawrwydd, ac yna datganiad: agweddau o'r fath, meddai, a fu'n gyfrifol am golli'r iaith Gymraeg yn ei deulu, a doedd e ddim yn fodlon gwrando ar y fath ragfarn. Doedd neb ohonom yn gwybod cyn hynny bod yr actor o dras Gymreig. Drannoeth, wrth inni yrru i Gaerdydd, soniodd Walcott am nifer o ddigwyddiadau tebyg a welodd, i gyd yn gysylltiedig â hil. Diddorol iddo oedd gweld yr un tyndra yng nghyd-destun iaith. Ymhen amser ysgrifennodd gerdd am Gymru a'r Gymraeg.

Yn sgil *The Welsh Extremist*, *Planet* a gweithgareddau amrywiol eraill oedd yn cael sylw yn y cyfryngau, roeddwn bellach yn ffigwr cyhoeddus yng Nghymru. Cyrhaeddais y llwyfan braidd yn sydyn ac yr oedd yn rhaid i bobl fy ngosod mewn categori o ryw fath. Roedd nifer o Gymry Cymraeg yn fy nghroesawu fel 'dysgwr brwd', eraill yn y gymdeithas Seisnig yng Nghymru yn sôn am 'the zeal of the convert' fel petaswn i ddim yn Gymro o'r crud ac yn perthyn yn naturiol i'r wlad. Roedd hyn i gyd yn fy atgoffa o'r adeg y glaniais yn ysgol Machynlleth o'r Swistir yn fy sgidiau sgïo a neb yn gwybod beth yn union i'w feddwl ohonof.

Roedd angen gwaith gloywi ar fy iaith, yn enwedig yr iaith ysgrifenedig, ond mae hynny'n wir am lawer ohonom. Os oedd angen achau i brofi eich bod yn Gymro, ar ochr fy mam roeddwn yn perthyn i John Gwilym Jones (y dramodydd) yn ddigon agos i ni arddel y berthynas ac i mi alw arno yn y Groeslon. Os oeddwn i gredu fy mam, yr oeddwn hefyd yn perthyn o bell – ddwywaith – i Cynan, ac i bawb oedd â Goodman yn enw canol iddynt o Borthmadog i bendraw Llŷn!

Ar ochr fy nhad yr oedd pethau'n wahanol gan fod y teulu agos naill ai wedi marw pan oeddwn yn fach iawn neu wedi symud i Ganada ac Awstralia adeg dirwasgiad y 1930au. Yr adeg honno collodd cymoedd y De chwarter miliwn o bobl ac felly yr oedd profiad fy nheulu yn gwbl nodweddiadol o hanes cymdeithasol Cymru. Roedd hyn hefyd yn fy ngwneud yn Gymro. Un tro, wedi i'r *Western Mail* nodi fy nghysylltiad ag ardal Aberdâr, daeth llythyr wedi ei ysgrifennu ar ran un o drigolion cartref hen bobl yn y dref yn honni ein bod yn perthyn. Brysiais draw yn disgwyl dysgu mwy am y teulu, ond roeddwn yn rhy hwyr. 'How's Maggie getting on then?' gofynnodd y brawd, gan gyfeirio at fy mam-gu a fu farw pan oeddwn yn fabi dwyflwydd.

Ond yr oedd pawb yn gwybod am fy nghysylltiad â Rwsia. Tra oeddwn yn dal yn Llundain yr oedd Gwyn Erfyl o HTV wedi fy nghyfweld am ddigwyddiadau yn yr Undeb Sofietaidd a phan adewais olygyddiaeth *Angliya* fe gariodd y *Western Mail* stori ar ei dudalen flaen. Wedi cyhoeddi *The Welsh Extremist* cefais wahoddiad i ginio gan ŵr bonheddig oedd yn byw mewn plasty ym Mro Morgannwg. Roedd am dreulio prynhawn yn trafod fy llyfr. Tybed ai rhyw genedlaetholwr cefnog oedd hwn, meddyliais. Wyddwn i ddim beth i'w ddisgwyl. Fel y digwyddodd, doedd dim diddordeb ganddo heblaw yn yr ychydig baragraffau lle roeddwn yn cymharu sefyllfa gwahanol genhedloedd yr Undeb Sofietaidd gyda Chymru. Des i'r casgliad ar y pryd bod rhywun wedi gofyn iddo fy holi'n drwyadl am fy agweddau tuag at yr Undeb Sofietaidd, ond mae'n bosibl mai fi oedd yn dychmygu.

Yna, un bore, agorais fy nghopi o *Tafod y Ddraig* a gweld bod neb llai nag Emyr Llywelyn, un o arwyr Tryweryn, yn rhybuddio'r darllenwyr yn erbyn rhywun nas enwyd oedd wedi bod yn Rwsia, oedd wedi golygu un o gylchgronau llywodraeth Prydain, oedd wedi llwyddo'n hawdd i gychwyn cylchgrawn yng Nghymru, ac a oedd bellach yn weithgar yn y mudiad iaith. Y mis nesaf yr oedd ail erthygl ar yr un pwnc. Beth wnewch chi yn y fath amgylchiadau? Mynnu mai chi yw'r person dan sylw ac yna gwadu eich bod yn ysbïwr?

Roedd hi'n gyfnod pan oedd llawer o sibrydion am yr heddlu cudd ac mae'n siŵr bod mwy o reswm gan Emyr Llywelyn dros fod yn *paranoid* nag y byddai gan lawer. Byddwn wedi cymryd y cwbl yn weddol ysgafn ond am un peth. Ar ddiwedd yr ail erthygl awgrymodd yr awdur bod y person dienw wedi ceisio ei brynu drwy gynnig arian iddo. Ar y pryd yr oedd fy ngwraig Sara yn mynychu dosbarth nos Cymraeg Emyr Llywelyn yn

Llangeitho. Yr oedd ef wedi cwyno wrthi am brisiau tai yng nghefn gwlad a'r broblem yr oedd hyn yn ei chreu i bobl ifainc leol fel yntau fyddai byth yn medru prynu. Yr oedd Sara yn ddiweddar wedi etifeddu swm o arian gan ei mam, ac wedi ystyried fe benderfynodd gynnig benthyciad di-log i'w helpu. Roedd gweld cynnig oedd yn tarddu o haelioni calon yn cael ei ddehongli yn y fath fodd yn brifo, ond gyda hyn daeth llythyr gan Bethan Llywelyn, gwraig Emyr, yn datgysylltu ei hun oddi wrth gynnwys yr erthyglau. Roeddem yn ddiolchgar dros ben iddi am hynny.

Dyma enghraifft o sut y gall amheuaeth godi rhwng pobl sydd yn rhannu'r un nod, a sut y mae'r frwydr yn rhoi pwysau ar bobl yn eu bywydau preifat fel yn y byd cyhoeddus. Mae nofelydd yn debyg o ddod yn nes na'r hanesydd at gyfleu realiti cymhleth o'r fath, ac yng nghyd-destun Gwlad y Basg mae nofelau Bernardo Atxaga yn gwneud hynny'n feistrolgar. Ond, yn naturiol, mae'r pwysau gymaint yn fwy pan fo'r mudiadau yn rhai tanddaearol a'r frwydr yn un arfog.

Haws o lawer oedd delio â darlithydd gwadd o'r Unol Daleithiau yn un o golegau Cymru a ofynnodd imi recordio cyfweliad am y Gymru gyfoes ar dâp. O'r funud y rhoddodd dair modfedd o *gin* yng ngwaelod gwydr enfawr, a llai o lawer yn ei wydr ei hun, roeddwn yn amau'r dyn. Erbyn y trydydd gwydraid roedd yn fy holi am fy morgais, fy sefyllfa ariannol, fy mhriodas a'm ffrindiau. Doedd dyn â phrofiad o fyw ym Mosco ddim yn mynd i gael ei dwyllo gan amatur rhonc. Po fwyaf yr oeddwn yn ei yfed po fwyaf ystyriol a gofalus oedd fy atebion.

Sŵn y Ffrwydro

Y lleiafrifoedd 1973–74

'Eithafwyr' oedd y gair a ddefnyddiwyd yn gyson am aelodau Cymdeithas yr Iaith gan y wasg Saesneg o'r 1960au ymlaen, ond bwriad eironig oedd gen i wrth ei gynnwys yn nheitl fy llyfr. Roeddwn am ddangos mor rhesymol oedd ein gofynion ac mor heddychlon a chymedrol y traddodiad a'r dulliau gweithredu yng Nghymru.

Yn rhyngwladol roedd naws fwy ffrwydrol i'r gair. Wedi digwyddiadau 1968 ym Mharis, roedd gwladwriaethau gorllewin Ewrop yn teimlo'n fregus. Yn 1970 sefydlwyd y Rote Armee Fraktion (Grŵp y Baader-Meinhof) yn yr Almaen a'r Brigate Rosse yn yr Eidal. Byddai eu brwydr arfog yn erbyn y wladwriaeth gyfalafol ar ei hanterth yn 1977–78. Ideoleg y chwith oedd yn eu gyrru, ac yr oedd hyn yn wir am fudiadau milwriaethus y lleiafrifoedd hefyd.

Ar hyd y 1970au bu'r Front de Libération de la Bretagne a mudiadau eraill yn Llydaw yn bomio pob math o sefydliadau Ffrengig, ym Mharis yn ogystal ag yn Llydaw ei hun. Roedd y llythrennau FLB yn cysylltu â syniadaeth y drefedigaeth fewnol gan mai'r FLN (Front de Libération Nationale) oedd newydd ennill annibyniaeth i Algeria wedi brwydr arfog. Draw yng Nghanada yr oedd y Front de Libération du Québec (FLQ) yn arddel yr un fath o ideoleg. Hyd at farwolaeth Franco ar ddiwedd 1975 roedd ETA yng Ngwlad y Basg yn ennyn cydymdeimlad eang y tu allan i Sbaen (yr oedd erthygl Sartre a gyfieithwyd yn *Planet* yn enghraifft o hyn), ac yr oedd yr un peth yn wir y tu allan i Brydain yn achos yr IRA. 30 Ionawr 1972 oedd Bloody Sunday. Ym mhob un o'r brwydrau hyn yr oedd iaith yn elfen bwysig.

Ar lefel damcaniaeth yr oedd gan fudiadau lleiafrifol y chwith broblem. Ychydig iawn a ddywedai'r testunau clasurol Marcsaidd am y cwestiwn cenedlaethol, ac roedd yr ychydig hwnnw'n agored i fwy nag un dehongliad. Canlyniad hyn oedd rhaniadau yn y mudiadau cenedlaethol o'r math a welwyd yn Iwerddon a Gwlad y Basg. Beth ddylai gael y flaenoriaeth – y frwydr ddosbarth ynteu'r frwydr genedlaethol?

Roedd pleidiau mawr y chwith yn Ewrop yn naturiol yn gwrthod y syniad o drefedigaeth fewnol yn llwyr, ond roedd gan y chwith anuniongred ar ddechrau'r 1970au feddwl mwy agored. Sut oedd sicrhau cyd-gefnogaeth a chydsafiad sosialwyr ymhlith y mwyafrif a'r lleiafrif? Roedd rhai, a finnau yn eu plith, yn chwilio am ateb i'r cwestiwn hwnnw. Yr enghraifft o sosialaeth fwy agored a ddyfynnwyd yn aml yn y dyddiau hynny oedd Iwgoslafia Tito gyda'i strwythur ffederal oedd yn parchu ieithoedd a thraddodiadau'r gwahanol weriniaethau.

Yn gynnar yn y 1970au ac yn dilyn cyhoeddi *The Welsh Extremist* fe'm gwahoddwyd i ddwy gynhadledd oedd yn codi rhai o'r cwestiynau hyn. Wnaf fi ddim trafod y trafodion! Fy mwriad yn hytrach yw cyfleu'r awyrgylch o wrthdaro a thyndra oedd yn gysylltiedig â chwestiynau iaith a lleiafrifoedd bryd hynny, a gosod y llwyfan ar gyfer y cyfnod ar ddiwedd y 1970au a dechrau'r 1980au pan fyddai'r gwrthdaro yn dwysáu yng Nghymru. Ddegawd ymhellach ymlaen eto, ar ddiwedd y 1980au, byddai'r hinsawdd ym myd y lleiafrifoedd Ewropeaidd wedi newid yn llwyr wrth i'r sefydliadau Ewropeaidd ddyfeisio ffyrdd i warantu hawliau'r lleiafrifoedd, yn arbennig yn nwyrain Ewrop. Mae'n werth cofio sut yr oedd pethau yn y 1970au er mwyn gallu mesur ac esbonio'r newid hwnnw.

Ottawa 1973. Cynhadledd Canada/UNESCO ar amrywiaeth ieithyddol. Yn amlach na pheidio y mae esboniad gwleidyddol lleol dros gynnal cynhadledd ddrudfawr ar bwnc ieithoedd lleiafrifol. Y cefndir gwleidyddol y tro hwn oedd bod Prif Weinidog Canada, Pierre Trudeau, yn wynebu etholiad, a hynny mewn awyrgylch digon cynhyrfus. Ym mis Hydref 1970 yr oedd y Front de Libération du Québec wedi herwgipio'r Conswl Prydeinig a llofruddio Gweinidog Llafur llywodraeth Québec. Yn sgil hyn pasiwyd y *War Measures Act*, deddf oedd yn caniatáu arestio a charcharu pobl heb unrhyw achos llys. Symudwyd unedau o'r fyddin i amddiffyn Senedd Canada yn Ottawa – hyn mewn dinas oedd fel arall yn gysglyd a hen ffasiwn ac yn atgoffa rhywun o Brydain mewn cyfnod cynharach. Yn ardal y Senedd yr oeddem ni'n cwrdd.

Yng ngwyneb twf y Parti Québécois a'r mudiad cenedlaethol yn y dalaith honno, llwyddodd Trudeau i ennill cefnogaeth i'w bolisïau ieithyddol pellgyrhaeddol. Yn 1973 roedd ar ganol trawsnewid statws a defnydd y Ffrangeg nid yn unig yn Québec ond trwy Ganada gyfan. O hyn ymlaen byddai'n rhaid cynnig pob gwasanaeth ffederal yn Ffrangeg yn ogystal â Saesneg, a byddai'n rhaid i benaethiaid y gwasanaethau hyn ddod yn rhugl yn y ddwy iaith neu ymddiswyddo. Yn nes ymlaen byddai Québec yn mynd ymhellach a deddfu mai Ffrangeg fyddai'r unig iaith swyddogol o fewn ei thiriogaeth, ond yn ei ddydd roedd y dwyieithrwydd a gyflwynwyd ar draws Canada gan Trudeau yn newid chwyldroadol. Dyma'r pris y bu Canada yn fodlon ei dalu am gadw Québec, ond fel y gellir dychmygu, roedd llawer o wrthwynebiad i'r mesurau iaith, ac yn awr yn 1973 yr oedd Trudeau am gael ei ailethol. Yn ystod ein cynhadledd byddai papurau newydd Ffrangeg a Saesneg Canada bob dydd yn dethol ac yn dehongli'r areithiau mewn ffordd gwbl wahanol. Yn wir, gallech feddwl bod eu gohebwyr wedi mynychu digwyddiadau gwahanol.

Gwahoddwyd llywodraethau'r byd i'r gynhadledd, a hefyd nifer o unigolion yr oedd UNESCO wedi eu dewis. Richard Hoggart, awdur *The Uses of Literacy*, oedd dirprwy reolwr cyffredinol UNESCO ers 1971, ac ef oedd yng ngofal y gynhadledd. Bu gynt yn Athro Llenyddiaeth Saesneg ym Mhrifysgol Birmingham ac roedd wedi anfon cerdyn caredig ataf adeg cyhoeddi fy llyfr ar Orwell. Darllenodd *The Welsh Extremist* hefyd. Dyna sut y cefais y gwahoddiad. Roedd rhai gwladwriaethau wedi anfon gweision sifil, ac eraill wedi anfon

Gweinidogion neu hyd yn oed y Prif Weinidog yn achos rhai gwledydd bychain.

Roedd y rhan fwyaf o'r unigolion a ddewiswyd gan UNESCO yn gefnogol i hawliau ieithyddol ac felly'n anuniongyrchol i bolisi Trudeau. Nid yn aml y mae rhywun yn cofio pwynt a wnaethpwyd mewn cynhadledd yn agos i ddeugain mlynedd yn ôl, ond rwy'n cofio'n glir rywbeth a ddywedodd Colette Guillaumin, cymdeithasegydd ifanc o Ffrainc a ddaeth yn ffeminist adnabyddus yn nes ymlaen. 'Be wnewch chi gyda'r diwylliannau mawr nerthol, cysurus eu byd?' meddai. 'Dydyn nhw ddim yn gweld eu hunain fel un diwylliant o blith llawer, ond fel Y Diwylliant y mae pawb arall yn ymylol iddo.'

Roedd sylwadau o'r fath yn ennyn adwaith ffyrnig gan nifer o'r Gweinidogion. Nid pob un ohonynt oedd wedi deall o flaen llaw mai trafod amrywiaeth ieithyddol *o fewn* y wladwriaeth yr oeddem, yn hytrach nag o fewn y byd. I gynrychiolydd yr hen drefn frenhinol yn Ethiopia roedd rhagoriaeth yr Amharig dros ieithoedd eraill ei wlad mor amlwg â hawl ddwyfol ei frenin i deyrnasu (roedd gan y frenhiniaeth flwyddyn i fynd, fel mae'n digwydd). Awgrymodd cynrychiolydd Singapore yn gyhoeddus y byddai nifer ohonom yn mynd yn syth i'r carchar petasem yn meiddio ailadrodd ein dadleuon yn ei wlad ef. Anaml y mae rhywun yn dod wyneb yn wyneb â'r gelyn mewn ffordd mor agored mewn cynhadledd. Roedd y cwbl yn brawf, fodd bynnag, ein bod yn sôn am broblem fyd-eang.

Trieste (Trst yn Slofeneg), 1974. Cynhadledd ryngwladol am y lleiafrifoedd. Mae'r gwres yn llethol, ond mae ychydig bach o awel ym mhen pellaf y morglawdd lle mae'r *bambini* euraidd yn sgrechian ac yn dal eu trwynau wrth daflu eu hunain i'r môr; ond dylem fod yn ôl yn y ganolfan gynadledda hen ffasiwn, yn dysgu am leiafrifoedd a dwyieithrwydd. Does dim awyru yno a dyw'r ffenestri ddim yn agor. Mae dros ddau gant ohonom, o bob cyfandir (ond Ewrop yn bennaf), yn cael deg munud yr un i ddarllen papur yn un o'r chwe neuadd ddarlithio. Bydd y gynhadledd yn parhau am bum niwrnod, a phan gyhoeddir y trafodion byddant yn llenwi tair cyfrol.

Tom Nairn, yr Albanwr sy'n sgrifennu yn y *New Left Review*, ofynnodd imi ddod, ac mae ganddo lawer o gysylltiadau yn yr Eidal. Etholiad sydd ar y gorwel unwaith eto, neu ni fyddem fyth yn cwrdd yma ym mis Gorffennaf. Mae llywodraeth y rhanbarth hwn, Friuli-Venezia Giulia, mewn trafferthion, ond gall ddal ei gafael ar rym dim ond iddi gael pleidlais y lleiafrif Slofeneg. Mae'n addo deddf fydd yn sicrhau hawliau i'r Slofeneg ac yn gwario ffortiwn ar y gynhadledd. Fel hyn gellir llenwi'r papurau newydd gydag erthyglau yn dangos bod dwyieithrwydd yn ffenomen fyd-eang. Ni fyddai'n ddiwedd y byd ei ganiatáu yn y gornel fach hon.

Dyw mudiadau'r dde eithafol ddim yn hoffi hyn o gwbl. Iddyn nhw, pumed golofn ar gyfer Iwgoslafia gomiwnyddol yw'r lleiafrif Slofeneg, a'r gynhadledd yn llwyfan iddynt. Oherwydd i Trieste newid dwylo gymaint o weithiau aeth yn symbol i genedlaetholwyr Eidalaidd. Yr un bobl sydd yn honni bod siaradwyr Eidaleg yn cael cam yn Istria, y tir coll dros y ffin yn Iwgoslafia. Gallwn ddisgwyl protestiadau o'r cyfeiriad hwn a hefyd o bosibl gan wrthwynebwyr NATO. Dywedir bod mwy o filwyr i'r filltir sgwâr yng nghyffiniau Trieste nag yn odid unrhyw ran arall o orllewin Ewrop. Nid ffin rhwng dwy wlad sydd yma ond rhwng dau fyd a dwy system.

Daw llawer o siaradwyr o Iwgoslafia, yn eu plith Edvard Kardelj, Slofeniad amlwg iawn yn llywodraeth Tito. Bu'r ddau yn ymladd ochr yn ochr drwy'r rhyfel ac mae Kardelj yn cyfeirio'n ysgafn at ddarn o fetel sydd wedi aros yn ei ben o'r cyfnod hwnnw. Mae'n un o ddeallusion y Blaid Gomiwnyddol yn Iwgoslafia a fe, yn ôl y sôn, ddyfeisiodd y polisïau hunanreolaeth – ar gyfer y gwahanol genhedloedd, ac ar gyfer gweithwyr ffatrïoedd unigol. Pan ddefnyddir y gair *self-management* gan Raymond Williams wrth ddadlau dros estyn ffiniau democratiaeth ym Mhrydain yn y 1980au, rwy'n tybio ei fod yn tynnu ar syniadaeth a ddeilliodd o Iwgoslafia. Yn rhyfedd iawn, byddwn yn cwrdd â Kardelj unwaith eto cyn diwedd y 1970au fel aelod o ddirprwyaeth yr Academi Gymreig i Iwgoslafia.

Ond ymwneud â digwyddiad Celtaidd y mae'r cof mwyaf byw sydd gen i am Trieste. Ar ddiwedd diwrnod o gynadledda sylwais fod rhywun ar ymylon y gweithgareddau swyddogol yn dangos ffilm fer am y bardd Gaeleg Sorley MacLean. Gaeleg yr Alban oedd iaith y ffilm a'r bardd ei hun oedd yn darllen nifer o gerddi, yn eu plith 'Hallaig'. Mae honno'n gerdd fawr. Enw coedwig yw Hallaig ar ynys Raasay lle magwyd Sorley, ac erbyn iddo ysgrifennu'r gerdd dim ond coed sydd ar ôl yno:

Tha bùird is tàirnean air ân uinneig	Hon oedd fy ffenestr i'r Gorllewin,
troimh 'm faca mi ân Aird ân Iar	Fe'i caewyd, a hoelio'r coed,
's tha mo ghaol aig Allt Hallaig	Ac mae 'nghariad wrth y nant yn Hallaig
'na craoibh bheithe, 's bha i riamh...	Yn fedwen, fel y bu erioed...

Mae'n gerdd am golled, am golli cymuned, ond dyw dweud hynny ddim yn ddigon. Mae teyrngarwch angerddol y bardd yn codi'r meirwon yn fyw a bydd yn gwneud hynny tra bo darllenwyr i'r gerdd. Dyma fentro cyfieithu ychydig yn rhagor o'r penillion:

Tha iad fhathast ann a Hallaig,	Maen nhw yma o hyd yn Hallaig,
Clann Ghill-Eain's Clann MhicLeòid,	Tylwyth y Macleod a'r Maclean,
na bh' ann ri lin Mhic Ghille-Chaluim:	Pawb o amser Mac Gille Chaluim:
Chunnacas na mairbh beò.	Gwelwyd y meirwon yn fyw.
Na fir 'nan laighe air ân lianaig	Y dynion yn gorwedd yn y libart
aig ceann gach taighe a bh' ann,	Wrth dalcen pob tŷ oedd gynt,
na h-igheanan 'nan coille bheithe,	Llwyn bedw, y merched cefnsyth,
direach ân druim, crom ân ceann.	A'u pennau'n plygu yn y gwynt.
Eadar an Leac is na Feàrnaibh	Ar y ffordd rhwng y Wern a'r Llechfaen
rha 'n rathad mór fo chóinnich chiùin	Mae'r mwsogl yn dyner haen,
's na h-igheanan 'nam badan sàmhach	A'r merched yn fintai dawel
's dol a Chlachan mar o thùs.	Yn cerdded i'r llan fel o'r blaen.
Agus a' tilleadh as a' Chlachan,	Ac yn cerdded yn ôl o Suisnish
á Suidhisnis 's á tir nam beò;	O dir y byw ac o'r llan,
a chuile té òg uallach	Yn ysgafndroed ac yn ifanc
gun bhristeadh cridhe an sgeòil.	Heb dorcalon y gân.

Wrth i'r ffilm orffen ac i'r gynulleidfa fechan ddechrau gwasgaru, roedd dyn yn y rhes o fy mlaen yn sychu deigryn o gornel ei lygad. Gwyddel oedd hwn o'r enw Ruairí ac roedd yn deall yr Aeleg. Aethom i ginio wedyn: Ruairí a Gwyddel arall oedd yn ei gwmni; Tom Nairn; gwneuthurwr y ffilm Doug Eadie; a finnau. Cofiodd Ruairí yn sydyn bod rhaid iddo newid arian. Gan mai dim ond yng ngorsaf y rheilffordd y byddai modd gwneud hynny am wyth o'r gloch y nos, penderfynodd chwilio am dacsi ac mi es i gydag ef er mwyn helpu gyda'r Eidaleg. Wrth i ni gyrraedd yr orsaf, edrychodd dros ei ysgwydd. 'Tebyg,' meddai, 'bod heddlu tair gwlad yn ein dilyn,' ac yn wir yr oedd tri char arall yn tynnu mewn o flaen y stesion. Ar y ffordd yn ôl i'r tŷ bwyta dysgais pwy oedd Ruairí: Ruairí Ó Brádaigh, Llywydd y Provisional Sinn Féin ar y pryd, a phennaeth yr IRA cyn hynny, yn ôl y sôn. Mae'n dal ar dir y byw, yn weriniaethwr diwyro na dderbyniodd safbwynt Gerry Adams na'r cytundeb rhannu grym yn Stormont.

Nid pobl Sinn Féin oedd yr unig rai o Ogledd Iwerddon yn y gynhadledd. Roedd hefyd gynrychiolaeth o garfanau unoliaethol adain chwith, yn eu plith y British and Irish Communists, grŵp y bu Gwyn Alf Williams yn perthyn iddo am gyfnod. Ystyr y teitl hwnnw, gyda llaw, oedd 'Prydeinig a Gwyddelig yr un pryd' yn hytrach na dwy garfan ar y cyd. Roedd ganddynt fframwaith ideolegol cymhleth iawn oedd yn tynnu ar bamffledyn Stalin am ieithyddiaeth.

Cyn diwedd cynhadledd Trieste trefnwyd cyfarfod rhwng Sinn Féin a'r mudiadau unoliaethol adain chwith. Caewyd nhw mewn ystafell fechan yn y ganolfan gynadledda, a safodd Tom Nairn a finnau tu allan i'r drws i sicrhau na fyddai tystion eraill i gyfarfod y byddai'n gwbl amhosibl ei gynnal ym Melfast ar y pryd.

Cenedl Dan Warchae

Gwlad y Basg 1971–77

YMHLITH Y LLYTHYRAU A dderbyniais yn dilyn cyhoeddi *The Welsh Extremist* yn 1971 yr oedd un o dref Donibane Lohizune (St Jean de Luz yn Ffrangeg) yn rhan ogleddol Gwlad y Basg, Iparralde. Roedd yr awdur yn byw yn alltud yno ar ôl dianc o wladwriaeth Sbaen. Dan yr enw Txillardegi mae awdur y llythyr, José Luis Álvarez, heddiw yn adnabyddus am ei weithgaredd gwleidyddol ar hyd y blynyddoedd, a hefyd fel mathemategydd, ieithydd a nofelydd. Dyn o faint canolig, sgwâr yr olwg, gyda gwallt ac aeliau trwchus, sbectol fawr, a chwerthiniad cynnes yw José Luis. Dros y blynyddoedd daethom yn gyfeillion. Dyw ei nofelau ddim yn ymwneud â gwleidyddiaeth o gwbl ond yn hytrach â chwestiynau mawr athronyddol bodolaeth.

Ar fy ymweliad cyntaf â José Luis cefais fy nghyflwyno i nifer o alltudion eraill o'r de, gan gynnwys Telésforo de Monzón. Fe oedd yr unig un oedd ar ôl o Weinidogion llywodraeth annibynnol Gwlad y Basg a sefydlwyd adeg rhyfel cartref Sbaen. Roedd yn gawr o ddyn cefnsyth, moel, ymhell dros chwe throedfedd ac o gwmpas y saith deg oed. Fel llawer un arall, roedd wedi disgwyl gweld y cynghreiriaid yn dymchwel Franco ar ddiwedd yr Ail Ryfel Byd. Bryd hynny dywedodd de Gaulle, wrth annerch dynion y Bataliwn Basg ym Murdeos, y byddai'n croesi mynyddoedd y Pyrenees gyda nhw.

Nid felly y bu, ac wrth i'r blynyddoedd fynd heibio closiodd gwledydd y Gorllewin fwyfwy at Franco ac fe deimlodd y Basgiaid eu bod yn cael eu bradychu dro ar ôl tro. Pan brynodd Franco awyrennau rhyfel gan Ffrainc, ymgymerodd llywodraeth y wlad honno y byddai, fel rhan o'r cytundeb, yn symud nifer o genedlaetholwyr Basg, a Telésforo yn eu plith, o ardal y ffin. 'O leiaf,' meddai, 'rwy'n gwybod fy ngwerth nawr: tair awyren *Mirage.*' Bu'n arwain streic newyn hir yn eglwys gadeiriol Baiona i brotestio yn erbyn y polisi.

Cwrddais hefyd â thri aelod o ETA yn y gogledd, a dyma'r unig dro imi wneud hynny, hyd y gwn i. Roedd yn rhaid trefnu i gwrdd a siarad mewn maes parcio, nhw a ninnau yn cyrraedd mewn ceir gwahanol. Roeddynt yn ddynion ifainc yn eu hugeiniau hwyr, ffit yr olwg, cwrtais a thawel eu ffordd, ond yn ddigon bodlon ateb cwestiynau. Bu dau ohonynt yn offeiriadon gan dreulio amser yn Ne America. Daethant o gefndir dosbarth gweithiol a chael eu hyfforddi ar gyfer yr Eglwys. Roedd hynny'n fodd i gael addysg uwch, fel yr oedd mynd yn weinidog yn achos fy nhad yng Nghwmaman, Aberdâr.

Yn wahanol i'r hyn a ddigwyddodd yng ngweddill Sbaen, roedd yr Eglwys Gatholig yng Ngwlad y Basg wedi aros gyda'r werin adeg y rhyfel cartref. Yn wir, roedd Esgob Gasteiz (Vitoria yn Sbaeneg) wedi teithio i Rufain ac erfyn ar y Pab i beidio ag ochri gyda Franco – ond yn ofer. Mae'n debygol felly bod y dynion ifainc yr oeddwn yn siarad â nhw wedi cychwyn gyda rhywfaint o gydymdeimlad â'r achos cenedlaethol. Ond tlodi De America a Diwinyddiaeth Rhyddhad oedd wedi eu radicaleiddio. Roeddynt yn defnyddio termau Marcsaidd ac yn gweld y frwydr genedlaethol yn frwydr dros gyfiawnder cymdeithasol hefyd. Roedd Marcsiaeth, fel yr Eglwys, yn cynnig bydolwg oedd yn honni ei fod yn esbonio popeth, a chefais yr argraff nad oedd symud o'r naill gred i'r llall wedi bod mor anodd â hynny. Wn i ddim a oeddynt yn dal i gredu yn Nuw. Fyddai hynny ddim yn gwbl amhosibl. Yn y cyfnod hwnnw yr oedd rhai'n llwyddo i gyfuno Marcsiaeth â Diwinyddiaeth Rhyddhad.

Yn nes ymlaen yr un diwrnod roedd offeiriad hŷn yn un o'r cwmni o gwmpas y bwrdd bwyd. Cyfeiriais ato'r cwestiwn yr oedd yn rhaid i Gymro ei ofyn: onid oedd trais ETA yn ei boeni? 'Roedd yn ein poeni ar y cychwyn,' atebodd, ac mae'r ateb wedi aros yn y cof. A sôn am y cychwyn, roedd fy nghyfaill José Luis yn un o'r rhai a sefydlodd EKIN, cymdeithas fyfyrwyr yn

Bilbo a newidiodd ei henw i ETA yn 1959. Am ddeng mlynedd, rhwng 1952 a 1962, mudiad diwylliannol oedd hwn yn dysgu Basgeg a hanes Gwlad y Basg, ond yn gorfod gwneud hynny'n danddaearol. Yn y cyfnod hwnnw ystyriwyd dosbarthu eu taflenni yn drosedd ddifrifol gan yr heddlu a bu José Luis yn y carchar ddwywaith. Wedi sefydlu ETA yn 1959 cafwyd trafodaeth fewnol hir am drais. Roedd carfan yn dadlau dros weithredu uniongyrchol, heddychlon, agored, yn null Gandhi, ond yn amgylchiadau Sbaen ar y pryd roedd hi'n anodd gweld hyn yn gweithio. Doedd dim modd rhoi cyhoeddusrwydd i'ch gweithredoedd fel yng Nghymru, a'r tebygrwydd oedd y byddai pawb oedd yn dangos eu hunain ar y strydoedd yn diflannu i'r carchar. Yn y diwedd fe benderfynwyd dechrau ymgyrch o drais yn erbyn eiddo'n unig, a dyna fu'r polisi hyd 1968 pan orchmynnodd ETA ladd Manzanas, pennaeth yr heddlu yn Irun. Bu'n gyfrifol am ladd nifer o genedlaetholwyr a sosialwyr, ac roedd wedi arteithio carcharorion â'i ddwylo ei hun. Ymhell cyn 1968, fodd bynnag, yr oedd José Luis wedi gorfod dianc i Ffrainc rhag cael ei arestio a'i garcharu am y trydydd tro. Yn y cyfamser yr oedd wedi priodi a chael plant.

Bu José Luis yn alltud o dde Gwlad y Basg (Hegoalde yn y Fasgeg) am un ar bymtheg o flynyddoedd i gyd, a dim ond chwech ohonynt yn Iparralde. Roedd mwy o gefnogaeth i'w chael gan y gymdeithas yn yr ardal honno, yn naturiol, ond roedd hi'n dal yn anodd cael gwaith a chynnal teulu. Doedd dim papurau ganddo, ac ni allai fanteisio ar y gwasanaeth iechyd na derbyn budd-dal diweithdra. Pan dderbyniodd José Luis delegram gan Préfet y rhanbarth yn gorchymyn iddo adael y rhan Fasg o Ffrainc, atebodd mai rheitiach fyddai iddo fe, José Luis, ofyn i'r Préfet (oedd yn Ffrancwr) adael. Ond symud fu'n rhaid ac yn nes ymlaen gorchmynnwyd i José Luis adael Ffrainc yn gyfan gwbl. Bryd hynny, fel nifer o Fasgiaid eraill, cafodd loches a gwaith yn Fflandrys, ond erbyn i mi gwrdd ag ef roedd yn ôl yn Iparralde.

Rhwng 1971 a marwolaeth Franco ar ddiwedd 1975,

ymwelais sawl gwaith â rhan ddeheuol Gwlad y Basg. Doedd hi ddim yn anghyfreithlon bellach i ddefnyddio rhywfaint o *Euskera* (yr iaith Fasgeg) ym meysydd addysg a diwylliant, os oedd hynny yn y sector breifat a thu ôl i ddrysau caeëdig – hynny yw, ni fyddai nawdd cyhoeddus i'r iaith na phresenoldeb gweledol ganddi. Yr un pryd, fodd bynnag, byddai'r heddlu'n drwgdybio pawb oedd yn weithgar yn y meysydd hyn o fod â chysylltiad ag ETA. Arestiwyd y bobl fwyaf cymedrol a'u harteithio. Roedd pum mlynedd olaf Franco gyda'r gwaethaf o ran y rheolaeth filwrol ar y wlad. Cyhoeddwyd stad o argyfwng oedd yn caniatáu i'r heddlu a'r fyddin stopio ac archwilio aelodau o'r cyhoedd ar unrhyw adeg. Petasent yn eich arestio byddai llai o hawliau gennych nag yn rhannau eraill Sbaen hyd yn oed. Ond mae dwy ochr i ryfel bob amser ac roedd y Guardia Civil a'u teuluoedd yn byw dan warchae tu ôl i waliau uchel a weiren bigog ar gyrion y trefi a'r pentrefi.

Dyma oedd dyddiau arwrol ETA, pan oedd y mudiad arfog wir yn cynrychioli'r genedl ac yn ei hamddiffyn. Gallai streic gyffredinol ddilyn llofruddiaeth un o'i arweinyddion. A doedd dim angen i ETA fewnforio arfau i'r graddau yr oedd yr IRA yn ei wneud. Cymoedd diwydiannol Gwlad y Basg, a thref Eibar yn arbennig, oedd yn cynhyrchu llawer o'r arfau a wnaed yn Sbaen. Roedd rhannau o bob math rywsut yn mynd ar goll yn y ffatrïoedd ac yn ailymddangos wedi eu cyfosod ac yn nwylo ETA. Gwelai pawb fod cyfnod Franco yn dirwyn i ben.

Cynigiai hyn gyfle i ETA, ond i'r fyddin yr hunllef waethaf fyddai gweld Sbaen yn datgymalu. Dywedodd y monarchydd Calvo Sotelo ar ddechrau'r rhyfel cartref y byddai'n well ganddo weld Sbaen yn nwylo'r cochion na'i gweld yn deilchion, a dyna oedd safbwynt y fyddin o hyd: *Antes una España roja que una España rota.*

Ar fy nhaith gyntaf i dde Gwlad y Basg cefais restr gan José Luis o bobl oedd yn weithgar ym maes iaith a diwylliant. Nid pobl danddaearol oedd y rhain ac eto roeddynt i gyd yn hyrwyddo'r diwylliant dan amodau anodd iawn. Roeddwn yn synnu gymaint ohonynt oedd, fel José Luis, yn wyddonwyr neu'n beirianwyr wrth eu galwedigaeth, ond dyna lle'r oedd cryfder yr economi, yn y diwydiant dur, mewn gwaith peirianyddol ac adeiladu llongau. Yn un o'r cymoedd diwydiannol gwelais *ikastola*, sef ysgol cyfrwng *Euskera*, yn gweithredu heb unrhyw arian cyhoeddus. Byddai Dosbarth 1 yn cwrdd yng nghefn y siop fara, Dosbarth 2 yn festri'r eglwys, ac yn y blaen, ac roedd rhieni'r dref yn cyfrannu at gost cludo plant y wlad.

Breuddwyd y gymdeithas rieni bellach oedd codi ysgol newydd sbon ar ben y bryn. Byddai bodolaeth banciau lleol yn gymorth wrth fenthyg arian, ond wedi dweud hynny, aelodau'r gymdeithas rieni fyddai'n gorfod gwarantu'r ddyled ac nid pobl gyfoethog oedd trigolion y cymoedd diwydiannol. Roedd yr un cryfder cymunedol, yr un uniaethu â'r iaith, i'w weld yn y cwmnïau cydweithredol yn Arrasate (Mondragón yn Sbaeneg). Sefydlwyd y cyntaf ohonynt ar raddfa fechan yn 1956 ac erbyn imi ymweld yn y 1970au roeddynt eisoes yn llwyddiant. Heddiw maent yn cyflogi dros 90,000 o bobl ac yn cynnal prifysgol.

Yr un genhedlaeth, cenhedlaeth fy nghyfaill José Luis, a sefydlodd ETA, yr *ikastolas* cynnar, a'r cwmnïau cydweithredol. Roedd yn ganlyniad i golli ffydd y byddai achubiaeth yn dod o'r tu allan. Bu llywodraeth alltud y Basgiaid ym Mharis yn weithgar yn syth wedi'r Ail Ryfel Byd, ond wrth i'w haelodau heneiddio roeddynt yn raddol yn colli cysylltiad â'r hyn oedd yn digwydd o fewn y wlad.

Dyna pryd y penderfynodd cenhedlaeth newydd y byddai'n rhaid iddynt wneud y cyfan drostynt eu hunain. Cenhedlaeth ddewr a galluog a dyfeisgar oedd hon, yn tynnu ar nerth cymunedol rhyfeddol, ac ni ddylid ei barnu wrth yr hyn ydyw ETA heddiw. Erbyn y 1970au roeddynt wedi cael bendith Telésforo de Monzón, y cyn-Weinidog yr oeddwn wedi cwrdd ag ef ar fy ymweliad cyntaf â Gwlad y Basg. Drwyddo ef y crëwyd rhyw fath o ddilyniant rhwng y mudiadau newydd â'r llywodraeth annibynnol gynt.

Ar ôl ymweliad â Gwlad y Basg yn 1975 teimlais fod rhaid imi geisio gwneud rhywbeth i ddangos bod y byd tu allan yn sylwi ar yr hyn oedd yn digwydd yno. Roedd deugain mil o filwyr arfog (yn atebol i neb ond unben) yn meddiannu gwlad maint Cymru, a doedd y nesaf peth i ddim i'w weld ym mhapurau a chyfryngau Prydain. Cysylltais â nifer o newyddiadurwyr a phobl deledu, gan gynnwys rhai yng Nghymru, yn awgrymu y dylent anfon rhywun draw – ond yn ofer. Cysylltais â Phlaid Cymru yn San Steffan a chael ymateb cadarnhaol yn syth. Ers y flwyddyn cynt roedd tri aelod o'r Blaid yn y Senedd. Petaswn yn paratoi papur cefndir ac yn fodlon dod gyda nhw, byddai Gwynfor a Dafydd Wigley yn mynd at Lysgennad Sbaen yn Llundain i brotestio am y stad o argyfwng.

Manuel Fraga Iribarne oedd y Llysgennad ar y pryd, tarw o ddyn i edrych arno, ei drwyn yn hir a'i ben yn moeli o'r tu blaen. Os ystyr llwyddiant i wleidydd yw aros yn y gêm yn hir, mae Fraga yn bencampwr. Yn 1962, pan oeddwn i yn Salamanca, fe'i penodwyd yn Weinidog Información y Turismo yn llywodraeth Franco. Yr adran honno oedd yn gyfrifol am sensoriaeth ac felly am wahardd y *Times* adeg fy llith olygyddol. Yng nghyfnod y trawsnewid bu Fraga yn gofalu am ddiogelwch a bryd hynny y cafodd enw am fod yn llawdrwm iawn yn erbyn streicwyr a phrotestwyr. Yn nes ymlaen bu'n Weinidog yn llywodraeth yr Alianza Popular a rhwng 1990 a 2005 bu'n Arlywydd Galicia. Mae'n dal yn weithgar yn wleidyddol o fewn y Partido Popular. O fewn llywodraeth Franco ystyriwyd ef yn foderneiddiwr a thebyg iddo gael ei ddewis ar gyfer Llundain er mwyn creu'r argraff fod Sbaen yn newid.

Cawsom dderbyniad graslon a chynnig sieri gorau Sbaen. Doedd dim angen inni boeni am Wlad y Basg, meddai Fraga. Dyrnaid bach o derfysgwyr oedd yn codi twrw. Deugain mil o filwyr? Doedd yr union ffigwr ddim ganddo ond roedd e'n amau'n fawr a oedd cymaint. 'A beth am y Fasgeg?' gofynnodd Gwynfor. 'Edrychwch, gyfeillion,' atebodd Fraga. 'Basges yw fy mam – dyna yw'r enw Iribarne – a gallaf eich sicrhau nad yw'r Fasgeg yn iaith go iawn. I gychwyn, allwch chi mo'i hysgrifennu.' 'Rwy'n cael hynny'n anodd i gredu,' meddwn i, 'mae cyfaill newydd anfon gwerslyfr mathemateg ataf a gyhoeddodd yn yr iaith honno.' Doedd fy sylw ddim wrth ei fodd. 'Dyw hynny ddim yn bosib,' meddai'n swta.

Cwrddais â Fraga unwaith eto, ym mis Mehefin 1977, yn y cyfnod yn arwain at etholiadau cyntaf Sbaen wedi Franco. Roedd José Luis ac eraill wedi ffurfio plaid fyrhoedlog yr ESB (y Blaid Sosialaidd Basg) a unodd yn nes ymlaen â'r glymblaid Herri Batasuna. Ar y noson olaf cyn dychwelyd i Gymru bûm mewn un o'i gyfarfodydd ger Donostia. Wedi'r cyfarfod aeth José Luis â fi yn ei gar i ddal y trên dros nos i Baris. Roeddwn yn cario bag a hefyd rolyn hir yn dal posteri. Wrth i ni agosáu at yr orsaf gwelsom fod dwsin neu fwy o Land Rovers y Guardia Civil yn amgylchynu'r lle. Penderfynwyd y byddai'n well imi gerdded gweddill y ffordd. Roedd bar yr orsaf yn llawn pobl a fyddai fy nhrên ddim yn cyrraedd am dri chwarter awr.

Dyna pryd y daeth dyn bach mewn siwt ataf a dweud rhywbeth yn *Euskera*. Doeddwn i ddim yn ei ddeall, ac fe newidiodd i Gastileg yn syth. Tynnodd gerdyn swyddogol o'i boced a'i ddangos i mi. Roedd yn perthyn i ryw fath o heddlu ac yn gofyn i mi fynd gydag ef i gael fy holi. Roedd yn ddigon cwrtais. Mwy na thebyg ei fod yn gwybod mai tramorwr oeddwn a bod y cwestiwn yn *Euskera* yn ffordd o brofi a oeddwn yn medru'r iaith.

Digwyddais godi fy llygaid a gweld, dros ysgwydd y dyn bach, ben ac ysgwyddau Fraga oedd yn sefyll wrth y bar. 'Ai Don Manuel Fraga yw'r dyn wrth y bar?' gofynnais. 'Ydych chi'n ei nabod?' 'Rhyw ychydig, o'r adeg y bu'n llysgennad yn Llundain.' 'Arhoswch fan hyn,' meddai'r dyn bach a mynd yn syth at Fraga. Daeth y ddau draw a thrwy lwc yr oedd Fraga yn fy nghofio. Cawsom sgwrs fer am yr etholiad ond doedd dim hwyliau arno, ac yn ôl dyn camera oedd ar y trên, ychydig oedd wedi dod i wrando ar Fraga yn Donostia. Yn y cyfamser, roedd y dyn bach wedi diflannu ac ni fu sôn pellach am fy holi.

A da hynny, petasai swyddog diogelwch personol Fraga yn rhan o'r broses. Byddai yno yn yr orsaf yn ddi-os. Cychwynnodd Rodolfo Almirón yn y swydd yn 1975 ar ôl ffoi o'r Ariannin lle bu'n amlwg yn sgwadiau drwgenwog y Triple A (Alianza

Anticomunista Argentina) a laddodd gannoedd yn y cyfnod *peronista*. Pan ddaeth ei gefndir yn hysbys yn 1983, gorfododd y sgandal i Fraga gael gwared arno, ond y sgandal fwyaf o lawer yw bod Almirón ymhen amser wedi cael yr un swydd yn gofalu am Felipe González, Prif Weinidog sosialaidd Sbaen.

* * * * *

O'r 1980au ymlaen byddai pob math o reswm gan y Cymry i ymddiddori yng Ngwlad y Basg: y polisïau addysg, y sianeli teledu, y papur dyddiol Basgeg, a'r ffaith fod y pethau hyn i gyd yn bodoli mewn gwlad nid annhebyg i Gymru o ran maint y boblogaeth a'r ganran oedd yn siarad yr iaith frodorol. Ond yn y 1970au doedd dim ystadegau na gwybodaeth ddiweddar i'w cael am yr iaith. Doedd dim cyfryngau Basgeg, dim papurau newydd, prin iawn oedd y llyfrau a phwy heblaw ychydig o blant ysgol oedd yn medru darllen *Euskera*, beth bynnag, wedi'r degawdau heb addysg a heb lyfrau? Yr hyn wnaeth argraff ddofn arnaf yn y 1970au oedd ysbryd penderfynol ac ymdrech gymunedol y Basgiaid a'r ffaith eu bod yn gosod yr iaith yng nghanol y frwydr.

Mae fy nghof gweledol ar waith eto, yn tynnu digwyddiad o'i gyd-destun penodol ac yn ei droi yn symbol. Rwy'n sefyll ar lan ddeheuol afon Bidasoa lle mae'r afon yn dechrau lledu a throi'n aber. Dyma'r ffin rhwng Ffrainc a Sbaen, y ffin sydd hefyd yn rhannu Gwlad y Basg. Ond heddiw mae'r afon yn uno'r genedl. Wedi i grŵp parafilwrol adain dde lofruddio un o arweinwyr ETA, bydd ei weddw'n gwasgaru'r lludw yn nyfroedd yr aber. Cyfeillion o Donostia ddaeth â fi i weld y ddefod. Yn ôl y sôn, mae'r Guardia Civil yn bla ar y priffyrdd, yn gofyn i weld papurau er mwyn rhwystro pobl rhag ymgasglu. Wrth lwc, roedd ein gyrrwr yn gwybod am ffordd gefn, ond mae llawer wedi cyrraedd oriau o'n blaenau gan wybod beth fydd tacteg yr heddlu.

Dros y dŵr gyferbyn â ni ar ochr Ffrainc mae rhesi hir o bobl yn sefyll ar hyd yr afon, yn eu cannoedd. Ar ein hochr ni mae torf fwy sylweddol yn drwch ar hyd y glannau i'r ddau gyfeiriad, mor bell ag y gallaf weld. Yn sydyn, mae pawb yn tewi. Yn uwch i fyny, heibio troad yn yr afon, daw bad fflat i'r golwg, yn symud yn araf gyda'r llif, ac yn araf, araf nesáu a phasio heibio ar ei ffordd i ddŵr agored yr aber. Yng nghefn y bad saif merch dal a thenau, ei gwallt yn ddu, yn edrych yn syth o'i blaen fel delw gerfiedig. Mae llygaid pawb yn dilyn ac yn syllu. Dyma beth yw dwys ddistawrwydd. Dyma genedl dan warchae ond gyda'i gilydd.

Sianel Gymraeg!

Achos Pencarreg 1979–80

11 HYDREF 1979. MAE'N amser te a'r llestri gorau ar fwrdd y parlwr. Mae pâr priod parchus iawn, pileri'r gymdeithas yn Llanybydder, wrthi'n pasio'r cwpanau te i dri o westeion parchus. Prifathro Coleg Coffa Abertawe yw'r cyntaf, sef Pennar Davies. Uwch-ddarlithydd yn Adran Allanol Coleg Prifysgol Caerdydd yw'r ail, ond mae'n adnabyddus i bawb yn y Gymru Gymraeg o'i gyfnod yn y BBC ac fel perfformiwr ar lwyfannau'r genedl. Hwn yw Meredydd Evans, Merêd. Fi yw'r trydydd, o genhedlaeth iau, a newydd godi i ris uwch o barchusrwydd wrth gael fy nyrchafu'n Uwch-ddarlithydd yn Adran Saesneg Coleg Prifysgol Aberystwyth. O bryd i'w gilydd mae pennau nifer o fyfyrwyr yn ymddangos wrth ddrws y parlwr.

Pan fydd hi wedi nosi, car y myfyrwyr sy'n gadael gyntaf a ninnau'n dilyn ymhen rhyw ddeng munud. Rydym yn cwrdd ar ben Mynydd Pencarreg wrth yr orsaf trosglwyddo teledu o'r un enw. Wedi iddynt dorri twll yn y ffens ac agor y drysau, mae'r myfyrwyr yn diflannu. Ni sydd i ddiffodd y trosglwyddydd, ond dyw hynny ddim mor hawdd – mae cymaint o switsys cymhleth. O'r diwedd dyma lwyddo i droi swits sydd yn rhoi stop ar yr hymian uwch ein pennau.

Wedi hir aros, a phan fydd Pennar ar ganol esbonio'r rhaniadau cymdeithasol a chrefyddol yn Fflorens ar ddiwedd y bymthegfed ganrif, dyma ddau heddwas yn cyrraedd o Lambed. Mae un yn nabod Merêd yn syth ac mae'r ddau'n dechrau trafod eisteddfod leol y bu Merêd yn beirniadu ynddi. Rydym yn mynd o'n gwirfodd i orsaf yr heddlu yn Llambed, ble bydd mwy o drafod eisteddfodau. Wedi hir aros a llawer o ffonio, cawn fynd adref heb unrhyw gyhuddiad yn ein herbyn. Roeddwn wedi disgwyl treulio'r noson yn y celloedd.

Rwy'n cael ar ddeall yn nes ymlaen mai hyn oedd y broblem: er mai eiddo'r Swyddfa Bost oedd yr adeilad cyfan, roeddem ni mewn ystafell a logwyd gan y BBC. Rhaid oedd cael cadarnhad ganddyn nhw ein bod yn tresmasu. Yng Nghaerdydd, roedd pawb am basio'r broblem yn uwch nes ei bod hi'n cyrraedd Owen Edwards, pennaeth y BBC. Roedd yntau allan i ginio, a chyn oes y ffôn symudol dyna ddiwedd ar bethau. Ond mi welais Owen Edwards ymhen rhyw ddeuddydd, wyneb yn wyneb, a hefyd Aled Vaughan, pennaeth HTV Cymru. Roeddem ein tri yng nghyfarfod y Bwrdd Ffilmiau Cymraeg yng Ngregynog ac yn ysgwyd llaw yn wresog. Cymru fach i mi!

Drannoeth y weithred, ar fy ffordd i gynnal seminar am naw o'r gloch, cwrddais â'm pennaeth adran, Arthur Johnston. Roedd mewn cyflwr mwy nerfus na fi. Dywedodd y byddai'n rhaid iddo fynd yn syth i weld y Prifathro, Goronwy Daniel. Mi gymerais y seminar fel arfer ac ar y diwedd arhosodd yr unig Gymraes yn y dosbarth ar ôl. 'Byddwch chi'n colli'ch swydd nawr,' meddai hi, gan edrych yn ddifrifol o drist arnaf. Roeddwn yn ddiolchgar am ei chydymdeimlad, ond i ddweud y gwir, doeddwn i heb feddwl llawer am hynny. Nid er mwyn cael swydd yr oeddwn wedi dychwelyd i Gymru.

Ond roedd hi wedi rhoi ei bys yn syth ar rywbeth pwysig. Yn y Gymru Gymraeg oedd mor ddibynnol ar y sector gyhoeddus, a'r sector addysg yn arbennig, swyddi cyfrifol yn y meysydd hyn oedd yn rhoi statws uchel i chi. Oherwydd hynny, roedd gosod swydd o'r fath yn y fantol yn cyfrif mwy nag y byddai, dyweder, yn Southampton. Roedd pryder y fyfyrwraig, felly, yn fesur o ddifrifoldeb y weithred yng ngolwg y cyhoedd Cymraeg.

Ond doedd dim angen iddi boeni. Cyn i mi weld fy mhennaeth adran eto roedd y post mewnol wedi cyrraedd. Mewn amlen wedi ei chyfeirio ataf â llaw yr oedd cerdyn gyda'r geiriau: 'Hawdd gen i ddeall eich cymhellion. Goronwy Daniel.' Roedd rhuddin yn y dyn, ac roeddwn yn ffodus mai ef oedd wrth y llyw yn Aberystwyth. Chlywais i ddim pellach gan awdurdodau'r coleg.

Ein cymhellion yn ôl y datganiad a wnaethpwyd adeg y

weithred oedd tynnu sylw at argyfwng cynyddol darlledu Cymraeg wedi i lywodraeth Mrs Thatcher wrthod anrhydeddu'r addewid i sefydlu Sianel Gymraeg ar y bedwaredd sianel. Bu hynny ym maniffesto'r Ceidwadwyr yn ogystal â rhai'r pleidiau eraill. Gweithredwyd yn enw Cymdeithas yr Iaith Gymraeg, ac wedi i ni ymddangos o flaen Llys y Goron Caerfyrddin ym mis Gorffennaf 1980, cyhoeddwyd ein datganiadau mewn llyfryn â'r teitl *Achos y Tri*. Dwrn yn dal rhosyn – symbol sosialwyr Sbaen – oedd ar y clawr. Roedd hynny'n neges hefyd.

Wrth i'r tri ohonom ymhelaethu ar ein cymhellion, mae rhywfaint o amrywiaeth i'w weld yn y pwyslais. Roedd torri'r gyfraith yn gam mwy sylweddol i genhedlaeth Pennar a Merêd nag ydoedd i mi, un o blant 1968, ac mae'n naturiol eu bod nhw'n treulio mwy o amser yn dangos y cyfiawnhad moesol dros dorcyfraith. Mae fy natganiad i'n pwysleisio fy ngwybodaeth arbenigol am faes darlledu ond hefyd yn cyfeirio fwy nag unwaith at y cyd-destun ehangach:

> Ni fydd sianel Gymraeg yn datrys holl broblemau'r iaith heb sôn am broblemau economi Cymru, ond mae teledu yn fater pwysig. Gwyddwn dipyn am y maes cymhleth hwn. Roedd consensws pobl Cymru ar y mater yn glir. Yn raddol sylweddolais y byddai cenedl a oedd yn bodloni ar y driniaeth a dderbyniodd ym mater y sianel yn fodlon derbyn popeth. I mi gweithred fach symbolaidd yn dangos ein bod yn gwrthod y fath driniaeth oedd gweithred Pencarreg.

Oherwydd y misoedd o oedi cyn llunio cyhuddiadau yn ein herbyn, roedd digon o gyfle gennym i annerch cyfarfodydd. Gallai'r wasg a'r cyfryngau adrodd amdanom a chyfweld â ni heb unrhyw gyfyngiadau cyfreithiol. Cawsom ein derbyn fel arwyr yng nghynhadledd Plaid Cymru. Mae tri yn rhif chwedlonol yng ngwleidyddiaeth Cymru ac yn fuan iawn gwelwyd cymharu Tri Pencarreg â Thri Penyberth.

Roedd dau o arwyr Penyberth ar dir y byw a chafwyd llythyr gan y naill a'r llall drwy law Pennar. Mae canmoliaeth Valentine i ni mor ormodol fel na welaf fy ffordd i ddyfynnu mwy na'r frawddeg olaf deimladwy: 'Gŵr wyf fi sydd â'i draed ar y filltir olaf, ac yr wyf yn bersonol dan ddyled i chwi am sionci fy ngherddediad arni.'

Cyngor ar sut i bledio, ac am y defnydd o'r Gymraeg a'r Saesneg yn y llys, yw swmp llythyr Saunders, i gyd yn seiliedig ar ei brofiad adeg achos Penyberth. Mae'r brawddegau agoriadol a therfynol mor nodweddiadol o'r dyn, fodd bynnag, fel bod rhaid eu dyfynnu:

> Dyma'r peth pwysicaf sy wedi digwydd yng Nghymru ers deugain mlynedd. Os na sylweddola'r Cymry Cymraeg hynny, os gadael yr holl frwydr i'r efrydwyr a wnânt eto, yna byddai'n well gennyf i fynd i Iwerddon i farw.
>
> ....
>
> Fy mendith arnoch a'm gweddi drosoch. Fel rheol yr wyf i'n rhy swil i ddefnyddio'r termau duwiol hyn, oblegid nid duwiol ydw i o gwbl, ond un enbyd amheus wrth natur ond sy'n ceisio glynu wrth argyhoeddiad nad yw'r bydysawd yn ddamwain ddiystyr.

Ddiwedd mis Gorffennaf 1980 penderfynodd y barnwr yn Llys y Goron Caerfyrddin beidio â'n hanfon ni i'r carchar rhag creu merthyron ohonom. Dewisodd yn hytrach osod dirwy o fil o bunnoedd yr un, oedd yn swm sylweddol ar y pryd. Erbyn diwedd wythnos yr Eisteddfod Genedlaethol roedd y diflino D O Davies wedi codi mwy na digon mewn rhoddion i dalu'r dirwyon. Ac roedd ein cyfreithwyr wedi rhoi eu gwasanaeth am ddim.

A fu hyn i gyd o gymorth i ymgyrch y Sianel? Fe sicrhaodd gyhoeddusrwydd sylweddol yn y wasg Lundeinig a Chymreig am dros naw mis. Fe godod y tymheredd gwleidyddol. Roedd aelodau eraill y Gymdeithas yn dal i brotestio. Ond prin y byddai newid meddwl wedi digwydd pe na bai Gwynfor Evans ar y trydydd o fis Mai 1980 wedi cyhoeddi ei fwriad i gychwyn ympryd ar 6 Hydref – ac i ymprydio hyd at farwolaeth oni fyddai'r llywodraeth yn cadw at ei haddewid gwreiddiol. Fel y gwyddom, Gwynfor aeth â'r maen i'r wal ac fe gafwyd sianel deledu Gymraeg ar y bedwaredd sianel.

Mae gennym droednodyn teuluol. Lai nag wythnos cyn yr ail dro pedol pan gyhoeddwyd y byddai'r llywodraeth yn ariannu'r Sianel Gymraeg, roedd ein mab Dani a rhai o'i gyd-ddisgyblion yn Ysgol Penweddig, Aberystwyth, ynghyd ag eraill, wedi mynd i Gaerliwelydd, yn gwbl ddiarwybod i'w rhieni. Meddiannwyd swyddfa etholaeth William Whitelaw, y Gweinidog oedd â chyfrifoldeb am ddarlledu, tynnwyd y ffeiliau o'r droriau a'u gwasgaru. Arestiwyd y bechgyn a'u dwyn o flaen llys yr ynadon y prynhawn hwnnw. Meddai un o'r heddweision wrthynt: 'Isn't it ironic, two Irishmen and three Scotsmen escorting five Welshmen into an English court?'

Cawsant ryddhad amodol gan y Fainc, a gorchmynnwyd iddynt dalu pumpunt yr un o gostau'r difrod. Roedd asiant Whitelaw wedi hawlio cannoedd lawer. Daeth y bechgyn adref y noson honno, a'r bore drannoeth derbyniodd Dani bapur pumpunt mewn amlen â marc post 'Carlisle' arni. Er bod swyddfa Whitelaw yn y dref, roedd yn aelod dros yr etholaeth wledig gyfagos, Penrith a'r Gororau. Cadarnle Llafur oedd Caerliwelydd bryd hynny a dyna efallai sy'n esbonio'r cydymdeimlad. Am ryw reswm mae digwyddiad o'r fath, sydd yn annisgwyl ac yn croesi ffiniau, wastad yn llonni fy nghalon.

* * * * *

Dyna'r ffordd yr wyf wedi adrodd hanes Pencarreg fwy nag unwaith, gyda'r camera'n agos at y prif actorion. Mae'n hanes cynnes a'r diweddglo yn un hapus, ac mae'r cwbl yn wir. Ond mae angen tynnu'r camera ymhellach yn ôl i weld mwy o gyd-destun.

Erbyn etholiad cyffredinol 1979 yr oedd yr egwyddor o Sianel Gymraeg wedi ei chadarnhau gan bedwar adroddiad swyddogol a'r addewid wedi ei gynnwys ym maniffesto pob plaid wleidyddol. Prin fod disgwyl mwy o gonsensws. Pwy oedd yn gwrthwynebu? Yr oedd anghytundeb Jac L Williams yn anghytundeb egwyddorol er, yn fy marn i, yn unllygeidiog. Yr oedd gwrthwynebiad HTV yn wrthwynebiad ar sail hunan-les y cwmni. Yr oedd amheuon hefyd gan nifer o ddarlledwyr ym myd teledu oedd heb gael cyfle i ymuno yn y ddadl gyhoeddus. Mae'n naturiol i deimlo'n bryderus pan fydd newid mawr ar y gorwel a chithau'n rhan o'r *status quo*. Byddai'r un broblem yn codi yn nes ymlaen yn achos y cylchgrawn wythnosol *Golwg* a'r cynllun i sefydlu papur newydd dyddiol. Mae dyfodiad y gwell yn gallu peryglu'r da a'r da yn gallu tanseilio'r ymdrech i gyrraedd y gwell. Ond mae parhad lleiafrif yn dibynnu ar y gallu i drawsnewid ei sefyllfa.

Newidiodd pethau wedi cyhoeddiad Whitelaw ar 17 Medi 1979. Gwrthododd sefydlu Sianel Gymraeg ond cynigiodd fwy o oriau Cymraeg ar yr hen sianelau. Roedd hyn yn apelio at rai darlledwyr gan y byddai'r cynnydd yn digwydd o fewn yr hen strwythurau. Daeth nifer ohonynt at ei gilydd i drafod sut orau i ddylanwadu ar y cyhoedd Cymraeg. Paratowyd ambell erthygl i'r wasg yn dadlau mai gwell fyddai derbyn yr hyn a gynigiwyd. Wedi'r cwbl, roedd cynnig ar y bwrdd a byddai'n amhosibl newid meddwl y llywodraeth. O dderbyn na fyddai modd newid meddwl llywodraeth Thatcher, roedd yn gasgliad digon rhesymegol os sinigaidd. Dyma oedd safbwynt llith olygyddol Jennie Eirian Davies yn *Y Faner* ar 21 Medi: dylem dderbyn y cynnig llai gan Whitelaw, dylem osgoi gweithredu anghyfansoddiadol, a phwyllo. Ond ni allai'r golygydd wisgo'r ddadl yn y geiriau oeraidd hynny. Nid dyna ieithwedd y mudiad cenedlaethol na Jennie Eirian. Ar ôl rhestru manylion cynnig Whitelaw, dyma'r llith olygyddol yn datgan:

Gellid dal yr Ysgrifennydd Cartref at ei air, a'i rwymo'n dynn wrth ei addewidion. Os na wireddir pob iot a choma ohonynt, yna codwn fel cenedl a gweithredwn yn erbyn y twyll.

Nid ceisio twyllo'r darllenwyr yn fwriadol oedd Jennie Eirian, ond ceisio gwneud dau beth anghymarus yr un pryd. Yn gyntaf mae hi am gynnal ysbryd ymgyrchol ac angerdd moesol y mudiad. Bûm ar lwyfan yn ei chwmni a gwn fod yr ieithwedd yn dod yn naturiol iddi. Felly 'Codwn fel cenedl a gweithredwn yn erbyn y twyll' – ond mae hynny yn y dyfodol ac os bydd y llywodraeth yn twyllo ar raddfa lai. Yn wyneb y twyll a'r tor-addewid mawr a ddigwyddodd yn barod mae'n dadlau dros fodloni ac osgoi cynnwrf. Mae'r rhethreg yn wag gan fod y sefyllfa yn gorfodi dewis. Tebyg fod Gwynfor wedi deall hyn.

Rwy'n gweld y patrwm seicolegol o angerdd moesol ac ofnusrwydd yn nodweddiadol o'r cenedlaetholdeb yr oedd Jennie Eirian yn ei gynrychioli. Mae'n codi'n ddigon naturiol o sefyllfa lleiafrif sydd ar y naill law yn teimlo ei fod yn cael cam ond sy'n cilio rhag y frwydr anghyfartal pan ddaw'r awr dyngedfennol. Mae'n batrwm sydd yn creu arwyr – y rhai fydd yn camu ymlaen er mwyn i eraill gael dal yn ôl. Bu bron iddo greu aberth yn achos Gwynfor. Byddai'n ddymunol gallu creu diwylliant mwy torfol sydd yn gofyn ychydig mwy gan bawb.

Amseru yw popeth mewn gwleidyddiaeth. Roedd cynhadledd genedlaethol Gymreig wedi ei galw i drafod y sefyllfa yn dilyn datganiad Whitelaw, ond cyn i hynny allu digwydd diffoddwyd trosglwyddydd Pencarreg. Roeddem wedi 'diffodd rhesymeg' yn ôl *Y Faner*. Penderfyniad Whitelaw, yn ôl ein rhesymu ni, oedd wedi gwrthod rhesymeg yr holl adroddiadau ar y pwnc a'r consensws a grëwyd. Yn y tymor byr, caeodd y rhengoedd tu ôl i'r gweithredwyr a chiliodd y gwrthwynebwyr o'r maes. Gadawyd Jennie Eirian mewn sefyllfa anodd wrth i gynhadledd Plaid Cymru groesawu'r gweithredwyr a bortreadwyd ganddi fel dynion gwyllt. Byddai'n gan mil gwaeth wedi i Gwynfor wneud ei ddatganiad am yr ympryd. Roedd pobl yn ymosod arni'n bersonol bryd hynny, gwaetha'r modd.

Rwy'n newid y persbectif eto ac am osod Pencarreg yng nghyd-destun fy mhrofiad o ymgyrch y Sianel ar hyd y 1970au. Bûm yn gweithredu ar ddau ffrynt, y cyntaf yn wynebu Lloegr. Rhoddais dystiolaeth i'r gwahanol bwyllgorau a sefydlwyd i drafod dyfodol teledu ym Mhrydain a bûm yn dadlau achos y Sianel yn rheolaidd yn y wasg Saesneg. Tua diwedd yr ymgyrch, wedi i aelodau'r Gymdeithas ddiffodd trosglwyddydd ger Bryste, ysgrifennodd un o'i dinasyddion at y *Guardian* yn cwyno nad oedd neb yn esbonio'r rheswm dros y brotest wrthi. Hyn ar ôl deng mlynedd o ymgyrchu! Edrychais yn fy ffeiliau a darganfod fy mod wedi ysgrifennu o leiaf 30,000 o eiriau Saesneg ar y pwnc, llawer ohonynt mewn cylchgronau megis *New Society* a'r *Listener* y byddai darllenwyr y *Guardian* yn debyg o'u darllen. Gyrrais ddetholiad ati a chael ymddiheuriad graslon. Ond gwelais hefyd beth o ymgyrch y Sianel o'r tu mewn yn ystod y 1970au. Cludais ddiffoddwyr mastiau yn fy nghar fwy nag unwaith. Dysgais nifer o fyfyrwyr a fu yng nghanol yr ymgyrch, a chynnal ambell ddiwtorial mewn carchar a borstal. Gwyddwn yn iawn nad oedd yr heddlu bryd hynny yn trin myfyrwyr yn yr un ffordd fonheddig ag y byddem ni'n cael ein trin adeg Pencarreg. Drafftiais rai o ddogfennau Cymdeithas yr Iaith ar bwnc darlledu, ac yn y cyfnod olaf bûm yn aelod o Senedd y Gymdeithas.

Roeddwn yn ymwybodol bod symudiad yn nulliau'r Gymdeithas. Roedd y difrod i eiddo yn llawer mwy difrifol nag y bu mewn ymgyrchoedd blaenorol. Oherwydd hynny, efallai, gweithredwyd yn amlach yn y dirgel. Aelodau'r Senedd fyddai wedyn yn derbyn cyfrifoldeb torfol yn hytrach na disgwyl i unigolion gymryd cyfrifoldeb unigol. Mae gweithredu uniongyrchol yn anochel yn gwthio ffin y gweithredu er mwyn dal i gael yr un sylw a dylanwad. Bu polisi'r Gymdeithas yn gwbl gadarn erioed o ran trais yn erbyn pobl, ond, wedi un digwyddiad y bûm yn dyst iddo, roeddwn yn poeni am ddiogelwch y gweithredwyr eu hunain. Mae trosglwyddyddion yn defnyddio foltedd uchel iawn.

Dilynais lawer o'r achosion llys o oriel y wasg, a theimlo, yn aml iawn, llai o barch at y barnwyr, yr heddlu, a gweinyddiaeth y llysoedd na'r hyn oedd gen i o'r blaen. Cymerer y ddau achos cynllwynio yng Nghaerfyrddin yn 1977 yn erbyn swyddogion y Gymdeithas, Wynfford James a Rhodri Williams. Roedd hi'n amlwg i lawer ohonom fod yr heddlu wedi ffugio tystiolaeth allweddol, a phan fethodd y rheithgor â chael y diffinyddion yn euog daethpwyd ag ail achos. Y tro hwn, pan ddarllenwyd enwau panel y rheithgor ar y diwrnod cyntaf, prin fod yr un cyfenw Cymreig ar y rhestr. Roedd Athro Mathemateg Coleg Prifysgol Aberystwyth yn y llys, ac ar ôl pori dros nos yn y llyfr ffôn, dywedodd wrthyf beth oedd y tebygolrwydd o ddewis panel gyda'r cyfenwau hynny ar hap, o ystyried y dalgylch. Roedd y peth yn gwbl anghredadwy a'r tro hwn fe gafwyd y diffinyddion yn euog gan reithgor oedd wedi ei rigio. Llawn mor drist oedd amharodrwydd neu anallu'r wasg a'r cyfryngau yng Nghymru i ymchwilio i'r mater.

Fwy nag unwaith yn ystod achosion Caerfyrddin bu'n rhaid i'r barnwr glirio'r llys am gyfnod byr, a bryd hynny yr oedd y wasg yn cael aros yn yr ystafell ynghyd â swyddogion y llys a'r heddlu. Mae un darlun bach wedi aros yn y cof. Trwy'r ffenestri mawr gallwn weld y sgwâr yn llawn protestwyr. Trodd un heddwas at y ffenest a smalio saethu at y dorf fel petai'n dal gwn awtomatig. Chwarddodd y gweddill ohonynt, ond roedd yn chwerthiniad nerfus. Jôc, wrth gwrs, ond mae arwyddocâd i jôcs hefyd. Yn nes ymlaen y diwrnod hwnnw, a ninnau'r unig rai yn nhai bach y dynion, dywedodd heddwas ifanc wrthyf yn Gymraeg nad oedd yn cyd-fynd â phopeth oedd yn digwydd yn y llys ac y byddai'n well ganddo beidio â bod yno. Rwy'n ansicr at beth yn union yr oedd yn cyfeirio. Fisoedd wedyn, cefais sgwrs â rhywun uwch yn yr heddlu oedd am osod pellter rhyngddo'i hun a thystiolaeth Caerfyrddin. Rwy'n tueddu i gredu bod yr unigolion hyn yn ddigon diffuant. Doedd hi ddim yn waith hawdd i blismyn Cymraeg eu hiaith. Ond dilyn gorchmynion y mae'r heddlu ymhobman ar ddiwedd y dydd.

Mis Ionawr 1980. Roeddwn yn edrych yn ôl ar naw mlynedd o *Planet* wrth lunio'r llith olygyddol olaf. Ni ddychmygais bryd hynny y byddai'r cylchgrawn yn ailgychwyn yn 1985. Roedd y penderfyniad i gau *Planet* wedi digwydd cyn refferendwm trychinebus 1 Mawrth 1979, ac mae'r llith olygyddol yn esbonio'r rhesymau. Petai Cymru yn cael Cynulliad, byddai angen cylchgrawn mwy amserol, a phetaem yn colli'r dydd byddai angen cylchgrawn oedd yn cyrraedd mwy o bobl ac yn tynnu gwahanol garfanau at ei gilydd. Yn nes ymlaen byddai Dai Smith, Robin Reeves, John Osmond a finnau'n sefydlu *Arcade* gyda'r union bwrpas hwnnw.

Rhwng gweithred Pencarreg ym mis Hydref a diwedd 1979 daeth yn amlwg mai anodd fyddai cynnal ymgyrch y Sianel. Roedd aelodau'r Gymdeithas mor weithgar ag o'r blaen, ond canlyniadau siomedig gafwyd yn ymgyrch Plaid Cymru i gael aelodau i atal y drwydded deledu. Mae'r fath beth â blinder protestio, ac roedd 'dadl Jac L' yn esgus digon cyfleus hyd yn oed i rai o'r bobl oedd wedi codi ar eu traed i gyfarch Tri Pencarreg.

Yn y cyfamser roedd ystyr Thatcheriaeth yn dod yn gliriach bob dydd. Byddai deddfwriaeth yn cyfyngu ar hawliau'r undebau. Caewyd gwaith dur Consett yn Swydd Durham a chyhoeddi haneru cynnyrch gweithiau dur Cymru. Byddai Gareth Miles, Robert Griffiths ac eraill yn sefydlu Mudiad Sosialaidd Gweriniaethol Cymru ac yn ceisio symud y mudiad cenedlaethol i'r chwith. Roeddwn yn cydymdeimlo â hynny. Ddechrau Rhagfyr llosgwyd pedwar o dai yn Llŷn a Sir Benfro. Dyma fyddai dechrau ymgyrch Meibion Glyndŵr.

Doedd hyn i gyd ddim yn newid yr angen i barhau ag ymgyrch y Sianel ond roedd yn newid y cyd-destun. Roedd gennym erbyn hyn undebwr ar Senedd y Gymdeithas ac roedd hynny'n gam ymlaen. Yn llith olygyddol olaf *Planet* cyhoeddais '[d]diwedd gwleidyddiaeth y Cymro Da' – sef yr arfer o ddibynnu ar gyfaill yn y sefydliadau Prydeinig i ddylanwadu o blaid y Gymraeg. Roedd hi'n bryd creu clymbleidiau o fewn Cymru i wrthsefyll y ddrycin.

Wedi imi ymhelaethu ar yr un pwnc mewn erthygl yn *Y Faner* atebwyd fy nadleuon gan Alwyn Roberts. Yr hyn a roes ychydig bach o fin ar y drafodaeth oedd ein bod yn fwy na sylwebyddion – roeddem hefyd yn actorion yn y ddrama. Fi oedd protestiwr Pencarreg, ac ef oedd y 'Cymro Da' yr oedd Jennie Eirian wedi ymhyfrydu o'i weld yn mynd yn un o lywodraethwyr y BBC.

Yn yr un rhifyn ag ateb Alwyn Roberts cyhoeddwyd cerdd

oedd newydd ddod i law gan Saunders Lewis yn dwyn y teitl 'Cyfarch':

> Eto mae elwch,
> Nid af dan bwdu i'r llwch,
> Mae'r deugain mlynedd o Gymru glên
> A'r cyfreithlondeb marwol ar ben;
> Mwy, os bydd marw, bydd gwaed
> Nid llysnafedd dan draed;
> Ni chredais y gwelwn yr awr –
> Taflwyd carreg at gawr:
> Pendefigion ein Planed,
> Pennar, Meredydd, Ned.

Pwy na fyddai wrth ei fodd yn derbyn teyrnged gan Saunders Lewis? Eto, yng nghyd-destun y ddadl oedd wedi datblygu ar dudalennau'r *Faner*, roedd Saunders yn y gerdd yn mynd rai camau ymhellach na fi. Yn fy erthygl yn *Y Faner* roeddwn wedi mynegi 'peth ofn wrth wynebu dyfodol gwleidyddol tipyn mwy Basgaidd na'n gorffennol'. Disgrifio sefyllfa allai arwain at drais oeddwn i. Roedd awgrym yn y gerdd bod Saunders yn ymhyfrydu yn y posibilrwydd! Heb gyfeirio at y gerdd, penderfynais egluro fy safbwynt ymhellach mewn llythyr yn ateb un o bwyntiau Alwyn Roberts. Rhyngddynt, roedd ein herthyglau a'n llythyrau at *Y Faner* yn ystod mis Ionawr a mis Chwefror 1980 yn diffinio'r tir cyffredin a'r gwahaniaeth rhyngom yn berffaith.

Ni wyddom beth fyddai wedi digwydd pe bai Gwynfor heb wneud ei ddatganiad, neu petasai'r ympryd wedi mynd yn ei flaen a Gwynfor wedi marw. Yr hyn a lwyddodd Gwynfor i'w wneud oedd gosod y Sianel yn ôl ar yr agenda yn Llundain ac agor y drws i'r Cymry Da gael gwrandawiad unwaith eto. Aeth yr Arglwydd Cledwyn, Archesgob Cymru a Syr Goronwy Daniel i weld Whitelaw. Mae'n deyrnged i'r system Brydeinig, hyd yn oed yng nghyfnod llywodraeth Thatcher, eu bod wedi cael gwrandawiad ac mae'n siŵr bod a wnelo hynny i ryw raddau â'r cysylltiadau personol oedd gan gymaint o Gymry, Gwynfor ei hun yn eu plith, o fewn y byd llywodraethol Seisnig. Ond cael a chael oedd hi.

Yn ystod misoedd haf 1979 bûm i yn Gymro Da hefyd. Trefnodd Harri Pritchard Jones a finnau ymgyrch i gael sylw i achos Gwynfor yn y wasg ryngwladol ac mi es innau i Lundain a defnyddio cysylltiadau o'r gorffennol. Cwrddais ag Anthony Smith (Tony David Smith yn ein dyddiau yn Rhydychen) oedd yn un o benseiri Channel Four ac yn llywodraethwr y cwmni. Doedd ef ddim yn gwrthwynebu Sianel Gymraeg ond roeddwn yn synnu ei fod yn cymryd yn ganiataol mai cymhellion gwleidyddol a phleidiol pur oedd yn fy ngyrru, nid rhai ieithyddol.

Mwy defnyddiol efallai oedd fy ymweliad â'r *Times*. Wrth imi anelu at y drysau troi ar flaen yr adeilad, pwy oedd yn gadael ond Ron Wordley, Rheolwr Cyffredinol HTV. Er ein bod yn lled nabod ein gilydd o Gaerdydd, chafwyd yr un gair rhyngom y diwrnod hwnnw – dim ond edrych ar ein gilydd. Gwyddem ond yn rhy dda beth oedd pwrpas ymweliad y llall. Roeddwn ar fy ffordd i siarad â Geoffrey Smith, dyn teg a phwyllog yr oeddwn wedi cydweithio ag ef ar golofn wythnosol aml-awdur yn yr amser gynt. Ei brif waith oedd ysgrifennu erthyglau golygyddol ac roeddwn yn gwybod yn union sut y byddai'n mynd o gwmpas pethau yn nhraddodiad yr hen *Times*. Byddai wedi gwrando ar Ron Wordley ac arnaf finnau a holi cwestiynau; byddai wedi darllen yr holl lythyrau a ddaeth i law ar y pwnc (ac fe gafwyd llawer); byddai wedi edrych ar y toriadau papur newydd am adroddiadau Pwyllgor Crawford ac eraill; byddai'n ystyried y cyd-destun ehangach; a byddai nawr yn pwyso a mesur popeth. Roeddwn i'n gwybod y byddai ei driniaeth yn deg ond roedd tueddiad ambell waith yn y *Times* i osod dwy ochr y ddadl heb ddod i gasgliad pendant. Pan ymddangosodd yr erthygl ar 12 Awst, roedd y rhesymu'n glir a'r casgliad yn gwbl bendant:

> The Crawford committee in 1974, the first of the official committees to recommend the use of the fourth channel in Wales for a separate service in which Welsh-language programmes would be given priority, remarked that 'the

cost would represent an investment in domestic, cultural and social harmony in the United Kingdom.' The cost of Mr Whitelaw's less costly alternative is disharmony on what promises to be a large scale. It is needless aggravation of the swelling resentment in Wales about a deteriorating economy. The Broadcasting Bill is still with the House of Lords. The Government can and should reinstate its election commitment to Wales before the Bill receives the Royal Assent.

Roeddwn yn dechrau gwerthfawrogi rhinweddau'r *ancien régime* yr oeddwn wedi ei dirmygu. Ond *ancien régime* oedd hi'r un fath. O fewn blwyddyn byddai Rupert Murdoch wedi prynu'r *Times.*

Teyrnged i Gatalunya

Barcelona, 12 Rhagfyr 1995

DYMA FY YCHYDIG FUNUDAU dan y llifoleuadau. Rwyf heno ym Marcelona i dderbyn gwobr ryngwladol CIEMEN. Mae hyn yn gyfle i mi hongian llawer o bethau ar un hoelen. Rwyf mor barchus ag y byddaf bellach, 'a sixty-year-old smiling public man' fel y dywedodd Yeats. Fy mhrif swydd yw cyfarwyddwr Gwasg Prifysgol Cymru yng Nghaerdydd, sefydliad cenedlaethol bychan sydd newydd gyhoeddi *Geiriadur yr Academi.* Mae'n fraint cael cyhoeddi llyfrau o'r fath. Rwy'n gyfrifol yr un pryd am Mercator ym Mhrifysgol Cymru Aberystwyth, cynllun sydd yn ymwneud â'r wasg a'r cyfryngau yn ieithoedd lleiafrifol yr Undeb Ewropeaidd. Fy nghymar Ceridwen sydd wrth fy ochr heno, a hi fydd wrth fy ochr bellach. Daeth fy mhriodas â Sara i ben rai blynyddoedd yn ôl.

Yn y cefndir heno mae'r dyn yr wyf yn amau ei fod wedi dylanwadu ar y panel oedd yn dyfarnu'r wobr imi: Aureli Argemí, cyfarwyddwr sefydliad CIEMEN. Rydym o fewn ychydig fisoedd o fod yr un oed ac yn nabod ein gilydd ers blynyddoedd. Buom yn cydweithio ar fwy o brosiectau nag y gallaf sôn amdanynt yn y bennod hon. Bu newid mawr yn ei fywyd personol yntau hefyd. Bu'n fynach ac mae'n dal yn offeiriad Catholig (er nad yn offeiriad plwyf) ac mae ef newydd briodi Anna ar ôl cael caniatâd arbennig i wneud hynny gan y Pab. Doeddwn i ddim yn gwybod bod y fath beth yn bosibl!

Mae'n achlysur nodweddiadol Gatalanaidd. Cawsom ginio rhagorol neithiwr gyda'r trefnwyr mewn tŷ bwyta bychan dethol ymhell o'r Ramblas a'u sŵn. Mae heno, o ran trefn y noson a gwisg y gynulleidfa, yn achlysur ffurfiol mewn adeilad hynafol, ond mae'r cyflwyniad llafar yn gartrefol a chyfeillgar, fel y byddai yng Nghymru. Mae'r cyfeiriadau llenyddol a'r dyfynnu barddoniaeth hefyd yn ddigon tebyg, ond pan ddaw'r wobr ei hun mae'n waith celf sydd mor bell o flaen y gad fel nad wyf yn gwybod hyd heddiw ble i'w osod. Rydym yng ngwlad Gaudí, Miró a Dali wedi'r cwbl.

Mae gwerth anrhydeddau yn gymesur â'r parch sydd gan y derbynnydd at y rhoddwr. Mae fy mharch at sefydliad CIEMEN yn fawr. Mae'n fudiad dyngarol sydd byth yn anghofio'r agwedd ieithyddol a diwylliannol wrth estyn cymorth mewn argyfwng unrhyw le yn y byd, a hynny am fod ei wreiddiau yng ngwrthsafiad diwylliannol Catalunya yn erbyn Franco. Mae'n fudiad hawliau dynol hefyd – rhai cymunedol yn ogystal â rhai'r unigolyn – ac yn amddiffyn hawliau pobloedd y byd i benderfynu drostynt eu hunain. Anfonodd gymorth dyngarol i Eritrea ac Ethiopia yr un pryd yn ystod rhyfel annibyniaeth Eritrea. Roedd llywodraeth Sbaen yn gandryll gan nad oedd yn derbyn hawl Eritrea i gael ei chydnabod. Wedi'r cwbl, os Eritrea, paham nad Catalunya hefyd?

Yn 1995, blwyddyn y wobr, roedd CIEMEN a'r gymdeithas awduron PEN Rhyngwladol wrthi'n paratoi *Datganiad Byd-eang ar Hawliau Ieithyddol* i fynd at UNESCO. Roeddwn i bryd hynny yn gadeirydd cangen fyrhoedlog Cymru o gymdeithas PEN ac yn aelod o bwyllgor drafftio'r *Datganiad*. Catalan oedd newydd fynd yn bennaeth UNESCO, a doedd CIEMEN a llywodraeth Catalunya ddim am golli'r cyfle i gael gwrandawiad gan y corff hwnnw. Bûm yn ôl ym Marcelona yn 1996 ar gyfer y gynhadledd fyd-eang i fabwysiadu'r *Datganiad* a'i anfon at UNESCO. Roedd arian Catalunya wedi talu i ddod â chynrychiolwyr o lefydd mor bell i ffwrdd â bryniau Fietnam a fforestydd yr Amason. Gyda'r nos roedd y canwr Lluís Llach a'i gwmni yn ein diddanu â sioe gerdd, *Un Pont de Mar Blava*. Môr y Canoldir yw'r bont las sydd yn dod â'r gwahanol ddiwylliannau o'i gwmpas at ei gilydd gan barchu eu harwahanrwydd ar yr un pryd.

Ymhlith y caneuon yn y sioe gerdd roedd cân o Fosnia, lle yr oedd rhyfel gwaedlyd iawn newydd ddod i ben. Fe ddywedir yn aml mai yn yr hen Iwgoslafia y gwelwyd y lladdfa greulonaf o fewn Ewrop ers yr Ail Ryfel Byd'. Buaswn innau'n ychwanegu 'ac oherwydd yr Ail Ryfel Byd'. Pan fethodd sment comiwnyddiaeth, roedd y cof am yr hyn ddigwyddodd adeg y rhyfel rhwng y gwahanol garfanau o blith y Serbiaid, Croatiaid, Hwngariaid ac eraill yn dal yn rhy fyw. Yn wir, daeth yn amlwg i mi dros y blynyddoedd fod yr Ail Ryfel Byd wedi bwrw ei gysgod yn drwm dros bob un o'r lleiafrifoedd ar gyfandir Ewrop, gan gynnwys y lleiafrifoedd Almaeneg eu hiaith. Oherwydd y cefndir hwn, allwn i fyth ymroi i unrhyw genedlaetholdeb nad oedd hefyd yn rhagdybio fframwaith rhyngwladol cydweithredol.

Er gwaethaf, ac i ryw raddau oherwydd, y gyflafan yn yr hen Iwgoslafia, roedd y 1990au yn gyfnod adeiladol o safbwynt lleiafrifoedd Ewrop. Rhaid oedd talu sylw bellach i gwestiynau ieithyddol a diwylliannol rhag i'r gwrthdaro ar stepen drws yr Undeb Ewropeaidd ymledu. Os nad oeddem am aildynnu'r ffiniau ymhob man, yna yr oedd rhaid gwarantu rhai hawliau sylfaenol i'r lleiafrifoedd o fewn y gwahanol wladwriaethau. Cyngor Ewrop baratôdd Siartr Ewropeaidd yr Ieithoedd Rhanbarthol neu Leiafrifol, a fabwysiadwyd fesul gwladwriaeth o 1992 ymlaen, a hefyd y Confensiwn Fframwaith ar Leiafrifoedd (1995). O safbwynt lleiafrifoedd ieithyddol, y cyntaf oedd y pwysicaf, ac er mai dwyrain Ewrop oedd bennaf mewn golwg wrth lunio'r Siartr, yr oedd oblygiadau iddi drwy Ewrop benbaladr, gan gynnwys yng Nghymru fel y cawn weld wrth drafod y papur newydd dyddiol yn y bennod nesaf.

O fewn yr Undeb Ewropeaidd, Biwro'r Ieithoedd Llai oedd y corff oedd yn siarad dros y lleiafrifoedd ieithyddol. Daeth i ben yn gynnar yn 2010 wrth imi ysgrifennu'r llyfr hwn. Yn ei ddydd, cododd ymwybyddiaeth o'r lleiafrifoedd yn y sefydliadau Ewropeaidd, ac ymhlith y lleiafrifoedd eu hunain. Mae ei olynydd, rhwydwaith y Byrddau Iaith, yn dal i wneud hynny i ryw raddau. Ond rwy'n credu mai'r Siartr Ieithoedd yw cofgolofn y Biwro. Wrth i Gyngor Ewrop lunio'r Siartr, bu'r Biwro a'i Ysgrifennydd Cyffredinol Dónall Ó Riagáin yn ddylanwadol iawn oherwydd iddynt fod eisoes â rhai blynyddoedd o brofiad o fewn yr Undeb Ewropeaidd. Mae'r meysydd a drafodir yn y Siartr yn dilyn y patrwm a ddatblygwyd gan y Comisiwn a'r Biwro Ewropeaidd mewn blynyddoedd cynharach.

Fel hyn y cychwynnodd y Biwro o fewn y Deyrnas Gyfunol: yn gynnar yn 1982 cefais alwad ffôn gan Rhodri Morgan, a fyddai yn nes ymlaen yn Brif Weinidog Cymru. Ef oedd pennaeth Swyddfa'r Comisiwn Ewropeaidd yng Nghaerdydd ar y pryd ac roedd yn fy ngwahodd i gyfarfod yn swyddfa'r Comisiwn yng Nghaeredin i drafod sefydlu corff Ewropeaidd newydd. Roedd Ioan Bowen Rees, prif weithredwr Cyngor Gwynedd, wedi derbyn gwahoddiad tebyg, fel yr oedd unigolion o'r Alban a Gogledd Iwerddon.

Yn dilyn penderfyniad Senedd Ewrop i greu rhaglen waith fyddai'n cynorthwyo'r lleiafrifoedd ieithyddol o fewn yr Undeb, roedd ar y Comisiwn Ewropeaidd angen corff y gallai ymgynghori ag ef ar sut orau i wneud hynny. Roedd angen pwyllgor ym mhob gwladwriaeth yn yr Undeb Ewropeaidd, ac yn dilyn cyfarfod Caeredin sefydlwyd Pwyllgor y Deyrnas Gyfunol. O blith gweithgareddau'r pwyllgor hwnnw rwyf yn ein cofio'n anfon y cadeirydd i gyfarfod dirgel mewn maes awyr i drafod sefyllfa'r iaith Wyddeleg yng Ngogledd Iwerddon. Fel yn Trieste gynt, yr oedd hwn yn gyfarfod y byddai'n amhosibl ei gynnal ym Melfast ar y pryd.

Yn Nulyn yr oedd pencadlys cyntaf y Biwro drwy Ewrop, ond gydag amser fe symudwyd y brif swyddfa i Frwsel. Bu Ioan Bowen Rees yn ffigwr dylanwadol iawn ar y cychwyn, ac yn nes ymlaen bu Cymro arall, Allan Wynne Jones, yn llywydd ymroddedig iawn. Bûm innau'n olygydd cylchlythyr y Biwro ac yn gyfetholedig i Fwrdd y Biwro am rai blynyddoedd ac roedd Aureli Argemí o sefydliad CIEMEN ym Marcelona ar y Bwrdd yr un pryd.

Roedd gwleidyddiaeth fewnol y Biwro yn gymhleth ac ar adegau yn hunanddinistriol, ond yr hyn achosodd ei dranc oedd newid a ddigwyddodd yng nghyfeiriad yr Undeb Ewropeaidd ei hun. Roedd gwrthddywediad yno o'r cychwyn. Ariannwyd y Biwro 'annibynnol' bron yn gyfan gwbl gan y Comisiwn

Ewropeaidd ar gais Senedd Ewrop, ond ei swyddogaeth fwyaf gwerthfawr o safbwynt y lleiafrifoedd oedd ei allu i lobïo'r union sefydliadau Ewropeaidd oedd yn ei ariannu, a mynd dros bennau'r gwladwriaethau i wneud hynny. Roedd hi'n arferol sôn am 'ddinasyddion Ewrop'. Sut gallwch chi ganiatáu i rai dinasyddion fod yn fwy cyfartal na'i gilydd o ran defnyddio eu hieithoedd yn eu tiriogaeth eu hunain? O fewn ffrâm dinasyddiaeth Ewropeaidd, yr unig ateb oedd symud tuag at drefn fwy cyfartal.

Tra buom yn symud tuag at Ewrop fwy integredig roedd y cwbl yn gweithio'n iawn, gan fod y sefydliadau Ewropeaidd a'r lleiafrifoedd fel ei gilydd yn mynd i elwa wrth i'r gwladwriaethau golli rhywfaint o rym – er nad oedd neb yn dweud hynny'n agored. Unwaith bod y broses integreiddio yn peidio, fodd bynnag, roedd hawliau'r lleiafrifoedd yn troi'n gwestiwn i'r gwladwriaethau unigol fel o'r blaen – heblaw am yr ychydig dir a enillwyd drwy'r Siartr y soniwyd amdani uchod. Roedd y posibilrwydd o gydweithio a chael grantiau Ewropeaidd am wneud hynny yn parhau, ond doedd y deinamig gwreiddiol ddim yn bod. Ond mi all pethau newid eto.

Yn 1987 pasiwyd penderfyniad pellach o blaid lleiafrifoedd yn Senedd Ewrop, penderfyniad sydd yn dwyn enw'r cynigydd Willy Kuijpers. Roedd Willy yn genedlaetholwr adain chwith o Fflandrys, yn aelod seneddol Ewropeaidd dros blaid wleidyddol y Volksunie, ac yn gymeriad hoffus iawn. Bu'n protestio ar y strydoedd yn yr Undeb Sofietaidd a hefyd o fewn Sbaen, ac nid llawer oedd wedi gwneud y ddau beth. Dim ond ar ôl ei arestio y byddai'r awdurdodau yn darganfod bod ganddynt aelod seneddol Ewropeaidd adnabyddus yn eu dwylo oedd hefyd yn hen law ar greu cyhoeddusrwydd i'w hoff achosion lleiafrifol.

Cynnig Kuijpers yn Senedd Ewrop agorodd y ffordd i rwydwaith Mercator. Ymatebodd nifer o brifysgolion a sefydliadau eraill i alwad gan y Comisiwn Ewropeaidd i sefydlu rhaglen ymchwil fyddai'n gweithio dros yr ieithoedd lleiafrifol. Roeddwn eisoes wedi paratoi adroddiad i'r Comisiwn ar bosibiliadau cyfathrebu rhwng y lleiafrifoedd a phan ddaeth gwahoddiad i fynd i Frwsel i drafod y gwahanol geisiadau tybiais mai mynd fel ymgynghorydd yr oeddwn. O ran safon academaidd bur, cais Prifysgol Rhufain oedd ar y blaen, ond roedd hwn yn ymddangos yn ateb rhy ymerodrol o bell ffordd i mi ac i gynrychiolwyr y lleiafrifoedd eraill oedd yn bresennol. Roedd yn gyfarfod deuddydd, ac ar yr ail ddiwrnod awgrymodd swyddog y Comisiwn, Monsieur Jacoby, mai rhwydwaith o fewn y lleiafrifoedd oedd ei angen. Doedd dim sôn am Brifysgol Rhufain. Efallai fod y lleiafrifoedd wedi ennill y dydd yn rhannol oherwydd mai o wlad fechan Lwcsembwrg y deuai M. Jacoby, ac mai'r Cymro Hywel Ceri Jones oedd pennaeth yr adran honno o'r Comisiwn. CIEMEN ym Marcelona, meddai Jacoby, fyddai'n delio â deddfwriaeth iaith – roeddynt yn gwneud gwaith da yn y maes yn barod. Gallai addysg fod yn bwnc i'r Ffrisiaid yng ngogledd yr Iseldiroedd. Byddai lleiafrifoedd Ffrainc yn gofalu am astudiaethau cyffredinol (ond mi fethodd y ganolfan honno'n ddiweddarach). Yna, gan droi ataf fi, awgrymodd Jacoby bod Cymru wedi arloesi ym maes teledu lleiafrifol. Oni fyddwn yn ystyried canolfan yn Aberystwyth i astudio maes y cyfryngau a'r wasg? Dyna sut y daeth Mercator i Gymru ac i Aberystwyth yn 1987, a dyma faes arall lle byddwn yn cydweithio ag Aureli Argemí.

Roedd Adran Saesneg y coleg yn Aberystwyth wedi cytuno yn y diwedd i sefydlu cwrs am lenyddiaeth Cymru a chwrs cyfrwng Cymraeg am lenyddiaeth y Trydydd Byd, ond byddai cynllun ymchwil nad oedd ag unrhyw gysylltiad â llenyddiaeth na Saesneg yn gam rhy bell i'r Adran honno, neu felly yr oeddwn yn ofni. Ond yn 1987 cyfrifwyr Thatcher oedd yn rheoli ym Mhrydain. Pan gyrhaeddais gydag arian Brwsel yn fy llaw, roedd popeth yn bosibl. Yn nes ymlaen, pan lwyddom ni i ddenu pobl ifainc o bob cornel o Ewrop leiafrifol i weithio i Mercator, roedd yr Adran yn fodlon darparu ystafell iddynt ar draul myfyrwyr oedd yn astudio am radd uwch mewn Saesneg.

Digon ansicr oedd Saesneg rhai o'r Mercatoriaid ifainc, ond yr oedd pob un yn dysgu Cymraeg, rhai yn gyflym iawn.

Roedd egni ac ymroddiad Begotxu Olaizola o Wlad y Basg yn chwedlonol. Wedi iddi ddod yn rhugl yn y Gymraeg, dysgodd yr iaith Fasgeg drwy gyfrwng y Gymraeg i ddosbarthiadau nos. Ar un adeg yr oedd ganddi ddeg ar hugain o fyfyrwyr ar wahanol lefelau. Mae nifer o gyn-Fercatoriaid yn gwneud gwaith cadarnhaol dros eu cymunedau drwy Ewrop ac yn dal mewn cysylltiad â'i gilydd.

Roedd y Mercatoriaid Cymraeg ifainc fel arfer wedi astudio o leiaf un iaith dramor yn barod ac yn awr yn cael cyfle i ddysgu mwy. Os oeddwn i'n mynd o gwmpas Ewrop yn cyfathrebu yn nifer o'r ieithoedd mawr gwladwriaethol, cymaint yn well oedd gweld rhai o genhedlaeth iau Mercator hefyd yn siarad y Gatalaneg a'r Fasgeg a'r ieithoedd Celtaidd. Mae hynny'n dal i roi pleser mawr i mi, fel y mae'r ffaith mai un o'r Mercatoriaid cynharaf, Elin Haf Gruffydd Jones, sydd bellach yn gyfarwyddwraig Canolfan Mercator.

Nid ymchwil i fynd ar y silff lyfrau oedd ymchwil Mercator o'r cychwyn, ond ymchwil er mwyn newid y byd rhyw fymryn. Teledu oedd yn cael llawer o sylw yn y cyfnod cynnar, a chyffrous oedd gweld nifer o ieithoedd yn meddiannu'r cyfrwng am y tro cyntaf. Yna symudodd y pwyslais at y wasg brintiedig. Fe sefydlwyd Cymdeithas y Papurau Dyddiol Lleiafrifol (tua 30 ohonynt) ac o'r profiad hwnnw y deilliodd y syniad bod papur dyddiol Cymraeg yn bosibilrwydd ymarferol. Ymhellach ymlaen eto symudodd y pwyslais at y cyfryngau newydd a buom yn Cymreigio fersiwn o OpenOffice dan yr enw Agored – meddalwedd swyddfa sydd ar gael am ddim. Heddiw mae cyfieithu llenyddol a hyrwyddo llenyddiaeth ar draws ffiniau yn rhan bwysig o waith Canolfan Mercator-Cymru. Yno y mae cartref y Gyfnewidfa Lên sydd yn hyrwyddo llenyddiaeth Cymru yn y byd.

Bu newid pwyslais daearyddol dros y blynyddoedd hefyd – tua dwyrain Ewrop wrth i'r Undeb Ewropeaidd ehangu, ac yn fwy diweddar tua'r Dwyrain Canol a De America ble mae cwestiynau iaith yn fyw iawn wedi buddugoliaeth Evo Morales ym Molifia. O fewn Ewrop, amlieithrwydd yn hytrach nag ieithoedd lleiafrifol mewn corlan ar wahân yw blas y cyfnod presennol. Mae manteision yn hyn o beth i leiafrifoedd cryfaf Ewrop sydd yn gallu cydweithio ar sail cyfartaledd gyda gwladwriaethau bychain megis Estonia neu Slofenia. I'r lleiafrifoedd bychain, mae'n anfantais, ac mae angen corlan arbennig arnynt.

Categori a orfodwyd ar rai cymunedau gan batrymau grym a datblygiad anghyfartal yw 'lleiafrif', nid mater o niferoedd. Dyw trigolion Gwlad yr Iâ ddim yn lleiafrif er bod llawer llai ohonynt na sydd o Gymry Cymraeg. Mae'n naturiol wedyn i ni afael yn y term a'i droi yn arf i amddiffyn ac ailfeddiannu hawliau. Mae oblygiadau gwleidyddol i bob gair a ddefnyddir yn y maes gan gynnwys y gair 'iaith' ei hun. Os na soniwch chi am eich iaith a'ch diwylliant, gallech ddarganfod ryw ddiwrnod bod eraill yn ei galw'n *patois* neu'n fratiaith.

Ond wedi dweud hynny, mae'r gwahaniaethau rhwng y gwahanol leiafrifoedd yn fawr iawn, ac felly y dylai hi fod. Nid fersiynau o Gymru yw'r lleiafrifoedd eraill. Mae hanes a diwylliant unigryw gan bob cymuned ieithyddol. Hynny sydd yn gwneud y gymuned yn gartref. Hynny hefyd sydd yn ei gwneud yn drap na ellir dianc rhag ei gyfyngiadau.

Ond dewch yn ôl i noson y gwobrwyo yn 1995. Mae'n bryd i mi annerch y dorf ym Marcelona. Rwyf wedi gwrando ar y geiriau canmoliaethus. Sôn y maent am frwydr yr iaith yn y 1970au, maent yn gwybod am Bencarreg, *Planet* a'r *Welsh Extremist*, am Wasg y Brifysgol hyd yn oed. Ac yn awr maent yn sôn am Mercator a fy ymrwymiad i achos lleiafrifoedd yn Ewrop a thu hwnt. Drwy ryfedd ras mae fy nodiadau o'r noson honno'n dal gen i.

Lle'r oedd Cymru yn y cwestiwn, yr unig ffordd y gallwn dderbyn y wobr fyddai ar ran pawb oedd yn cadw'r diwylliant Cymraeg i fynd, ac yn arbennig y Cymry hynny a lwyddodd i drawsnewid ein sefyllfa drwy ymdrech ac aberth ym mrwydr yr iaith: yr ifainc a'u cefnogwyr hŷn a newidiodd iaith yr arwyddion ffyrdd a'r ffurflenni swyddogol ac ennill y sianel deledu; y rhieni a frwydrodd dros ysgolion Cymraeg; y rhai a gredodd i gychwyn y busnesau Cymraeg cynnar; y cynghorwyr a'r swyddogion, yng Ngwynedd i gychwyn, a fentrodd drafod a gweinyddu a delio â'r cyhoedd yn Gymraeg.

Doeddwn i ddim yn gallu hawlio bod Cymru wedi cyfrannu llawer i achos y lleiafrifoedd eraill, fel yr oedd Catalunya a CIEMEN wedi gwneud. Roedd ganddyn nhw eu llywodraeth awtonomaidd oedd yn meddwl yn strategol ac yn gweithredu'n rhyngwladol. Roedd CIEMEN yn deall bod gweithio dros eraill a chymryd rhan lawn mewn rhwydweithiau rhyngwladol blaengar yn gallu newid yr hinsawdd wleidyddol i bawb, gan gynnwys Catalunya ei hun. Roeddem ni, ar y llaw arall, yn byw gyda rhagdybiaethau unieithog y byd Seisnig mewn awyrgylch gwrth-Ewropeaidd. Arian Ewropeaidd oedd yn cynnal Mercator yng Nghymru a doedd gennym mo'r adnoddau ein hunain na'r gefnogaeth gyhoeddus i gychwyn cynlluniau rhyngwladol newydd fel y gwnaeth CIEMEN. Roeddem yng Nghymru wedi gwrthod awtonomi yn refferendwm 1979, ond petasem ryw ddiwrnod yn llwyddo i gael mesur o ymreolaeth roeddwn yn ffyddiog y byddai sefydliadau democrataidd y Gymru newydd yn adlewyrchu dyheadau'r Cymry i gyfrannu at Ewrop decach a byd tecach.

Roedd hynny yn 1995. Bedair mlynedd yn ddiweddarach roedd gennym lywodraeth yng Nghaerdydd. Hyd yma dangosodd llywodraeth Cymru fwy o awydd i gael ei gweld ar y llwyfan Ewropeaidd a rhyngwladol nag i weithredu unrhyw bolisi strategol tymor hir fel y buodd Catalunya yn ei wneud.

Yn hwyr yn y dydd y daeth rhai o'm cymhellion personol yn amlwg i mi, adeg etholiadau Ewrop 2009. Trefnodd swyddfa'r Comisiwn Ewropeaidd yng Nghaerdydd gyfarfod yn Aberystwyth i hybu diddordeb yn yr etholiadau ac atgoffa pobl Ceredigion o'r cymorthdaliadau a ddaw o Frwsel. Gofynnwyd i mi gynrychioli Canolfan Mercator, oedd dros y blynyddoedd wedi derbyn rhai miliynau o bunnoedd o grantiau Ewropeaidd a newydd glywed am grant pellach. Grantiau – dyna oedd ystyr Ewrop yng Nghymru bellach. Cyfle oedd yr etholiadau Ewropeaidd i'r pleidiau fesur eu cefnogaeth leol a chenedlaethol ac i drafod unrhyw beth ond Ewrop. Dim ond 34.7 y cant o'r pleidleiswyr a fwriodd bleidlais yng ngwledydd Prydain, a 30.53 y cant yng Nghymru. O'r pedair sedd yng Nghymru, enillwyd un gan blaid oedd am weld Prydain yn gadael yr Undeb Ewropeaidd.

Wrth agor y cyfarfod yr oedd yr Iseldirwr sydd yn gynrychiolydd y Comisiwn yng Nghaerdydd wedi fy synnu braidd. Fe ddywedodd yn bendant iawn nad er mwyn rhannu grantiau yr oedd yr Undeb Ewropeaidd yn bodoli ond er mwyn sicrhau heddwch a'i bod wedi llwyddo yn hynny am dros hanner canrif. Bu hyn yn rhan erioed o'r rhethreg Ewropeaidd, ond fe siaradodd y cynrychiolydd gyda chymaint o arddeliad nes iddo ddeffro rhywbeth ynof, a phan ddaeth fy nhro innau i siarad dywedais fwy nag yr oeddwn wedi bwriadu, a hynny dan deimlad cryf.

Gallwn ategu pob gair a ddywedodd y cynrychiolydd am fy mod, er yn blentyn bryd hynny, yn perthyn i'r genhedlaeth ddywedodd 'byth eto'. Y profiad cynnar hwnnw oedd y gwir ysgogiad tu ôl i fy ngweithgaredd Ewropeaidd dros y blynyddoedd. Cyfeiriais at y plant Almaenig y bûm yn chwarae â nhw ar y stryd yn Recklinghausen ac, yn wir, roedd fy ngeiriau yn llawer rhy emosiynol ar gyfer yr achlysur. Ar ddiwedd y cyfarfod daeth y cynrychiolydd ataf a dweud bod profiad personol tu ôl i'w eiriau ef hefyd. Bu farw ei daid mewn gwersyll Almaenig yn ystod y rhyfel, ac er gwaethaf hynny, neu yn hytrach *oherwydd* hynny, yr oedd yn cydweithio bob dydd gydag Almaenwyr o ewyllys da. Roeddem yn deall ein gilydd. Wn i ddim a oedd neb arall oedd yno'r noson honno yn ein deall.

Papur Dyddiol Cymraeg?

Ymgyrch *Y Byd* 2000–08

DAETH YR YMDRECH I sefydlu papur dyddiol Cymraeg i ben ar ddechrau mis Chwefror 2008, yn ganlyniad uniongyrchol i dor-addewid llywodraeth glymblaid y Cynulliad. Buom wrthi am wyth mlynedd yn ymchwilio, yn codi arian ac yn paratoi i gyhoeddi. Mae'r cwbl yn gymharol ddiweddar ac mae siom llawer yn fyw iawn. Rwyf finnau dan deimlad wrth feddwl am y bobl roddodd eu hamser, eu gallu proffesiynol, eu gweithiau celf, eu harian a'u hymdrech tu ôl i gynllun ddaeth mor agos at gael ei wireddu. Ond nid dyma'r amser ar gyfer y diolchiadau personol na'r cyhuddiadau am hynny. Fy nod, fel yng ngweddill y llyfr, yw rhoi blas o'r cyfnod a cheisio ei ddeall mewn cyd-destun ehangach. Mae'n bosibl hefyd y daw mwy o wybodaeth yn gyhoeddus ymhen amser. Mewn cyd-destun economaidd a thechnolegol cwbl wahanol, mae'r cwmni a sefydlwyd i gyhoeddi papur dyddiol heddiw yn chwilio am ffordd arall o ehangu'r gynulleidfa Gymraeg a chyfrannu drwy hynny at dwf democratiaeth yng Nghymru. Oes perygl i mi, fel cadeirydd y cwmni, ysgrifennu'n dactegol?

Mae angen pellter, a bydd cadw ymgyrch y sianel mewn cof yn gymorth. Doedd y syniad o bapur newydd dyddiol a'r syniad o sianel deledu ddim mor wahanol. Y cyfnod oedd yn wahanol, yn wahanol iawn, ac eto ar y diwedd roedd un tebygrwydd ym meddwl pawb: bod tor-addewid yn dilyn addewid gwleidyddol pendant.

Heb ddatganoli, fyddwn i erioed wedi meddwl bod papur dyddiol Cymraeg yn bosibl. Mae'n wir iddo fod yn freuddwyd gan R J Derfel yn y bedwaredd ganrif ar bymtheg pan oedd mynd ar y wasg Gymraeg, ond y realiti oedd bod y wasg leol, y wasg enwadol a'r wasg undebol bryd hynny yn cyflawni anghenion y gymdeithas Gymraeg nad oedd ganddi brifddinas na sefydliadau canolog. Gyda dyfodiad datganoli, roedd pethau wedi newid. Roedd ar Gymru angen yr hyn y mae papur dyddiol yn ei gynnig, a byddai eu hangen ar y Cynulliad a llywodraeth y Cynulliad, pa bynnag blaid oedd wrth y llyw. Cael a chael oedd canlyniad y refferendwm, a phrin oedd y cyfleoedd i Fae Caerdydd gynnal deialog gyda phobl Cymru. Roedd dwyieithrwydd ein sefydliadau newydd yn awgrymu y byddent am gynnal y fath ddeialog yn y Gymraeg yn ogystal â'r Saesneg. Ein rhagdybiaeth, felly, oedd bod y cynllun o fudd amlwg i'r Cynulliad fel modd i adeiladu'r genedl. Hyd yn oed o anghofio'r gair 'cenedl', roedd angen i'r rhanbarth datganoledig fod yn fwy unedig.

Ysgogiad arall oedd sylweddoli bod ar gyfandir Ewrop leiafrifoedd ieithyddol, tebyg a llai o ran maint na'r Cymry Cymraeg, oedd yn cynnal papur dyddiol. Roedd fy niddordeb personol yn y maes yn y 1970au wedi troi'n ddiddordeb proffesiynol o ganlyniad i sefydlu Canolfan Mercator ym Mhrifysgol Aberystwyth yn 1987. Erbyn y flwyddyn 2000 roedd nifer ohonom ym Mercator â deuddeg mlynedd o brofiad ymchwil ym maes y wasg a'r cyfryngau lleiafrifol.

Yn hanesyddol, roedd sefydlu papur newydd dyddiol yn cyd-fynd yn aml â newidiadau gwleidyddol pwysig, naill ai ar ddiwedd yr Ail Ryfel Byd neu, o fewn gwladwriaeth Sbaen, ar ddiwedd cyfnod Franco. Buom yn aros yn hir i gael datganoli yng Nghymru. Onid dyma fyddai'r cyfle i gymryd y cam sylweddol hwn? Sut yn union oedd y papurau lleiafrifol eraill yn cynnal eu hunain? Dyna'r hyn y byddem yn ymchwilio'n fanwl iddo. Byddai'r papur dyddiol Basgeg o ddiddordeb arbennig gan fod ffactorau demograffig tebyg i rai Cymru. Bu'r golygydd, Martxelo Otamendi, draw yng Nghymru mewn cynhadledd gynnar iawn a drefnodd Mercator.

Ystyriaeth bwysig arall oedd bod llywodraeth y Deyrnas Gyfunol erbyn 2001 wedi llofnodi a chadarnhau Siartr Ewropeaidd Ieithoedd Rhanbarthol neu Leiafrifol Cyngor Ewrop. Wrth wneud hyn ymgymerodd i sicrhau papur newydd yn y Gymraeg, peth digon hawdd i'w wneud gan fod *Y Cymro* eisoes yn derbyn rhyw ychydig o nawdd. Fodd bynnag, gan fod grwpiau o'r un maint â'r Cymry Cymraeg ar gyfandir Ewrop fel arfer yn meddu ar bapur dyddiol, yr oedd rhagdybiaeth y byddai pwyllgor yr arbenigwyr oedd yn monitro'r Siartr yn awgrymu'r un ddarpariaeth ar gyfer y Gymraeg. A dyna a wnaethant ar ôl pob un o'u tri ymweliad â Chymru. Pwysigrwydd y Siartr i ni oedd ei bod yn cyfiawnhau defnyddio arian cyhoeddus i gynnal papur newydd, rhywbeth nad oedd fel arall yn digwydd o fewn y drefn Brydeinig.

Yn ystod ymgyrch y Sianel, yr anhawster mawr ar hyd y ffordd oedd bod rhaid mynd i eithafion i osod y mater ar agenda wleidyddol Llundain a'i gadw yno. Mantais fawr cyfnod datganoli oedd bod hynny ddim yn broblem o gwbl. Y cwbl oedd ei angen oedd ysgrifennu llythyr neu godi'r ffôn. Cawsom gyfle i siarad â phob un o'r Gweinidogion a fu'n gofalu am yr iaith Gymraeg ers i'r Cynulliad gychwyn, a hefyd â'r Prif Weinidog Rhodri Morgan. Er mwyn hyn y digwyddodd datganoli. Roedd yn welliant mawr.

Dros y blynyddoedd cawsom drafodaethau gyda Gweinidogion o dair plaid wahanol. Yng nghyfnod Jenny Randerson (Democratiaid Rhyddfrydol) roeddem yn dal i ymchwilio ac felly ni fu rhaid iddi ddod i unrhyw benderfyniadau ariannol, ond yr oedd ganddi agwedd bositif iawn. Ar drothwy etholiad Cynulliad 2007, gwelwyd ymgymeriad ym maniffesto'r Democratiaid Rhyddfrydol ac aeth Eleanor Burnham AC i ymweld â'r papur newydd Basgeg.

Rhwng Jenny Randerson a chyfnod y glymblaid buom yn delio am flynyddoedd maith ag Alun Pugh (Llafur). Roedd hwn yn brofiad negyddol ar y cyfan. Dywedodd y Gweinidog wrthym ei fod yn cefnogi'r syniad – pwy allai beidio – ond ni ddangosodd unrhyw gefnogaeth ymarferol, ac mae'n debygol iawn iddo ar un achlysur ymyrryd yn wleidyddol er anfantais i'r cynllun. Cynhesodd rywfaint at y prosiect wedi i ni gynnal cyfarfod yn San Steffan a chael aelodau seneddol o bob plaid i alw ar lywodraeth y Cynulliad i gefnogi papur dyddiol Cymraeg.

183

Enw Julie Morgan, fel mae'n digwydd, oedd ar flaen y rhestr o aelodau seneddol Llafur. Yr un pryd roedd etholiad Cynulliad 2007 yn agosáu ac yr oedd Alun Pugh yn amddiffyn mwyafrif bychan. Dyma'r math o ffactorau allai fod wedi effeithio ar bolisi, ond chafwyd dim newid, a chollodd Alun Pugh ei sedd.

Yr hyn a ddeallais, gan berson fyddai'n sicr o wybod, oedd bod Alun Pugh yn breifat yn gwrthwynebu'r cynllun gan ei fod yn gweld perygl y byddai papur Cymraeg yn fodd i ddatblygu dau ddiwylliant yng Nghymru. Pen draw'r rhesymeg honno fyddai bod y Gymraeg ond yn dderbyniol tra'i bod yn gyfieithiad o'r Saesneg. Byddwn i wedi croesawu dadl agored ar y tir hwn ond doedden ni ddim mewn cyfnod o drafodaeth agored am yr iaith. Cyfnod y rhethreg gynhwysol oedd hwn ac, i fod yn deg, cyfnod normaleiddio rhai o'r enillion cynharach, ond nid cyfnod y trafod agored na'r camu ymlaen.

Roedd ymrwymiad i'r papur dyddiol ym maniffesto Plaid Cymru ar gyfer etholiad 2007. Wedi'r etholiad, cyhoeddodd y Ceidwadwyr Cymreig eu bod hwythau hefyd o blaid. Roedd prif weithredwraig ein cwmni, Rebecca Williams, wedi braenaru'r tir gyda'r gwrthbleidiau i gyd, roeddynt yn gwybod y math o symiau oedd angen, a phan gyhoeddwyd rhaglen clymblaid yr enfys (Plaid Cymru, Ceidwadwyr, Democratiaid Rhyddfrydol) roedd yr ymrwymiad yno. Bûm innau wedyn yn siarad â'r Blaid Lafur. Roeddem yn benderfynol o gael cefnogaeth pob plaid, a dyna ddigwyddodd. Mae'r ymgymeriad i'w weld yn blaen yn y ddogfen *Cymru'n Un*, rhaglen y glymblaid (Llafur-Plaid Cymru) a ddaeth yn llywodraeth. Roedd yr un undod pleidiol tu ôl i'r papur ag oedd tu ôl i'r Sianel yn etholiad 1979.

Does gen i ddim rheswm i feddwl bod y Gweinidog Treftadaeth newydd, Rhodri Glyn Thomas, yn fy nhwyllo pan gefais gyfarfod preifat ag ef ar 5 Hydref 2007. Cadarnhawyd ein bod yn sôn am y swm blynyddol y buom yn ei drafod gyda'r pleidiau i gyd, sef £600,000 y flwyddyn, a hefyd am rywfaint o hysbysebu cyhoeddus. Roedd yn ddealladwy y byddai'n agored i bawb geisio am yr arian. Pan ddaeth mis Chwefror, cyhoeddodd y Gweinidog mai £200,000 y flwyddyn fyddai'r swm, a bod hynny yn ddigon i gynnal papur dyddiol.

Beth a ddigwydd tu ôl i ddrysau caeëdig? Mae Gweinidogion yn derbyn cyngor da a chyngor gwael, mae lobïo yn erbyn yn digwydd yn ogystal â lobïo o blaid, ac mewn clymblaid mae bargeinio yn ffordd o fyw. Cred llawer bod Rhodri Glyn Thomas ar y funud olaf wedi ailgyfeirio'r arian a fwriadwyd ar gyfer y papur dyddiol er mwyn achub y Gerddi Botaneg ac felly swyddi yn ei etholaeth. Pwy a ŵyr? Roedd y penderfyniad wedi lladd cynllun y papur dyddiol Cymraeg, ac mae'n bosibl iawn iddo gyfrannu yn anuniongyrchol at dranc y papur Gwyddeleg *Lá* a gaeodd cyn diwedd y flwyddyn. Fe wnaeth ddrwg i enw da'r glymblaid yn eang iawn yn Ewrop. Roedd y Gweinidog Treftadaeth yn gynharach wedi ysgrifennu at Gymdeithas y Papurau Dyddiol Lleiafrifol yn datgan ei ymrwymiad i'r cynllun. Ymledodd y newyddion drwg hyd yn oed yn gynt na'r newyddion da.

Yr hyn wnaeth ddrwg i'r llywodraeth yng Nghymru, ac i Blaid Cymru yn arbennig, oedd y dadleuon amaturaidd ac anghyson a ddefnyddiwyd wedi'r digwyddiad i gyfiawnhau'r penderfyniad. 'Byddwch chi'n ennill y dydd ond fyddwch chi ddim yn ennill y ddadl,' meddyliais gan gofio geiriau deifiol Unamuno yn Salamanca. Ochr oleuach i bethau oedd bod y cyhoedd yn ddigon soffistigedig i weld trwy'r twyll.

Mae'n bosibl hefyd bod y feirniadaeth a dderbyniodd Plaid Cymru wedi cryfhau rhywfaint ar ei phenderfyniad i gadw'r addewidion eraill a wnaed mewn perthynas â'r iaith Gymraeg. Tra oedd gwireddu'r ymrwymiad i ddeddf iaith a choleg ffederal Cymraeg yn amlwg yn mynd i fod yn brosesau hir a chymhleth, yr oedd sefydlu papur dyddiol yn rhywbeth allai fod wedi digwydd o fewn blwyddyn gyntaf y llywodraeth glymblaid newydd. Dyma rai o benillion Mererid Hopwood ar y pwnc:

Saesneg yw iaith yr amserau,
a Saesneg yw iaith y dail,
Saesneg yw mêl y gorllewin gwyllt
a Saesneg yw iaith yr haul.

Saesneg yw'r annibynnol,
a'r ceidwad sy'n ein cadw ni gyd,
cans fe gollon ni'r cyfle i newid y drefn,
a rhoi Cymraeg yn iaith i'r byd.

Er gwaetha'r dicter cyfiawn a'r protestio trwy lythyr a deiseb a ddilynodd benderfyniad Rhodri Glyn Thomas, roedd cyd-destun datganoli yn golygu na ellid gweithredu'n anghyfansoddiadol. Mae'n wir i mi gael un alwad ffôn gan unigolyn yn cynnig ymprydio hyd at farwolaeth. Wn i ddim a oedd o ddifrif, ond doeddwn i ddim yn ei gymryd o ddifrif. Llywodraeth a etholwyd gennym ni yng Nghymru oedd wedi torri'r addewid. Dyna, gwaetha'r modd, y mae llywodraethau yn aml iawn yn ei wneud. O'r safbwynt hwn, rhan o addysg wleidyddol y genedl oedd achos *Y Byd*, wrth i blaid oedd wedi arfer meddwl amdani ei hun fel mudiad cenedlaethol ymgyrchol droi'n blaid wleidyddol fel unrhyw blaid arall.

Dyw datganoli ynddo'i hun ddim yn warant i grŵp ieithyddol. Doedd e ddim i'r lleiafrif Slofeneg yn Kärnten, y dalaith ddatganoledig yn Awstria a lywodraethwyd am flynyddoedd gan Jörg Haider a'i blaid adain dde eithafol. Hyd yma, rydym ni, y Cymry Cymraeg, wedi meddwl am ein hunain fel rhan o genedl hanesyddol sydd hefyd yn cynnwys pobl ddi-Gymraeg, y mae llawer iawn ohonynt â rhyw gysylltiad â'r iaith neu'n gefnogol iddi. Gallai pethau newid yn y dyfodol, naill ai drwy fewnlifiad enbyd pellach neu adwaith cryf yn erbyn polisïau dwyieithrwydd y pleidiau presennol. Pe bai'r Cymry Cymraeg yn dechrau meddwl am eu hunain fel grŵp ieithyddol o fewn Cymru, byddai cyfiawnhad unwaith eto, dan amgylchiadau arbennig, dros weithredu anghyfansoddiadol er mwyn ennill neu gadw hawliau.

Er mor bwysig oedd y trafodaethau gwleidyddol, yr ocdd llawer mwy o amser bwrdd y cwmni yn mynd ar godi arian a chodi ymwybyddiaeth, ar gael hyd i'r staff allweddol, ar chwilio am nawdd gan gwmnïau preifat a sefydliadau cyhoeddus, ac ar gasglu'r holl wybodaeth fyddai'n sail i'r cynllun busnes. Mi ddysgais rai pethau mwy cyffredinol am y gymdeithas yng Nghymru yn y broses.

Mae gwendid yr economi a phrinder y cwmnïau sydd yn Gymreig neu'n uniaethu â Chymru yn golygu mai prin iawn yw'r ffynonellau nawdd a'r canolfannau grym tu allan i'r sector gyhoeddus. Efallai nad yw datganoli'n fantais lwyr, o leiaf ym maes diwylliant, gan ei fod yn golygu mai un ffynhonnell nawdd sydd yn y pen draw, sef llywodraeth y Cynulliad. Mae sefydliadau'r sector gyhoeddus am gael arweiniad o'r Cynulliad cyn cymryd unrhyw gam o bwys, a gwaetha'r modd, yn fy mhrofiad i, mae hynny'n wir hefyd am sefydliadau 'hyd braich' megis Bwrdd yr Iaith a Chyngor Llyfrau Cymru.

Ond roedd brwdfrydedd a dyfalbarhad gan unigolion – aelodau'r bwrdd oedd â swyddi llawn-amser a theuluoedd i'w cynnal, a dilyniant o bobl ran-amser ymroddgar, hen ac ifanc. Apwyntiwyd Rebecca Williams yn gynnar i fod yn swyddog datblygu ac fe dyfodd gyda'r cynllun i fod yn brif weithredwraig y cwmni. Roedd hi wedi gweithio yn Islamabad a Warsaw i gyrff rhyngwladol ac yn enghraifft o sut mae prosiect uchelgeisiol yn gallu recriwtio Cymry dawnus o bell. Dyna hefyd oedd yn wir yn achos Catrin Rogers oedd yn gweithio yn Llundain. Fe apwyntiwyd hi yn ddirprwy olygydd. Dyluniwyd y papur gan Pryderi Gruffydd oedd ar y pryd yn brif ddylunydd y *Times*, ac fe gafwyd cefnogaeth gyhoeddus gan newyddiadurwyr a darlledwyr Cymraeg adnabyddus dros y ffin megis Huw Edwards, Guto Harri a Hywel Williams. Roedd hi'n haws iddyn nhw gefnogi nag i ddarlledwyr yng Nghymru lle roedd y BBC ddim yn siŵr sut i ymagweddu. Ond dyn a fu gyda'r BBC, Aled Price, a apwyntiwyd yn olygydd ac yr oedd ganddo brofiad di-ail o gasglu newyddion yng Nghymru.

Roedd gwerthu cyfranddaliadau a chasglu aelodau i'n Clwb Cefnogwyr yn golygu cynnal cyfarfodydd ym mhob cornel o Gymru, siarad â chymdeithasau o bob math, ac achub ar bob cyfle i ledaenu'r neges yn y cyfryngau. Roeddwn yn teimlo ar adegau bod rhyw frwydr fawr yn digwydd yn y cymylau rhwng angylion gobaith a chythreuliaid anobaith. Roedd y syniad o bapur dyddiol yn un oedd wedi gafael yn nychymyg pobl. Ni chofiaf neb yn siarad yn ei erbyn. Hyder oedd yn brin. Oedd y peth yn bosibl? A fyddem yn cyrraedd y targed o £300,000 a osodwyd ar gyfer cyfranddaliadau?

Roedd codi arian yn siwrnai hir ond fe gyrhaeddom y nod a'i basio. Serch hynny, rwy'n cyfaddef bod ein hyder ni o fewn y cwmni wedi sigo unwaith neu ddwy ar hyd y ffordd. Rydym yn sôn am ffenomen ddiwylliannol, yn deillio efallai o'r un cefndir o ofn a drafodais yng nghyd-destun y Sianel. Oedd y diffyg hyder yno hefyd yn llywodraeth y Cynulliad ac wedi cyfrannu at y llanastr? Mae'n bosibl iawn. Y perygl wedyn yw bod ei phenderfyniad yn ychwanegu at y pwysau anobaith y mae'r ymgyrch gymunedol nesaf yn gorfod ei gario ac at y diffyg hyder yn y broses wleidyddol. Ond gwell gorffen gyda golygfa fydd yn cynnal gobaith.

Calan Mai 2004 ym Mhortmeirion. Mae hi'n ddiwrnod braf i ryfeddu – diwrnod euraidd yn y cof. Rydym yn lansio Clwb Cefnogwyr *Y Byd*. Mae John Roberts Williams, eicon newyddiaduraeth Gymraeg a dyn a freuddwydiodd ar hyd ei oes am weld papur dyddiol yn yr iaith, wedi cytuno i siarad. Mae'r awdur Jan Morris yno hefyd, yn brawf fod cefnogaeth hefyd i'r cynllun o'r tu allan i'r gymdeithas Gymraeg. 'Mae cael papur dyddiol fel cael Eisteddfod Genedlaethol bob dydd,' medd Jan yn ei sgwrs.

Eisteddai John wrth fy ymyl yn y rhes flaen. Roedd yn hen ac yn fregus iawn ei iechyd. O fewn chwe mis byddai wedi marw. Ar ddiwedd y cyfarfod, fe afaelodd yn dynn yn fy mraich a dweud, 'Mae hwn yn ymgymeriad arwrol, Ned – arwrol,' a gafael yn dynnach fyth. Mae'r darllenydd yn gwybod fy marn am yr arwr yn seicoleg Cymru. Ond teimlais ryw gerrynt nerthol yn treiddio o'r corff crynedig wrth fy ymyl. Rwy'n ei deimlo'n awr.

Llythyr at Gyfaill

Aberystwyth
Awst 2010

Annwyl José Luis,

Rwy'n sgrifennu hwn ar gopa Rhiw-glais, ar ben gogleddol y Prom yn Aberystwyth, lle buom unwaith gyda'n gilydd. Mae'n noson o haf, a'r gwynt o'r môr. Islaw mae'r tonnau'n rowlio'n gyson tua'r traeth, fel cenedlaethau dirifedi daear. Newydd orffen y llyfr. Pan ddaw o'r wasg byddaf yn anfon copi atat. Byddi di yn nabod rhai o'r bobl a rhai o'r llefydd a ddisgrifir, ond mwy na hynny, mae'r llyfr yn codi'r math o gwestiwn yr wyt ti'n ymddiddori ynddo. Ffurfiwyd y cymeriadau – a ninnau yn eu plith – mewn ymateb i gyfnodau ac amgylchiadau gwleidyddol amrywiol. Buont yn gweithredu yn enw syniadau a chredoau gwahanol, o fewn y dewis oedd ar gael iddynt ar y pryd.

Roedd Helene Kuhlmann yn athrawes i mi ar ddiwedd y rhyfel yng nghanol adfeilion yr Almaen. Iddi hi, heddwch oedd yn bwysicach na dim byd arall. Fe ddywedodd hi hynny, ac mi weithiodd dros heddwch weddill ei hoes. Ffydd Gristnogol oedd yn ei chynnal, fel yn achos nifer o arwyr Cymru.

Byddi di'n gwybod am Tierno Galván. Sefydlu trefn sosialaidd heb ailgynnau coelcerth y rhyfel cartref yn Sbaen oedd ei nod, ac mi fu'n gweithio'n ddewr ac yn amyneddgar. Marcsiaeth ddyneiddiol oedd cred Tierno ac mae'n hawdd deall paham nad oedd crefydd yn apelio ato. Cristnogaeth oedd ideoleg Franco, a'r Eglwys yn cyfiawnhau'r ormes.

Ond Marcsiaeth oedd yr ideoleg a ddefnyddiwyd i gyfiawnhau gormes Stalin a'i olynwyr. Cadw fflam y gwirionedd yn fyw mewn llenyddiaeth, a derbyn y canlyniadau – dyna'r llwybr a gymerwyd gan feirdd Rwsia, fel yn amser y Tsar. Ond yn ein byd cysurus ni, teimlais fod llawer o lenydda yn gymdeithasol ddiystyr neu hyd yn oed yn ffordd o osgoi'r realiti o'n cwmpas. Gall hynny newid eto.

A beth am genedlaetholdeb, José Luis? Dymuniad i amddiffyn a datblygu'r gymuned ieithyddol, a gweld parhad iddi. Rwy'n credu ein bod ni'n dau, dan amgylchiadau gwahanol iawn Cymru a Gwlad y Basg, wedi rhannu'r nod hwnnw, a dymuno gweld ei gyplysu â threfn economaidd decach. Ond mae cenedlaetholdeb hefyd yn arf dau-finiog sy'n newid yn hawdd o fod yn amddiffynnol i fod yn ymosodol. Defnyddir ei syniadaeth i gynnal yn ogystal ag i danseilio trefn anghyfiawn.

Beth pe bai pob un o'r uchod yn iawn yr un pryd, ac eto ddim yn iawn i gyd, ac ar ei orau pan yn wan? Bydd yn rhaid imi fynd yn ôl at lyfrau Gianni Vattimo a'r *pensiero debole* –'y meddwl egwan'.

Mae'n tywyllu nawr a goleuadau'r Prom yn amlinellu'r bae islaw. Gallwn feddwl fy mod yn Donostia yn edrych lawr ar draeth La Concha o Monte Igeldo. Ond Cymru fydd hi fan hyn yn y bore, a diwrnod newydd.

Besarkada bat,

Ned

yr hwn ydwyf John
Meredith
Hunangofiant

£7.95

Am restr gyflawn o lyfrau'r Lolfa, mynnwch
gopi o'n catalog newydd, rhad
neu hwyliwch i mewn i'n gwefan

www.ylolfa.com

lle gallwch archebu llyfrau ar lein.

TALYBONT CEREDIGION CYMRU SY24 5HE
ebost ylolfa@ylolfa.com
gwefan www.ylolfa.com
ffôn 01970 832 304
ffacs 832 782